行为和演化范式经济学

来自桑塔费学派的经济思想

董志强 著

格致出版社 上海人民出版社

目　录

第 1 章 引 言

　　行为和演化范式经济学，是最近三十多年开始浮现的一种经济学分析视角和方法，它不同于将经济学视为类似物理学的新古典综合主流范式，而宁愿将经济学视为类似生物学，以行为科学和演化理论作为其方法论的基础。这一研究路径上的重要代表，是桑塔费学派的一系列经济学家，以及众多的行为和演化经济学家。

　　最早明确以"范式"来描述这一研究路径的是桑塔费经济学家鲍尔斯（Bowles）和金迪斯（Gintis）。他们在 2005 年 4 月为《走向统一的社会科学》写的序言中说："我们使用术语'演化和行为'范式来指另一个不同于瓦尔拉斯的方法。目前，这个术语还没有形成统一的学派。"（Gintis & Bowles，2005：10）在 2006 年出版的《微观经济学：行为、制度与演化》一书中，鲍尔斯写道："在这本书中，我介绍了微观经济学的一个流派，它是亚当·斯密经济学的现代继承者。它反映了各派经济学家的贡献，其中不乏诺贝尔经济学奖获得者，如肯尼斯·阿罗、乔治·阿克洛夫、罗纳德·科斯、弗里德里希·哈耶克、丹尼尔·卡尼曼、约翰·纳什、道格拉斯·诺斯、托马斯·谢林、阿玛蒂亚·森、赫伯特·西蒙、弗农·斯密斯、约瑟夫·斯蒂格利茨。这些经济学家以及其他学者近年来的学术成果已经颠覆了古典和随后的新古典传统的基本教义。"（p.2）这段话至少强调了两个事实：一是"演化和行为"范式正在兴起；二是行为和演化范式经济学试图重返古典政治经济学根系，并且是以现代经济学的话语体系将经济学拉回到（古典）政治经济学根系。也可能它还隐含如下看法：从这一长串诺贝尔奖得主名单来看，我们应当认为行为与演化经济学并非对主流经济学的革命，而是对主流经济学的改善，事实上它很可能就是未来的主流经济学。如今，行为和演化范式经济学的影响日益广泛和深远,鲍尔斯和金迪斯等人也正尝试朝更宏伟的目标努力——建立统一的社会科学(Gintis,2009)。

论及行为和演化范式经济学时,将无法回避桑塔费研究院(Santa Fe Institute,SFI)和桑塔费学派经济学家。故本书从介绍桑塔费研究院和桑塔费学派的经济学研究开始。实际上,本书绝大多数内容,乃是这一学派的贡献。当然,也有部分内容是本书作者的原创研究成果。

作为全书的开篇,本章将为全书提供相关的背景和内容介绍。具体地,将简要介绍桑塔费学派的大本营——桑塔费研究院的基本情况、发展简史,以及它的经济学研究,包括早期布莱恩·阿瑟(Brian Arthure)的"新经济学"探索,当代的鲍尔斯和金迪斯等人的行为和演化范式经济学探索。我们也将顺带介绍 SFI 关于人类行为的动态与定量研究,因为现在 SFI 已将经济学研究放在"人类行为研究"这一更为宏大的课题之下。最后,将对本书各章的内容作简要介绍。

1.1 走近桑塔费研究院

一提到桑塔费研究院(SFI),人们便会想起复杂系统(complex system)科学;同样,一提起复杂系统科学,人们便会想起 SFI。时代风云际会,使这两者已紧密联系在一起。正是 34 年前(1984 年)SFI 的成立,开启了复杂系统科学研究。今天,科学家正广泛运用复杂系统科学的思想和方法,探索最为有趣的问题。比如,阻止全球气候变暖的最佳办法是什么? 我们如何理解,乃至预测看似行踪漂浮的股票市场行为? 在人类进化中,合作是否与攻击同等重要? 生物系统崩溃前的生物多样性模式是怎样的? 哪些新的生态技术在市场上会获得成功,哪些会失败? 计算机能否像生命系统一样更加活灵活现地行动?

诸如气候、金融市场、生态系统、免疫系统以及人类文化等看似不相关的系统，其实具有共同特征：它们都是复杂适应性系统（complex adaptive systems）。复杂适应性系统中，基本常识和基本原理的发现，要求具有包容而宽泛的视角，对一个系统的理解需要将其元素视为在一个巨大的、互联的、常常不可预测的世界中的行动者。今天，桑塔费的研究者正运用在物理、化学和生物学中得到坚定支持的方法来分析上述问题。提倡打破学科界限的综合科学研究方法，侧重研究涉及复杂相互作用的基础性的科学问题，已形成 SFI 这个全球著名的跨学科研究机构的风格。

SFI 是这样描述其使命（mission）的："桑塔费研究院是致力于拓展科学认识边界的跨学科研究共同体（community），旨在发现、理解和探讨当今的科学和社会面临的许多最为深刻的复杂的物理、计算、生物和社会系统所共有的基本原理。"

SFI 将自己的研究定位于科学和社会的"大"问题（big question）。它在自己的愿景（vision）中宣称："社会中最迫切的诸多问题，都远远超出了单一学科研究的范畴。复杂问题需要新颖的思想，这些思想源于对非均衡且高度关联的复杂适应性系统的思考。我们致力于开发先进的概念和方法来分析上述问题，并希望通过广泛的合作、对话以及教育项目，在学科交叉领域寻找到问题的解决方案。SFI 在定量化的理论和模型构建方面整合人员和设施，支持尖端的、分散化的或基于团队的科学研究。在 SFI，我们正在探索的是对于科学和社会至关重要的大问题。"

SFI 的研究人员，也体现了"复杂"的构成，其中既包括老中青结合的资深科学家和高级研究员，也包括博士后和研究生。这些人员分为几类。一是驻所教员（resident faculty），包括研究教授和客座教授，任职的年限是 1—6 年。自成立以来，有超过 60 位资深科学家加盟 SFI，但它几乎没有固定人员；访问人员逗留时间最长不超过 6 年，使得各个领域的学者有可能走到一起。目前驻院研究员共计 12 人，其中包括本书的核心人物萨缪尔·鲍尔斯教授，他是 SFI 经济学项目主任,负责领导经济学和人类行为科学的研究。二是外聘教员(external faculty),这些研究人员分布在全球各地,在自己任职的大学或研究机构参与 SFI 的项目。三是短期(半年以下)访问人员和博士后研究人员,这些人员驻扎在 SFI,从事个人项目或合作项目的研究。四是实习研究生,他们基本上是其他大学或研究机构录取的学生,但得到 SFI 资助可在此驻院实习。为保证研究活力,SFI 的各个研究团队经常随不同课题而处于建构和解构中,同时研究人员也经常会跨领域从事课题研究。

在科学研究组织管理方面,SFI 设有科学委员会(Science Board)和科学指导委员会(Science Steering Committee)。前者由科学家和教育家组成,这些人员是从诸多领域遴选出来的,负责监督 SFI 研究工作的总体方向、成果整合、学术质量。后者则是每两个月召开一次会议,向 SFI 的行政管理当局就科学研究问题提出意见和建议。

在每一个时期,SFI 的重点研究项目各不相同,但建院以来所有的研究也可都归属到复杂适应性系统。近年来,其研究重点集中在以下领域:(1)认知神经科学。特别集中在发育神经生物学和发育认知心理学,以便为智力发育和人类认知能力、记忆、语言以及许多其他涉及人类行为的研究提供支持;(2)物理和生物系统的计算。推断 10—20 年后的技术发展趋势,提出哪一种信息处理模式有可能不断推进计算技术的进步等;(3)经济和社会相互作用。包括社会形态的演化、国家和市场的形成以及市场效率、个人与社会相互作用等;(4)演化动力学。侧重于自然和社会进化中的动力学和组织之间的相互作用研究;(5)网络动态学。主要关注于社会网络如何引发疾病的传播或引发新的政治动荡,对于身处不确定环境中的组织最有效、最富活力的网络架构是什么。

每一个领域,如果要展开,都可以是非常宏大的研究议题。比如在经济和社会相互作用领域,我们就将专门介绍 SFI 关于人类行为的动态与定量研究(见本章 1.3.4 小节)。

1.2　桑塔费研究院的历程

沃尔德罗普(Waldrop，1992)的畅销科普书《复杂》(*Complexity*)，曾详细记录了桑塔费研究院的成立和早期的探索。

在 20 世纪 80 年代早期，美国洛斯阿拉莫斯国家实验室(Los Alamos National Laboratory)聚集着一批杰出的科学家，比如考恩(George Cowan)、科尔盖特(Stirling Colgate)、麦托诺普利斯(Nick Metropolis)、安德森(Herb Anderson)、纳格尔(Darragh Nagle)、卡卢瑟(Peter Caruhers)、纳普(Ed Knapp)、斯兰斯基(Richard Slansky)以及罗森(Louis Rosen)。他们分布在物理、化学和计算机科学等不同领域，但毫无疑问他们都是严肃的科学家。这些人有一个共同的梦想：建立一个独立的跨学科研究机构，而不是让资深科学家老是只能在国家实验室的咖啡厅里进行非正式的讨论。

这个梦想并非空穴来风，它来自对现状的不满。国家实验室有一部分名副其实的最伟大的思想家，他们都对烟囱式的、官僚化的、以资助为中心的科学研究和管理深为不满，而这恰恰是联邦实验室和学术界的普遍现状。他们中的每个人，都觉得这种胡萝卜加大棒式的科研资助，在很大程度上导致了同行们在科学研究上的短视、简单化和僵化。而且，他们认为，那些需要更宽广的视角来加以研究的最为重大的一些科学问题，却因为科学和人文之弊而日益难以得到回答。

学科封闭的弊端，在其他地方同样存在。因此国家实验室这些人的想法，也得到了实验室之外的科学家的支持。曾发现夸克(quarks)，因对基本粒子理论的早期贡献而获得 1969 年度诺贝尔物理学奖的科学家盖尔曼(Murray Gell-Mann)，得知他的同行要建立这么一个跨学科研究所的想法后，主动提出要全力支持并为此努力。著名的物理学家大卫·潘恩斯(David Pines)和数学家吉安-卡洛·罗塔(Gian-Carlo Rota)也投身其中。事实证明，这些科学家的支持对于 SFI 的成功建立至关重要,因为科学界充满怀疑,这些一流的科学家以其卓著的声誉为成立 SFI 赢得了最关键的信任。

1984 年,新墨西哥州政府批准了研究院的章程,研究院命名为"格兰德河研究院"(Rio Grande Institute),以一家非盈利机构的形式出现。著名化学家考恩出任第一任院长,同年秋天,盖尔曼在第一次董事会上当选为董事会主席。事实上,研究院当时只是名义上存在,仅仅只是一个邮箱地址而已,创始人的脑海中并未明确研究院要担负的具体使命,甚至就研究什么大家都还没有取得共识。尽管大家都赞同研究院的独立性,但对于研究院的角色和作用却有着各自的看法。

那是一个时势催生英雄的时代。在美国其他地方,也有一些科学家不满本学科僵化固守的方法论,开始寻找新的视角,以解释他们观察到的复杂系统行为。当时,这些科学家中的许多人,虽然对自己的直觉充满自信,但主流的科学研究机构——大学院系、政府资助机构、科学期刊等——却是长期盘踞于他们前行道路上的拦路虎。诸如涌现行为(emergent behaviors)、适应性行为(adaptive behaviors)、共同演化行为(co-evolving behaviors)这些现代物理学、经济学等诸多学科中频繁出现的术语,在那时几乎没有科研平台来使此类问题的讨论合法化,尽管很多科学家在自己的领域发现这些行为的确存在。

站在今天来看,SFI 的鲜明跨学科特征,应该是来自打破学科藩篱的理念,其吸引力也在于此,而不是在于它的创始人。这个地方最终成为了集合灵感的强大催化剂,而此前,恰恰是分割的学术部门和资助机构限制了灵感的整合。随着研究院的研究人员广泛地,通常是令人兴奋地讨论新的跨学科方法,许多有强烈门户之见或至少持怀疑态度的科学家,也开始耐心倾听了。

1985 年 11 月,研究院从当地一家疗养中心收购了首选名称"桑塔费研究院"。几年后这一名字就传遍全球,成为全球最知名的复杂性研究机构。就在这一个月,研究院召开了首次科学会议,议题是超弦理论(superstring theory),这一理论试图用统一的理论来描述自然界所有基本粒子和根本力量。第二年(1986 年)夏天举办的复杂适应性系统专题研讨会(complex adaptive systems workshop),则开始界定了 SFI 的科学研究领域。研究院的合作方式也开始出现:从多个领域精心挑选的科学家受邀参加为期七天的研讨会,这些人都有良好的科学声望和强烈的好奇心;研讨会的组织也旨在尽可能促进灵感碰撞,而不是扼杀创新思维。

SFI 的经济学研究在研究院成立初期就已登场。约翰 • 里德(John Reed)是花旗集团的 CEO。在过去的市场危机中,花旗的经济学家都未能预测成功,这让里德很失望。1986 年 8 月,在里德的邀请下,一小群 SFI 研究人员和经济学家聚在一起。里德与深受研究院吸引的其他杰出人才一样,认为传统的经济学在某种程度上缺乏全局考虑,因此他迫不及待地想听听霍兰(John Holland)、阿罗(Kenneth Arrow)和阿瑟等富有创新精神的经济学家的看法,以便帮助自己的企业应对非预期的市场转变,而这一点恰恰是传统经济理论所忽视的。

诸如来自花旗集团之类的各种不受使用限制的资助,是 SFI 成功的关键。众所周知,许多科学资助是指派给个别项目的,或者要求提交具体的成果。这在 SFI 的资助中均没有要求。不受使用限制的资助庇护了 SFI 的研究人员。复杂性科学,总是需要有更自由的研究环境,SFI 的创始人很明白这一点。因此,他们更注重塑造自由的研究环境,采取平衡的无使用限制条款的资助策略,资金主要来自慈善家和私人基金会,也有一些来自联邦机构或其他来源的直接支持。这种无使用限制的资助,以及 1988 年首次由国家科学基金(NSF)针对拓展复杂性研究的一个多年度(multi-year)保护性资助,至今仍是桑塔费研究院融资组合的核心。

SFI 的环境条件,也是其跨学科特性的一个不可分割的元素。

跨越学科边界，需要科学家之间频繁互动。1987年初，研究院从桑塔费的单间办公室迁移到桑塔费画廊中间的一个修道院遗址，这给予精神家园一个具体的场所。在这里，研究院第一批访问研究员在修道院的院子里一起工作、共享办公室、开展激烈的讨论。研究院在计算机、生物学、生态学、演化、遗传等领域的许多长期项目，都是在这些交流中诞生的。

1994年，为了满足日益增长的学术共同体的人员容纳需求，研究院再次搬迁。现在的SFI位于海德公园路的考恩校区，在桑塔费东北面的高地上。校区环绕着山顶的一座房子，那曾是美国前战争部长、驻华大使赫尔利（Patrick Hurley）的寓所。山顶视野广阔，可以俯瞰中北部新墨西哥。考恩校区中的步行小道、深深庭院、非正式讨论空间，正是SFI别具一格的合作方式的理想场所。

在SFI成立的最初几年，跨学科研究似乎主要在质疑主流科学及其方法论。但是，随着越来越多的科学家参加SFI的研讨会，从SFI带着他们的洞见和发现回到自己的研究机构，"SFI"得到了传播，并且逐渐得到了科学界的肯定和接受。遗传算法的先驱霍兰教授当年谈到复杂性科学时说："此时我们正以自己的方式作出猜想。但我们大多数人认为，科学就在那里。"

在20世纪80年代后期，研究院主办的一系列研讨会，率先从复杂系统视角探讨了诸多议题，包括理论免疫学、生物复杂性、演化经济学，以及演化生物学、人工生命、全局稳定性的算法，还有分子进化和理论生态学等。一批年轻人被研究院吸引，比如朗顿（Chris Langton）、考夫曼（Stuart Kauffman）、佩罗尔森（Alan Perelson），等等。在随后十年，这些人都成了科学界最杰出的人物。这一代研究人员满怀激情，开发出了新的工具去理解复杂系统，比如适应性计算（adaptive computing）和玩具建模（toy modeling）。

20世纪90年代以来，SFI扩大了研究组合。经济学研究项目仍然强势，并增加了十多个研究项目。在政治行为和人类文化领域的新探索,拓展了 SFI 在社会科学领域的研究。生物学领域研究也得到了拓展,在基因组、神经生物学、病毒动力学、生化网络、免疫系统的学习和记忆,以及生态复杂系统等新的领域进行了探索。适应性计算正蓬勃发展,开展了十余个学习与认知的新项目。当研究人员试图寻找学科之间的相似点并描述(至少是比喻)其观察到的复杂行为时,那些来自物理学和演化论的理论在研究院所有的研究工作中扮演了关键角色。

SFI 的研究虽然重在基础科学,但同样对应用给予了关注。一些企业也在研究院寻找其研究的价值。研究院与宝洁、花旗等大型企业致力于理解产品流和市场行为的合作,得出了坚实的建议并被公司采纳。有几个附属于研究院的研究人员还开办了自己的科技公司,他们把大数据中的模式识别之类的灵感从复杂性科学广泛应用于实业,如药物的发现和制造。

今天的 SFI 已经是一个真正跨学科的研究机构,其研究不仅涉及物理学、化学、生物学等自然科学,也扩展到了软科学,如人文科学、政治科学、心理学、社会学、历史学、考古学。研究院支持的项目,比如利用演化和生态学原理来理解金融市场动态,探索技术创新、基因和人类文化之间的关系,将数学和网络理论应用于研究疾病传播、恐怖主义、互联网、分子信号等,用遗传变异来研究人类文化变迁,跨越时空的语言变迁……无不具有跨学科研究特征。这些项目吸引了来自考古学、古生物学、经济学、社会学、心理学、生态学、物理学等诸多学科的优秀科学家,对学科发展和知识促进起到了极大的推动作用。

1.3　桑塔费学派的经济学研究

1.3.1　早期对"新经济学"的探索

桑塔费学派的研究,应该追溯到一位"爱尔兰理念的英雄"(Wal-

3

drop，1992）。这名"英雄"叫布莱恩·阿瑟。这位毕业于加州大学伯克莱分校的经济学博士，很早就在人口生育率研究方面享誉世界，但他脑子里面一直装着对主流经济学的不满，为此他也常常遇到困惑和挫败。当他谈起报酬率递增这一现在的经济学学生都耳熟能详的术语时，大多数经济学家只觉得他的想法很离奇，经济学刊物的主编更是告诉他，他关于报酬率递增的讨论"不属于经济学"，在学术研讨会上有听众愤怒地批判他："你竟敢说经济不是均衡的！"但是，他最终还是坚持沿着自己的思想道路走了下去。"在爱尔兰，服从权威的号召从来不起作用。"他说。正是爱尔兰人的反叛特色，以一种奇怪的方式使他开始了自己的学术生涯（Waldrop，1992）。

1979 年 11 月 5 日，阿瑟在他的笔记本上写下了"新旧经济学"几个字，在这几个字下面，他列出了如下两栏（下表内容引自 Waldrop，1992）：

旧经济学	新经济学
● 报酬率递减	● 报酬率递增起到很大作用
● 建立在 19 世纪物理学理论之上（均衡、稳定、决定性的动力）	● 建立在生物学理论之上（结构、特型、自组织、生命周期）
● 人们完全一致（同质）	● 强调个体生命：人们是分散的和不同的
● 如果不存在外在干扰、所有人的能力也都相同的话，我们就能到达天堂	● 外在干扰和人的差异变为驱动力量。不存在天堂。经济系统永远在延伸
● 经济的成分由数量和价格组成	● 经济的成分是特有形式与可能性
● 从一切事物都处于均衡状态这个意义上说，经济中不存在真正的动力	● 经济永远处在时间的边缘，它不断向前发展，经济结构时常在组合、退化和发展
● 把研究的对象看作是结构简单的事物	● 把研究对象看作是天生复杂的事物
● 经济学就像物理学那么简单	● 经济学是极其复杂的科学

　　四年之后，也就是 1983 年，37 岁的阿瑟被聘为斯坦福大学人口研究与经济学系主任和终身教授，成为斯坦福大学最年轻的终身教授之一。也就是这一年，他完成了《竞争性技术、递增报酬和历史事件导致的锁定》（Arthur，1989）一文。这篇文章探索了报酬递增背景下资源配置的动态性，而报酬递增源于经济主体为了适应性竞争而在技术之间进行选择。他踌躇满志地将这篇"新经济学"论文投给了著名的《经济学季刊》（QJE），但他没料到这篇论文的发表会那么艰难。

　　几个月之后，《经济学季刊》主编回信：文章没有什么技术上的错误，但这项研究没有什么价值。后来他又寄给《美国经济评论》（AER），主编暂时接受了这篇论文，但在内部推诿两年多同时要求作者修改无数次之后，最终又一次退稿。英国《经济学报》（EJ）的回复更简单"不予接受"，理由都懒得讲了。一直到 6 年之后，1989 年的春天，这篇论文在重写了 14 次之后，才最终被《经济学报》接受刊登。在过去 28 年中，这篇文章被引用了已逾万次，相当于每天被引用一次。

　　一个人若不能被人理解，内心是焦灼而痛苦的。阿瑟后来回忆说："1982 年到 1987 年的这段日子真令我生畏。我的头发就是那段时间变白的。"（Waldrop，1992）不过 1987 年 4 月，他迎来了得到理解的重要转机。

　　那是一个晴朗的下午，阿瑟正漫步在斯坦福大学校园，突然一辆自行车刹在他的面前。一个身穿运动服却打着领带、头上还戴着一顶白色旧头盔的老头拦住他："我正想给你打个电话呢。"这个老头就是曾因为对一般均衡理论的贡献而获得诺贝尔奖的阿罗。原来，阿罗是要为刚成立不久的 SFI 邀请阿瑟去它的经济学讨论会上做演讲。

　　这年 8 月底，阿瑟来到 SFI，他见到了自己的听众：自己在斯坦福的经济学家同事萨金特（T.Sargent，后来的 2011 年度诺贝尔经济学奖得主),哈佛大学的拉里·萨默斯(Larry Summers),芝加哥大学的辛克曼(J.Scheinkman),还有物理学家鲁勒(David Ruelle)等大约20人。这些人来自不同学科而且都是各自学科领域的一流高手。阿瑟深感解释清楚自己思想的机会降临了,事实也是如此。在这次经济学讨论会上,阿瑟第一个登台,作了题为"经济学中的自我强化机制"的演讲。这篇演讲后来收录在《作为演化复杂系统的经济》一书中,迄今被引用超过1 200次。听众们尤其是那些物理学家们充分理解了他的演讲。

9月底,SFI举行了人工生命(artificial life)研讨会。这次研讨会让阿瑟认识了霍兰,这位享有"遗传算法之父"荣誉的教授当时已经功成名就,享有崇高的声望。他也认识了与他年纪相当、后来享有"人工生命之父"荣誉的朗顿。这些人的知识碰撞,产生了SFI的第一个研究项目,也就是经济学项目。项目于1988年9月上马,阿瑟被任命为经济学项目主任。从这里开始,他要领导大约20名杰出人才,携手重建经济学。这一项目后来最重要的成果,就是人工股市(Brian et al., 1996)。

人工股市开启了复杂系统经济学的先河。过去,在新古典范式经济学中,经济被刻画为一群相互交易的"经济人",这些"经济人"具有完全的理性以及对市场的完全信息。在这样的情况下,经济学家证明市场均衡将会存在。倘若没有外部干扰,经济系统就会静止并不再演变;但现实中的经济系统并非如此。首先,经济行为主体的理性相当有限,也不拥有完全信息;当然,个体之间的交往也并非完全随机地相互作用,他们会进行学习和调整,并有意识地采取行动。复杂系统方法致力于以一种全新的视角理解经济系统中的复杂性。它放弃了完全理性、拥有完全信息的"经济人",取而代之的是可以学习和适应环境采用归纳法决策的有限理性人。在建模上,遵循一种"自下而上"的结构:用规则代替计算来为每一个个体进行行为建模,并从宏观上观察所有个体行为互动的后果。

人工股市是第一个按照这样的思想建立起来的复杂系统经济模型。

传统的股市模型假设股票交易者是理性的,并且具有全局视野,能够利用理性预期来进行决策。这种模型假设下,股市更像一个"死"系统,即使有扰动也会向均衡状态收敛。但现实的股市中,却常常存在"持续低迷""暴涨""狂跌"以及"黑色星期五"之类的有关股市心理的现象。阿瑟和霍兰在 1987 年提出的人工股市计算仿真系统,就是用具有学习能力的人工智能程序代替全能的股票交易者,在电脑中重建一个模拟的股票交易环境,试图以此考察股市的运行。模型在事实上获得了与现实股市相符的结果。比如,随着系统的运行,财富和股票量将逐渐集中在几个大户交易者手中(尽管初始时刻每个交易者的持股量和财富程度都相同),这些交易大户很有可能遵循了几个非常有效的预测规则。另外,随着股市模拟的运行,系统还会涌现出多个交易者相互合作与其他交易者相互竞争的现象。这主要体现在若干交易者享用相近的交易规则,虽然他们的合作不是有意识的合作,但却能体现出自发的涌现出来的合作效应。关于人工股市,在国内诸多刊物和书籍中都已有介绍,而且不是本书的重点,因此不再详细介绍。

1.3.2 两个核心人物

在人工股市研究之后,SFI 的经济学研究实际上低迷过一段时间。直到上世纪末新世纪初,经济学项目才在鲍尔斯教授的带领下,围绕经济学理论中的许多重要的基础性的问题展开了深入的和跨学科的研究,并最终形成特色鲜明的桑塔费经济学。

有必要简单介绍一下萨缪尔·鲍尔斯以及他的长期合作者赫伯特·金迪斯(Herbert Gintis),这是当代桑塔费学派的两位核心人物。与 SFI 早期的先驱阿瑟一样,这两个人身上也充满叛逆精神,因此他们前半生的论著被视为"激进主义的"。而最终,他们在桑塔费这个地方,开始了对激进主义经济学和主流经济学的整合,并日益产生深远影响。

鲍尔斯是美国著名经济学家,现为桑塔费研究院行为科学项目负责人。他生于 1939 年,于 1960 年获得耶鲁大学文学士学位,1965 年获得哈佛大学经济学博士学位。在念大学的时候,他曾是耶鲁大学俄语合唱团的发起人,并去苏联巡演过几次。博士毕业后,他留在哈佛大学先后担任助理教授和副教授,但因为追随马克思主义经济学而受到排挤。1973 年,他和金迪斯、斯蒂芬·雷斯尼克(Stephen Resnick)、理查德·D.沃尔夫(Richard D.Wolff)和理查德·爱德华兹(Richard Edwards)等"激进派"经济学家被马萨诸塞大学阿默斯特分校经济系整体聘任,此后一直在马萨诸塞大学任教,直到 2001 年荣休。2002—2010 年,他在意大利锡耶纳大学担任经济学教授;2000—2003 年,他担任 SFI 经济学项目负责人;2003 年至今,他担任桑塔费行为科学项目负责人和亚瑟·斯皮格尔研究教授,同时仍然在马萨诸塞大学讲授微观经济学等研究生课程。2006 年,鲍尔斯因其对经济理论的杰出贡献,被全球发展与环境研究院(Global Development and Environment Institute)授予里昂惕夫奖(Leontief Prize)。

鲍尔斯曾对诸多经济理论提出质疑和挑战。比如:自由市场和不平等难以使效率最大化,自利的经济激励可以催生无效率且违背社会道德的行为,等等。他指出,诸如亚洲国家之类的更为平等的经济,在经济绩效方面远胜那些拉美国家之类的更不平等的经济。自 2000 年担任 SFI 经济学项目负责人以来,他的学术研究达到了一个新的高峰,在这里,他综合行为科学和演化理论两个视角,深入研究了经济学中一些重要的基础问题,特别是在如下两个议题上的研究成果产生了广泛深远的影响。其一是"偏好、制度和行为的协同演化",这一议题强调对文化演化的建模分析和经验研究、非自顾动机(non-self-regarding motives)的演化及其在解释行为方面的重要性,以及上述研究如何可应用于诸如知识产权、教育经济学、政府再分配政治学等研究领域;其二是"经济不平等的性质和原因",这一议题强调财富不平等、不完备合约,与企业、市场、家庭和社区的交易治理之间的关系。这些研究成果将在本书中得到重点介绍。

在鲍尔斯一生的学术生涯中有一个重要的合作者,即金迪斯。他们在年轻的时候,都曾受马丁·路德·金(Martin Luther King Jr.)的邀请而撰文支持 1968 年的穷人运动(1968 Poor People's March)。而自那以后,他们维系一生的合作拉开了序幕。"我们从来没有在学术上对立,因为我们常常一起工作、交流,尽管偶有分歧",金迪斯在回忆起与鲍尔斯的合作时说(Arestis & Sawyer, 2000)。

金迪斯出生于 1940 年,是美国著名的经济学家、行为科学家。他博览群书、知识渊博,在利他主义、合作、认知博弈论、基因—文化共同演化、效率工资、强对等性、社会资本理论等研究领域都有重要贡献。他于 1961 年在哈佛开始研究生学习,最初的专业是数学,但肯尼迪遇刺事件让他意识到,"尽管我深爱数学,但它与我们这个时代发生的事情绝缘且步调不一",于是他放弃了数学,一切从头开始攻读经济学。在这之前他没有修过经济学课程,仅仅从一位研究马克思的朋友那里听说过经济学是一门很好的学科,因为经济具备决定社会其他方面的力量。也许正因为他不曾在研究生学习之前修习经济学,倒是听说了马克思主义的一些理论,因此他更加留意到主流经济学的缺陷。从数学转向经济学之后,他逐渐意识到传统的经济学根本无法解释政治经济学中的三个重要问题,即:(1)不平等和歧视;(2)异化(alienation)与过于物质主义的价值观;(3)得不到解释的经济权力(economic power)。他最终认识到新古典经济学自身存在两个问题,正是这些问题使得其无法解决所面对的问题:其一是假设偏好是外生的,其二是假设国家保证合同的执行是没有成本的。其中第一个问题后来成为金迪斯博士论文《异化与不平等》中的主题。第二个问题则出现在他后来关于教育经济（Gintis，1972）和资本主义生产方式（Gintis，1976）的论著中。

尽管桑塔费学派经济学的崛起是最近不到二十年（特别是 21 世纪初这十余年）的事，但是鲍尔斯和金迪斯这两位关键人物对于主流经济学的反思却可以追溯到半个世纪前。他们意识到，由于经济学把偏好视为既定，结果就是物欲导向：人们只要获取到想要的东西，就能改善福利，这中间从未涉及怎样成为一个更好的"人"。他们认为，福利经济学必须将人的发展考虑在内，才能解决发达社会的种种问题。另外，经济理论将合约视为外在实施的，因而不需要经济权力这一概念。但是，所有经济关系最根本的部分是"不完备的"，老板和员工之间的关系也是不完备的，国家强制实施合同并不能从工人那里得到回报，因而企业必须像一个权力系统那样从劳动力中榨取劳动。对于这些问题的解析，促成了两位反叛者早期的一系列论著（如 Gintis，1970，1972a，1972b；Bowles & Gintis，1976）。本书将要介绍的 SFI 的经济思想，诸多内容与上述这些问题关系密切。

在阿里蒂斯（Arestis）和索耶（Sawyer）主编的《异端经济学家传记辞典》中，收录了鲍尔斯和金迪斯的传记。这本书出版于 2000 年，那一年鲍尔斯刚好被任命为 SFI 经济学项目的负责人。来到桑塔费前后的鲍尔斯，在学术路径上有一个较大的调整。之前，他被视为激进主义经济学家、异端经济学家。而这之后，他们更多地利用行为经济学、实验经济学乃至神经经济学的发现，结合行为科学和演化理论以及计算机仿真技术，重点研究经济理论的一些基础问题，比如个体偏好的塑造以及制度与偏好的共同演化，人类社会合作秩序何以能够形成，合作秩序对于物质利益和道德情操的依赖程度又是如何，制度如何形成和演化，经济治理的机制应该如何设计……

本书对于鲍尔斯和金迪斯两位学者的关注,主要是这段时期,也就是他们来到桑塔费并试图构建经济学理论的行为和演化基础的这十余年。

1.3.3 行为与演化范式的经济学

整个当代的桑塔费学派经济学,其关键词可用三个词概括:行为、演化、制度。或者按照鲍尔斯自己的说法:行为和演化范式的经济学。有时候,他们也用到"演化社会科学"的说法,因为他们(尤其是金迪斯)认为,基于进化论、行为博弈论和经济学的理性人模型,可以建立起统一的人类行为科学理论,这一观点集中反映在论文《走向统一的人类行为科学》(Gintis,2004)和著作《理性的边界:博弈论与各门行为科学的统一》(Gintis,2009)中。

运用演化和行为方法来研究经济学,并非鲍尔斯和金迪斯等人独创。行为经济学和演化经济学在 SFI 成立之前就早已存在了。事实上,经济学中的演化思想可以追溯到 18 世纪末、19 世纪初的古典思想家,比如亚当·斯密、大卫·休谟、卡尔·马克思等;行为经济学则相对出现得较晚,且主要是与心理和行为实验科学的兴起联系在一起。过去,行为经济学和演化经济学联系并不是太紧密。以鲍尔斯和金迪斯为代表的桑塔费经济学家的贡献在于,他们将行为科学、演化理论和经济学的理性人模型结合起来,从而不但可以考察个体行为,而且可以考察人类行为、社会和经济制度之间的动态互动,并且将行为和演化经济学这种被长期视为非主流的经济学研究纳入主流经济学的旗下,改造主流经济学的基础。

SFI 所有科学研究都具有明显的"跨学科"特征,行为和演化范式的经济学研究也不例外。行为和演化范式经济学依赖于演化博弈理论、进化心理学、群体生物学以及为行为仿真动态体系提供分析工具的现代数学等。其实证基础与人类学家、历史学家、计量经济学家和其他许多学科的学者对人类交往(interactive)行为的深入研究密切相关;最近二三十年的实验经济学和行为博弈理论这些新的领域又为行为与演化范式经济学扩充了实证基础。可以说,行为与演化范式经济学试图用跨越学科界限的、统一的方法来理解人类行为。

基于行为和演化方法的经济学研究,与新古典经济学主张的瓦尔拉斯方法是完全不同的。对于瓦尔拉斯经济学反思,鲍尔斯在就任 SFI 经济学项目负责人那一年曾与金迪斯合作,在大名鼎鼎的《经济学季刊》(QJE)发表了一篇名为《回望瓦尔拉斯经济学》(Walrasian Economics in Retrospect)的论文(Bowles & Gintis, 2000)。[①]"in retrospect"这个短语,本身也有检讨的意思。在这篇文章中,他们严厉质疑了基于瓦尔拉斯方法的新古典范式经济学的两个基本假设:(1)基于自利的外生的个体偏好;(2)完全的、无成本的合约安排。他们指出,即使在完全竞争的市场上,超越理性经济人自私动机的社会规范和心理习性对市场结果也有非常重要的作用,而且市场的结果往往依赖于使用了政治权力的策略互动。因而,经济学需要更多地从心理和制度上进行分析。这篇论文,可以看作是 SFI 在新世纪所开展的经济学研究工作的起点。此后十年,桑塔费经济学家的研究工作一直致力于理解人类行为。本书的内容,也集中在他们这最近十年的研究工作和学术贡献。

如果要强调桑塔费经济学家的行为和演化范式经济学与瓦尔拉斯范式经济学究竟有什么不同,那么以下几方面的差异是非常明显且突出的。

1. 内生的和顾他的偏好

瓦尔拉斯范式经济学假设人们的偏好是外生的,一旦给定个体

[①] 为了介绍两位学者对新古典范式经济学的批判意见,本小节大部分引用了这篇论文的内容。

的偏好和信仰，以及在特定制度下个体面临的约束，就可以预测个体的行为。但是，现实中个体的行为不是孤立的，而是相互作用、相互影响的。每个人的行为都会影响其他人面临的约束、信仰或偏好。个体的行为具有非常明显的情景依存特征，即偏好是情景依存的。个体在采取行动时，不仅会考虑自己的行动会带来什么收益，也会考虑自己的行动是否符合自己在社会中扮演的角色。人类行为有物质动机的一面，但也有道德动机和关注他人的一面。

认为偏好是内生的，是说个人在与他人和社会交往中会受到社会文化、价值观、制度等影响，偏好会受到社会情景的影响。最近十来年兴起并已广为人们接受的社会偏好（social preference）假说，是对此的一个很好的总结。认为偏好是顾他的（other-regarding），是说人们不仅关心自己，也在一定程度上会关心他人，这是人类需要在互动的社会中生活这一特性所决定的。

关于顾他的社会偏好方面，桑塔费经济学家一个重要的贡献是提出了"强对等性"（strong reciprocity）这一术语。强对等性是以他人的行为适宜性来决定自己行为的一种偏好或动机，它是基于文化规范对别人的行为进行观察的结果。我们可以这样通俗地解释强对等性：（1）你对我好，我就对你好（以德报德）；（2）你对我坏，我就对你坏（以怨报怨）；（3）即便我们之间没有直接的交往，但你若欺负他人，我就会惩罚你，你若对他人友好，我会奖赏你（惩恶扬善）。大量的实验证据支持了人类的强对等性偏好假说，而且鲍尔斯等桑塔费经济学家认为，强对等性是塑造人类社会合作秩序的基石（Gintis, 2000；Bowles & Gintis, 2011, 2004a, Gintis et al., 2006）。

2. 偏好的演化

内生偏好，实际上需要一个关于偏好演化的理论，因为没有偏好的演化就谈不上偏好内生。桑塔费经济学家提出，偏好是文化与基因遗传共同的结果。他们证明，一些亲社会的行为（即不自私和可以提高他人福利的行为)是能够在文化与遗传传递双重影响下得到演化的(Boyd & Richerson,1985;Sober & Wilson,1998;Bowles & Gintis,1998;Bowles,2004;Gintis,2009)。而且,人类已经具有高度发达的区分内部人和外部人的能力,以及群体内部相同的文化,这都会大大强化遗传特征在群体选择中的重要性,因此个体演化出有利于群体的特征是完全可能和可行的。

博弈理论家常常把制度视为人类行为互动的结果(比如 Schotter,1981),但制度会反过来塑造人们的偏好和行为却常常被研究者忽略了。鲍尔斯和金迪斯(Bowles & Gintis,2004)指出,经济制度塑造了社会交往的结构,行为倾向是在经济制度约束下逐步习得的,再一般化到其他非经济领域。换言之,经济制度通过(1)谁与谁交往、(2)谁承担任务和(3)有条件的行为获益来塑造偏好。因此,个人偏好与制度实际是共同演化的(Bowles,2004)。

内生偏好,以及偏好与制度的共同演化,意味着在经济建模的时候需要考虑偏好与制度的反馈效应。在考虑经济政策设计时,需要考虑经济政策对偏好和行为的潜在影响。鲍尔斯和黄(Bowles & Hwang,2008)分析了在政策影响偏好(社会偏好依存于激励)时的最优机制设计,这在本书第8章有详细介绍。

3. 理性的程度

瓦尔拉斯范式的新古典经济学假设个体具有全局视野、完全理性。但是,最近二十年来,人类学家、生物学家、经济学家运用生物学模型对人类行为的特征进行的研究表明,人类的许多行为可能是通过基因传递的。当然,另一方面,人类行为的确具有目的性和意向性,并非如低级动物那样完全采取无意识的本能行为。因此行为和演化范式经济学试图从两个方面对传统理论加以改造。一方面,通过修改生物学模型来发展文化演化模型,即考虑人们特有的能力——我们人类会通过总结自己的经验或学习他人的经验来改善我们的生存策略。另一方面,是考虑演化博弈模型,通过不完备的局部信息来考察我们人类这个物种有限的认知能力,从而修正经典博弈论(如 Gintis,2000)。如果我们把生物学模型和新古典经济学模型放到两个极端(如图 1.1 所示),那么文化演化模型更接近经济学模型(有更高的认知水平),而演化博弈模型更接近生物学模型(认知水平更低),横轴箭头表示越向右理性程度越高。但中间的两类模型可能比两端的模型更符合现实世界个体在社会中行为的模式。

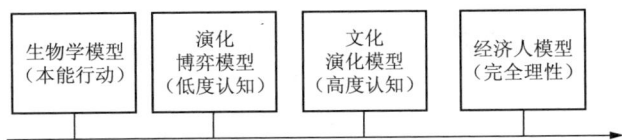

图 1.1 考察人类行为的几个模型

一个值得提及的有关理性程度与社会结果的有趣观点是"隧道视野"(tunnel view)。这一观点认为,正是个体视野的狭窄(从隧道看出去的确看不到多少东西),造就了好的社会秩序(Seabright,2010)。考虑大群体猎鹿博弈,如果人们拥有全局视野,反而不如人们只拥有局部视野那般容易达成合作(Skyrms,2003)。倘若考虑一个制度变迁的协调博弈,如果人人都有全局视野,自发制度变迁将是很难发生的,因为它要求有一定比例的人口同时采取行动(这是非常困难的);但倘若人人都是局部视野,只针对身边的人做出最优反应,自发制度变迁是容易发生的。金迪斯(Gintis,2009)的著作中,实际上也隐含着这样一个观点:人类的某些非理性(实际上是社会性),恰恰是成就社会秩序的关键。[1]

4.合约与社会结构

瓦尔拉斯经济学中,合约被视为是完全的,合约的事实由第三方

---

[1] 对此的简要介绍可参考笔者为金迪斯(Gintis,2009)写的书评——《"非理性"行为成就人类社会》,《21世纪经济报道》,2011 年 5 月 6 日。

无成本进行。由于合约是完全的,因此不会存在外部性——倘若存在外部性,可以针对外部性再建立相关的合约即可解决。这显然不是事实。由于实施合约是有成本的,针对未来的合约条款无法穷尽可能的情形,且实施所要求的信息第三方可验证性不一定能得到满足,合约不可能是完备的。由于合约不完备,社会的结构和经济权力就变得非常重要。

鲍尔斯和金迪斯等人对此的一个重要贡献是提出了经济权力理论。该理论认为,市场上短边的一方(比如雇主、贷款方)将获得权力,因为他们可以通过可信的制裁威胁改变数量配给来约束代理人的行为,从而提高自己的利益。市场上长边的一方不可能获得经济权力,因为他们无法实施有效的威胁。比如,在失业高涨的时候,一个工人威胁雇主说不提高他的工资他将另谋高就,这听起来就很可笑。

经济权力理论为思考财富与权力之间的关系提供了新的思路。基于此可发展出一套关于财富与社会阶层结构的理论,从而为马克思所谓的"经济基础决定上层建筑"著名论断提供了一个微观理论基础。本书第 5 章对此有详细的评述。

5. 经济政策与制度

瓦尔拉斯经济学从未提供过一套政策议程。从瓦尔拉斯迄今,它提供的政策建议既包括政府充当瓦尔拉斯拍卖人,对政府取代市场实现社会最优充满信心;也包括政府不应干预市场,自由的市场能够达到社会最优。这两个方面的争论长期存在,至今仍在持续。

但经济学本身的发展在制度和政策的经济分析方面取得了长足的进展。首先,信息经济学特别是委托—代理理论的发展,使得对市场失灵和政府失灵的建模可以在同一个框架下进行,而不是分成截然对立的观点。研究官员的行为,也可像研究市场行为一样来展开。研究的视野也从"定对政策"向"定对规则"转变。市场和国家不再被

看作是竞争的,而更多地被看作两种互补的制度。这两种制度之外
的经济治理制度——如家庭、社区、各种非政府组织等——也得到了
关注(Ostrom,1990;Aoki,1995;Taylor,1996)。其次,政策与制
度不再被看作是和偏好一样是外生的。个人偏好和行为塑造了制
度,制度也反过来塑造了人们的偏好。这也许是一个长期与短期的
问题,在短期中,制度是行为规则,在长期中却是行为的结果。许多
政策措施的讨论,比如解决犯罪、环境、教育、歧视、福利改革等问题,
一般都把偏好看成是内生的(Bowles & Gintis,2000)。最后,经济
学家一直希望应把效率与分配问题区分开来,现在看来似乎是荒谬
的。因为特定的交易中使用的激励、制裁以及其他合约规定,会依
赖于交易方的财富水平。个体行为的经济动机与道德动机也不可
分离。这些特性决定了经济政策和制度设计的复杂性。桑塔费学
派经济学家认为,需要考虑制度与偏好的相互影响来制定政策和
制度,才能实现社会最优的结果。传统的基于纯粹自利经济人的
机制设计,常常是偏离社会最优结果的。本书第 7 章对此有详细
评述和讨论。

6. 个人主义与整体主义方法论

新古典范式经济学强调方法论个人主义。在思想史上,坚持整
体主义方法论的经济学家也大有人在,早期的如马克思,稍近的如康
芒斯,现代的如加尔布雷斯。重视方法论整体主义的经济学家,更
强调制度对个人偏好和行为的影响;而重视方法论个体主义的经
济学家,基本上有意无意地忽略了制度对个人偏好和行为的影响,
仅仅把制度视为个人行为的结果。要想知道一个经济学家是坚持
方法论个人主义还是整体主义,只需进行一个简单的测试:坚持方
法论个人主义的经济学家,不认为道德规范对人们有约束力,人们
遵守或背叛道德规范仅仅是根据自身经济利益作出的选择;坚持
方法论整体主义的经济学家,承认道德对个体的约束力,在一定程
度内,个体将会遵守道德规范,即使他为此需要付出一些物质上的

代价。

桑塔费学派经济学家,在方法论上选择了一条中间道路,既不是单纯的个人主义,也不是单纯的整体主义,而是"个体主义＋整体主义"。这一方法路径,与生物进化中的多层次选择(multi-level selection)理论如出一辙。该理论认为,在群体内部,个体面临着选择压力;但在群体与群体之间,也存在着生存竞争,因此个体既面临个体层面选择压力,也面临群体选择压力。人类在社会演化中亦是如此,选择压力既存在于个人的层面,同样也存在于企业、行会、国家等群体层面。群体间竞争的压力会促使群体演化出有利于群体生存的文化和制度,这些文化和制度将塑造个体有利于群体的某些特征。

需要特别说明,如同生物学曾深深排斥群体选择理论,经济学曾深深排斥方法论整体主义。如同群体选择理论在近年来的生物学中有卷土重来之势(Bergstrom,2002),方法论整体主义也在经济学中重新被研究者所关注。也有学者认为,群体选择与方法论个人主义实际上并不冲突(黄凯南,2008)。金迪斯(Gintis,2009)更是宣称,方法论个人主义已经终结,"方法论个人主义并不恰当,因为一般的人性,以及特殊的人类理性,都是生物进化的产物。人类群体的演化动力学产生了社会规范,来协调理性个体的策略互动,并调节亲缘关系、家庭生活、劳动分工、财产权利、文化规范和社会惯例。认为可以把社会制度分解为理性个体的相互作用,从而把社会规范放到博弈论的视野中,这是一个错误(方法论个人主义的错误)"(p.163)。

桑塔费学派经济学家主张的行为与演化范式经济学,与瓦尔拉斯经济学的区别并不局限于上述几个方面,只不过这几个方面对于经济理论具有基础性重要作用,我们才特别予以回顾。鲍尔斯(Bowles,2004:479)曾列举了两大范式基本差异如下:

	瓦尔拉斯经济学 （课堂讲授的）	行为和演化范式 （展望中）
社会互动	竞争市场上完全的、可实施的交易索取权	非完全竞争环境中直接的（非合约）关系非常普遍
技术	外生的非报酬递增的生产函数	（内生）技术和市场互动（正反馈）中都存在普遍的报酬递增
（信念）更新	前瞻性的个体根据整体系统知识即时更新（信念）	保守的（基于经验的）个体利用局部信息更新（信念）
结果	基于个体行为稳定性的唯一的稳态均衡	多重均衡；总体结果可能是不稳定的低层次实体的长期均值
时间	比较静态	显在动态
机会	只关系到风险分担和保险	演化动态的基本元素
领域	经济是可以独立运行、自我调节的实体；偏好和制度是外生的	经济嵌入在一个更大的社会经济系统中；偏好与制度共同演化
偏好	自顾偏好，从结果方面定义	自顾和顾他偏好，在结果和过程上定义
价格与数量	价格配置资源；行为主体不受数量约束	数量约束；财富取决于合约机会
方法	还原论（方法论个人主义）	非还原论；个体和更高阶实体中的选择

1.3.4　关于人类行为的动态与定量研究

本书侧重于桑塔费学者的经济学研究。但最近数年来，SFI 的经济学研究已经放在人类行为研究这一更为宏大的研究议题之下。金迪斯（Gintis，2004，2009）曾提出有望建立统一的人类行为科学或社会科学。他对"统一"行为科学的思想有如下几个观点（Gintis，2004）：

● 演化博弈理论，提供了跨学科交流和建模的平台。
● 生物进化论是所有行为科学的基础，因为现代人是演化而来的物种，现代人的主要特点就是，它是特定演化历史的产物。

- 进化论和行为博弈论为生物学上的人类行为提供了解释框架。

- 从经济理论发展而来的理性人模型,适用于所有人类行为。这个模型把行为视为满足偏好的工具。

- 博弈论和理性人模型可以用来作为形式化表述、展开和分析来自社会互动的控制性实验数据的基础。

- 行为科学家人为限制社会情景研究的范围,限制了人类行为模型化的进展。只有各门行为科学打破学科藩篱,并结合实地控制性实验,才可以形成一个统一的人类行为模型。

- 人口统计学显示,现代人的成功在于他们能在非亲缘个体之间维持一个很高的合作水平。生物学和经济学将此解释为不同自利个体之间交换的结果,但符合社会学和行为心理学的事实是:人类经常有亲社会利他性,尤其是表现在"强对等性"行为上。

- 人类的亲社会行为在生物学中可以用基因—文化共同演化的工具来模型化,但相关的社会机制必须使用社会学的两个概念:"社会化"和"规范的内化"。

金迪斯本人也曾提醒过两点(Gintis,2004,2009)。第一,上述统一人类行为科学的原则并不完善,需要经过大量修正。尤其是神经科学和行为遗传学方面的内容,应当给予关注。第二,每一门行为学科都已经发展出各自的核心原则,但这些原则被其他学科所忽视或者排斥,故金迪斯本人并不断言其讨论的就是行为学科仅有的核心原则,甚至他也不认为这是最重要的原则,但它们是统一人类行为科学的中心原则。

但不管怎样,SFI 的确正在尝试一项浩大的工程,他们认为有望基于演化博弈论、进化心理学、生物学和经济学,建立起范式统一的社会科学。近年来，SFI 经济学家和其他学者也在人类行为方面展开了一系列的课题研究，试图为理解其经济学研究提供一个更大的研究背景。这些研究项目正在进行中，本书只纳入了其中的少量内容，故在此给予简单介绍。

1. 人类行为和制度的演化

本项目由 SFI 驻院研究员鲍尔斯教授主持，旨在探析制度怎样规范社会交往，比如经济交换、婚姻配对以及群体内的和群体间的合作与冲突，怎样塑造个体偏好、规范动机和其他动机的演化，以及相应的个体行为反过来怎样塑造社会制度的演化。所运用的方法包括随机演化博弈论、基因—文化共同演化模型、基于主体（agent）的仿真，以及行为实验。另一个重要的研究主题是顾他偏好（如利他主义和群体内偏见）的本质和多样性，以及他们的演化根源和现代的动态性。已经或正在开展的具体研究议题包括：阶层差异和经济差异的长期动态性（Bowles，Hillard Kaplan et al.）；恰当制度的构建和具有合作精神物种的演化（Bowles）；非人类灵长动物的社会偏好（Charles Efferson）；狭隘利他主义、群体外敌对和战争（Bowles，Libby Wood，Dan Hruschka et al.）；社会性学习、文化和制度均衡选择（Scott Page，Efferson）；合作的网络涌现、群体外敌对和小集团（Hruschka，Bowles et al.）；怎样对"具有合作精神的物种"进行治理（Bowles et al.），以及合作制度的动态性（Page，Bowles）。

2. 社会科学中的主体基建模（agent-based model）

主体基建模是一种"自下而上"的建模方法，它借助演化和博弈理论，基于计算机智能主体来进行建模，为探讨复杂适应性系统提供了一个有用的理论入口。它以简单的算法捕捉系统中关键主体的必要行为，允许主体之间交互作用，产生新的、能进一步展开的模型系统。主体基模型适用于分析异质的、适应性的主体动态系统。倘若使用传统建模工具，如公理化的数学，是很难捕捉到此类系统的。在过去的 20 年，主体基模型已成为许多研究领域的重要工具，从探讨城市中人口的分隔(segregation)到鸟类群聚再到市场交易等诸多领域的问题,这一方法都得到了应用。SFI 研究员乔治·古默曼(George Gumerman)和蒂姆·科勒(Tim Kohler)等教授曾模拟了西北部古代社会,SFI 研究员史蒂夫·兰辛(Steve Lansing)等对巴厘岛上基于规则的婚姻和遗传相关性之间的关系建立了模型,SFI 教授约翰·米勒(John Miller)和斯科特·佩奇(Scott Page)也用能动主体来为复杂适应性系统建模。

3. 作为经验实验室的金融市场

SFI 研究人员,包括院外兼职研究员阿瑟教授和多因·法默(Doyne Farmer)教授,在 20 多年前就已开始金融市场的创新性研究,对主流范式提出了挑战。他们早期的工作主要是理论模型,后期的工作则是基于经验数据展开研究。近期的研究集中在理解价格反应函数,该函数用于衡量价格对交易作出的反应。价格反应函数本身固然重要,但同样重要的是它能够用于制定金融投资战略。法默、SFI 兼职教授法布里齐奥·利洛(Fabrizio Lillo)及其同事指出,价格反应函数拥有十分有趣的测度性质。他们在最近提出了一种区分机制原因和信息原因的方法。他们还提出了零智能方法来理解金融制度在塑造价格形成等过程中的作用。这一方法假设人们随机地作出决策,并利用人们按照某种制度(如连续竞价)互动来建立可追溯的模型。该方法在解释交易秩序安排和价格形成之间的关系上取得相当大的成功。在早期的工作基础上,SFI 科学家拓展了零智能和低智能的主体模型,从而可以更好地理解价格形成过程和金融市场行为。其中一个激动人心的方向就是对长期价格反应函数形成的解释。

法默和利洛,以及 SFI 的教授乔恩·威尔金斯(Jon Wilkins),还有 SFI 兼职研究员约翰·吉纳考普劳斯(John Geanakoplos),访问研究员珍妮弗·邓恩(Jennifer Dunne)教授,博士后研究员米歇尔·格文(Michelle Girvan)等人,计划使用金融市场作为研究文化演化的实验基地。因为金融市场能够记录下人们在复杂环境下以及很长时期内面临风险和不确定性的决策。这为决策制定的情景和历史依存性方面的研究提供了理想的背景。金融决策制定的策略承受着很大的选择压力——成功的创新将受到极大的奖励，失败的创新将受到严厉的惩罚。而重大的变迁往往发生在短短几年的时间内，这使得在较短的时间跨度内研究演化成为可能。

4. 社区结构的出现及其稳健性

对于社会系统中涌现出社区结构这一问题，目前主要的研究方法是演化博弈论。尽管这一研究方法提出了某些重要的观点，但它对均衡（演化的稳定状态等）的过于强调忽略了短暂的、非均衡的动态性。而动态性本身对理解真实社区来说可能十分关键，特别是当社区成员们发现自己处于不断变化的环境中的时候。

SFI 外聘研究员埃里卡·珍（Erica Jen）、西蒙·莱文（Simon Levin）、桑德·范德勒韦（Sander van der Leeuwe）、莉萨·柯伦（Lisa Curran）等人和 SFI 教授史蒂夫·兰辛等，从多重网络动态性角度去识别社区结构在不同时期内的特有形态。他们认为，社区结构通过各种因素（包括社区中生产模式、语言、社会制度）相互作用而产生。这些因素之间的相互作用，带来了社区结构的坚固性或者脆弱性。他们的研究有助于我们深入了解社区在社会生态选择压力下的适应性。这一研究路径的方法论和概念工具等，可参阅史蒂夫·兰辛对基因、文化以及语言和社会结构演化的研究。

5. 地理结构、人口统计史和近似贝叶斯统计

社会群体的规模、群体间迁移的程度、人口的迅速增减，对人类行为的长期演化具有决定性的影响。本研究议题旨在利用基因多样性的现代地理分布去理解特定群体的人口统计史（迁移模式、区域扩张以及诸如人口瓶颈之类的重大历史性变化）。人类是一个完全非均衡的群体，除了较为近期的非洲人口膨胀和人类群体规模的急剧扩张之外，人类的迁移和繁殖方式对在时空上能迅速变化的文化行

为是十分敏感的。SFI 研究人员威尔金斯及其合作者开始尝试将非均衡的文化转型整合到对人类性别偏见的扩散之分析上。该项研究的长期目标,是要提出能够解释复杂人口统计史并且能够把从其他领域(如历史学、人类学、语言学和考古学)所获得的知识和信息整合到一个统一的、符合统计学要求的、推断式框架上的近似贝叶斯统计方法,用于地理结构与人口变迁的经验研究。

6. 作为公共物品的货币的成本

众所周知,主流的(新古典范式)微观经济学中,忽略了货币等市场制度。然而,大部分高质量、有规律的经济数据都包含有货币信息;同时,最有助于进行定量研究的社会组织的特定方面就是市场和各种制度结构。尽管 SFI 教授埃里克·史密斯(Eric Smith)等指出,价格形成的诸多性质均有其制度根源,但在新古典范式中,除了可能作为个体偏好集合的表达方式之外,制度是多余的。同样,透过市场制度形式的发展,可观察到社会各个历史时期——从使用商品货币到政府法定铸币,再到准货币以及最近的纯账户系统——存在着规律性。史密斯和 SFI 外聘教授马丁·舒彼克(Martin Shubik)运用对称和普遍性概念对简单市场交换进行了划分,并指出:对成本和分配效率的系统性权衡,为对这些市场进行选择提供了标准,这些标准独立于一个国家可能以某一种或别的形式所达到的历史。将来的研究工作中,将会考虑到市场、货币体系和银行等制度创建的内生性,因为一个社会中要使得经济合作成为可能,有必要将这种货币制度内生性当作最优化问题的一部分。

7. 人类语言的演化

随着时间的流逝,语言也在发生着改变。词汇(和语法特征)由看顾儿童的长辈传递给儿童,通常伴随着语义和/或语音的变化。这种“垂直”传递过程,与借鉴邻近语言为特征的“横向”传递过程形成了鲜明对照。从共同的“原始母语”,通过垂直传递,伴随着发音的改变,一种语言派生出的“子女”语言似乎要遵循特定的规则。同时,横向过程的存在使得情况更为复杂。

　　垂直传递因此制造了很多语言组,其中每个语言组都由共同的原始母语派生出来,并且整个语言的发展史能够通过上述方式组成,即每个"分支"语言分作不同的系,然后形成超系(super-families)等。英语和德语、荷兰语和丹麦语等都属于印欧语系的德语系分支,印欧语系也包括如斯拉夫语、希腊语、凯尔特语、伊朗语,等等。意大利语分支则包括拉丁语及其衍生的罗马语。

　　通过原始母语中迄今存在的派生语言,历史语言家试图重构古代原始母语并推断出发音改变的规律,以及语法和语义的转变。各种各样的原始母语存在的时间各不相同。基于基本词汇重复百分比的"语言年代学",提供了确定某个原始母语分裂年代的一个粗略方法,所得到的结果与基于历史和史前估算年份的其他方法是相容的。印欧语系的存在时间估计为 7 000 年左右。其他存在时间相当的,已很确定的语系是乌拉尔语系(包括芬兰语、匈牙利语和萨摩耶得语)、阿尔泰语系(包括土耳其语、蒙古语、日语和韩语)、闪含语系(包括希伯来语、阿拉伯语和阿卡得语),等等。这一研究项目也包括了对语言年代学所使用的数学方程的研究。

　　该项目组不仅关注特定语系的研究,同样重视对更大的组(超语系和超超语系)进行研究。他们假设所有人类语言都是从一个共有的原始语言派生出来的。这个极端的假设尚未最终被证实是正确的,不过似乎已有一些初步的证据。欧亚大陆的几乎所有语言都属于四个超语系:欧亚超语系、非亚超语系(包括范围从闪含语系到乍得语族到非洲之角的库希特语族)、汉—高加索超语系(包括范围从纳丁语系到汉藏语系到北高加索语言和巴斯克语系)以及南方超语系——包括波斯尼亚语系和印尼语系、高棉语系和其他很多东南亚国家及其岛屿的语言。目前,语言学家也正在对 50 年前由约瑟夫·格林伯格(Joseph Greenberg)所评定的撒哈拉沙漠以南非洲地区的三种超语系进行研究。

语言的演化这一研究项目融合了考古学家、文化和物理人类学家以及遗传学家的研究成果，突出了为理解导致当今语言形态的现代人类早期迁移所作出的努力。这些努力包括尝试对原始母语所在文化的重构和所在地点的定位。很多时候，经济学家不会想到语言与经济学或经济行为有什么关系，但事实上，它们之间可能关系很密切，因为对人类而言，语言是制定决策和形成判断过程的核心工具。

1.4 本书的内容

笔者跟踪和阅读桑塔费学派的经济学论文已有十个年头。然而越读越觉得桑塔费经济学家鲍尔斯和金迪斯等人试图建立统一社会科学的理想和抱负太过宏大，即便跟踪他们的研究也让笔者感到力不从心（从前一节描述已可以看到，如果没有深厚的跨学科背景，很难跟踪桑塔费学者对于人类行为的研究）。因此，笔者最终只选择与经济学紧密相关的研究成果，分析这一流派学者对于经济学（尤其是主流经济学）和经济理论的反思和改造。这样的选择，并不全面，但主题相对集中。

本书第2章围绕桑塔费经济学家提出的一个核心概念"顾他偏好"（other-regarding preferences），从经济思想史角度回顾标准的经济理论所假定的"经济人"，以及桑塔费学者对自利"经济人"假设的批评，当然，这些批评并非任意而武断的，而是建立在严谨的逻辑分析和经验研究基础之上的。桑塔费经济学家认为，"经济人"只是一个虚构的假定，真实的人是多样而且多面的。我们的行为一方面受到天性的影响，另一方面也受到文化的塑造。由于合作的人们更容易取得成功，因而演化的力量使我们人类的天性和文化都沉淀了有利于合作的偏好和亲社会性，比如强对等性（有的中文文献译为"强互惠性"）、公平偏好、规范倾向。我们人类，是一个"合作的物种"。经济理论必须考虑人的多样性和多面性，改造效用函数。特定的理论建模中，应当将对等、公平、忌妒、仁爱、忠诚、记仇、羞愧、内疚、沉溺等顾他偏好和亲社会情感作为目标纳入效用函数，而不是把它们视为约束条件。这样做，既有助于为解释人类行为的异质性提供一个统一的框架，也有助于我们理解分散的经济行为如何形成社会的合作秩序。

本书第 3 章重点探讨理性行为。我们在本章回顾了最近三十年行为和实验经济学研究文献中所展示的诸多的偏好不一致和行为非理性的"异象"。许多人认为这些"异象"是对"理性人"的挑战，甚至主张抛弃主流经济学的理性行动者模型，即"信念—偏好—约束"（BPC）模型。但是，桑塔费经济学家认为，所谓的"异象"，可能是标准的经济理论中对"理性行为"的界定遗漏了某些重要条件——比如偏好的情景特征。桑塔费经济学家认为，个人的偏好是情景依存的：同一个体在不同的决策情景中可能对两个方案的比较评价是不一样的。他们证明，诸多的偏好非一致性和行为非理性的"异象"，在忽视偏好的情景特征的主流经济学中确实是反常的，但一旦考虑偏好的情景特征，一旦引入决策的不同时点作为效用函数的自变量，引入参照点，引入损失厌恶、禀赋效应等概念，这些"异象"都可以得到合理的解释。而且，桑塔费经济学家认为，这些"异象"的存在，往往与人类演化而来的心理机制联系在一起。这些"异象"并非要我们抛弃理性行动者模型（BPC 模型），而是应当考虑在模型中纳入偏好的情景依存性和进化心理机制。行为经济学的研究不是要挑战主流经济学的 BPC 模型，而是改造和完善 BPC 模型。这种修正和改造不仅有利于更好地解释真实世界，也有利于为设计更有效率的制度提供洞见和启发。

本书第 4 章将探讨社会科学的一个根本重要的问题：合作何以可能。在这个问题上，桑塔费学派经济学家提出强对等性是人类合作的基石，完全自顾偏好的个体是无法形成稳定的合作秩序的，合作必须有顾他偏好的存在，或者说必须有一点点"非理性"（实际上是人的社会性）存在。本章从思想史视角，回顾了试图解释人类合作秩序的一系列理论,包括:(1)早期的来自生物学的合作理论,包括群体选择理论、亲缘选择理论、对等合作理论(互惠利他理论);(2)来自经济博弈论的合作理论,包括间接互惠理论、代价信号理论、重复博弈理论。在主流经济学中被广泛接受的合作理论是重复博弈理论,其中的无名氏定理断言,即便自利的个体之间重复博弈,也可以存在"合作"均衡。但桑塔费经济学家鲍尔斯和金迪斯等人批评道:重复博弈存在"合作"均衡,但也存在诸多的非合作均衡,多重均衡问题是研究"合作"的研究者的梦魇;无名氏定理的缺陷在于,它仅仅是一个存在性定理,无法揭示它证明可以存在的合作均衡在社会过程中如何可以实实在在地现实化;而且,在人数众多的大群体中,如果信号不完美(大群体中更难监视个体的行为,因此信号通常是不完美的),或者个体行为存在噪声,又或者个体的目光比较短浅,都足以使合作秩序崩溃;此外,大量的关于合作的实验证据表明,合作也常常存在于非重复博弈的情景中,这不是重复博弈理论可解释的。桑塔费学者认为,所有基于自顾主体的合作理论模型,都无法成功解释合作秩序;相反,他们主张,应当承认人类合作具有很强的生物学因素。生物学的研究表明,有机体的合作存在巨大的收益,但协调行为并将背叛限制在可控水平下的挑战也非常大,这只能由罕见的遗传变异来加以克服。人类社会的合作有着类似的机理:自利的个体要达成合作,并且将背叛限制在可控水平下,需要个体的变异——顾他偏好就是这样的"变异"。受到特定文化环境滋养的人们,倾向于以亲社会的方式采取行动,人们会同情他人,接受合作规范,不惜代价惩罚违规者,行为操守遵守美德,也包括看重自尊,并且意识到自尊取决于与我们交往的人们如何评价我们。这些亲社会情感和强对等性偏好,构成了人类社会合作的基石。本书第4章详细评介了桑塔费学者关于"合作何以可能"的回答,并强调了桑塔费学者关于人类合作的解释一直贯穿着两个基本点:(1)人类演化中群体的重要性和多层次选择的力量,使得"人"具有社会性(拥有亲社会情感和顾他偏好);(2)潜在的基因—文化共同演化,使得有利于群体的个体特征得以发展。这两个基本点,促使合作秩序得以涌现并得到巩固。桑塔费学者提供了一个更加令人信服的行为和演化范式的解释人类社会"合作何以可能"的理论。

本书第 5 章关注于权力、财富和社会结构。"权力"是桑塔费经济学家鲍尔斯和金迪斯提出的一个术语,他们还受邀联合为《新帕尔格雷夫经济学大辞典》撰写了"权力"这一辞条。社会有其结构,其中阶级结构(class structure)是最重要的结构。古典政治经济学家中,只有马克思注意到社会中的行动者不仅有个体,也有阶级,而且阶级是以共同的经济特征来划分的。那么,阶级结构何以形成,为何决定于经济地位? 这一问题在主流经济学中完全被忽视。鲍尔斯和金迪斯早年曾着迷于马克思主义经济学,他们注意到这个问题并尝试给出了答案:个体的财富水平,是决定个体进入社会"权力"关系何种位置的关键。他们对权力的定义是,对于两个交易主体 A 和 B,若 B 可以通过可置信的威胁或实施制裁影响 A 的行动,使 A 的行动朝着有利于 B 的利益的方向发展,则称 B 拥有对 A 的权力,反过来 A 对 B 却没有这种权力。举个通俗例子来说:雇主解雇不努力的工人这一威胁是可置信的(是真正可以实施的制裁),但雇员放火烧掉不加薪的雇主的工厂这一威胁就不可置信;甚至雇员的离职威胁也不大有效,因为雇主很容易找到替代的工人。因此雇主拥有权力而雇员却没有权力。何以会如此? 因为雇主处于劳动力市场交易的短边方(short side),短边方总是可以通过数量配给(比如雇主就可以通过效率工资造成非自愿失业来实行工作配给)来获得权力。同理,贷款人可以通过较低的利率造成信贷配给来获得短边方权力,而借款人却无法拥有短边方权力。基于权力理论,可以进一步发展出社会层级结构的理论。经济主体在社会经济体制中的位置,与其权力密切相关,处于非出清市场短边方就可以对他人行使权力,而短边方权力的配置就形成了社会的层级结构。雇佣员工需要资本,要有充足的资本就需要融资,就需要有贷款人有足够的财富去投资该项目或提供担保。结果,经济主体的财富多寡决定了个体在短边方权力配置中的位置。在第5章,我们介绍了鲍尔斯等人的财富决定阶级的模型,这一模型为马克思经济地位决定阶级地位的观点提供了微观理论基础。在主流经济学中,从福利经济学基本定理,到科斯定理,都忽略了"权力"及其导致的社会等级结构,所有个体被假定为地位是平等的,交易都是自愿进行的;但马克思曾批判过,雇员对生产过程时间提供的劳动并不由合约保证,而是通过"资本对劳动的占有"来保证——这种"占有",我们常常误以为是某种"交换"。政治经济学从马歇尔时代开始,取消了最前面的"政治"二字,从此经济学忽略了对政治过程的考察,但要深刻理解社会关系和经济运行的基础,我们必须重返古典政治经济学,深入考察经济交易的政策过程以及由此形成的社会结构。

本书第6章关注于制度及其演化。在本章我们对制度演化思想史进行了系统的回顾,包括各派关于制度的基本观点和看法,主流经济学范式的制度选择和制度变迁理论,博弈论的均衡制度观,基于演化博弈论的制度自发创生(起源)的理论,以及制度演化分析的几种理论,如演化博弈和外生的制度变迁、主观博弈与共享心智模型、内生制度变迁理论与制度演化路径。然后我们考察了桑塔费学派关于制度演化分析的理论——基因—文化演化过程与制度和偏好的共同演化。桑塔费学者的理论与其他的理论某种程度上是互补的。在演化博弈、主观博弈和重复博弈的制度演化模型中,都不曾考虑集体行动问题,但事实上许多制度创新和变革过程中,集体行动扮演了重要角色。鲍尔斯等人改变了单群体博弈分析的思路,将多组群博弈纳入制度演化的分析框架,多组群之间的制度选择博弈实际上将集体行动因素纳入了制度演化分析。另外,通过考虑子群体的有意识非最优反应行动,鲍尔斯考察了集体行动和组群规模差异对于制度演化的影响,从而为解释无效率的制度为何可以持续存在提供了部分原因的解释。有意识的非最优反应之所以存在，正是由于个人是基因—文化遗传共同演化的产物，人们追求物质利益，但也在一定程度遵循社会文化。另外，桑塔费学者在方法论上坚持个体主义与整体主义相结合，这也反映在他们对制度演化的研究上。他们提出了多水平（multi-level）演化模型。简言之，群体和群体之间有竞争，同一群体的不同个体之间也有竞争。多个层面竞争产生的共同演化效应，导致一些有利于群体的个体特征得到发展。反映在制度演化上，结果是个体的行为塑造制度（成就群体的行为模式），而制度（群体的行为模式）反过来又塑造了个体的偏好和行为。在本章最后，我们还讨论了一些值得继续探讨的问题。

本书第 7 章是从行为和演化视角为私有产权的起源和自发社会秩序的演化提供一个新的解释。众所周知，自发社会秩序何以存在，一直是制度经济分析中尚未完全解开的谜题。现有的经济理论中，对社会秩序的分析存在两大根本的局限性：一是社会秩序何以能够自我实施，迄今并未得到很好的经济理论解释；二是主流的经济理论似乎忽视了非人类的动物社会也有社会秩序。金迪斯（Gitins，2007，2009）认为，禀赋效应这一心理倾向，是人类社会乃至动物社会形成自发秩序的原因。所谓禀赋效应，指的是那些通过某种方式获得某物品的人，不管是购买还是获赠，他们对该物品的评价一般都高于旁人的评价。这一心理倾向使得"人们对物品的评价不仅依赖于物品自身特性，也依赖于物品所有权的抽象观念：人们获得某物后似乎立即获得了额外的价值，这额外价值仿佛凭空而来，仅仅源于所有权这一事实"（Jones & Brosnan，2008：1942）。在本章，我们回顾了经典的制度经济分析对自发社会秩序的分析，并指出这些理论仍然面临的问题，然后以自然产权为例，基于一个争夺地盘的序贯博弈模型，论证了禀赋对于社会秩序的重要性：正是禀赋效应，造就了对地盘先占权的自发尊重，这是确立自然产权的前提和基础。随后，我们进一步基于演化理论，论证了自然选择力量会拣选那些有利于尊重先占权的重度禀赋效应,因为它们能使个体在生存竞争中获得优势,从而解释了禀赋效应的演化起源。最后,我们扩展模型,考虑不对称的地盘争夺能力,尤其是入侵者强于先占者的地盘争夺情形,得到了富有意义的结论:一方面,强的入侵者和弱的先占者的能力差异需要在一定的范围之内,强者才会尊重弱者的先占权;另一方面,誓死捍卫自己的地盘对于先占者来说有时也不是很明智的,尤其是对手足够强大的时候。这就解释了自然产权的边界,以及法庭、警察和政府等社会建构为何对于人类社会至关重要。

本书第 8 章是相对与现实较贴近的内容,该章讨论了基于行为视角的经济政策和制度设计,基本观点仍来自桑塔费学派。这一章主要探讨了基于物质利益的制度设计,如何会挤出或挤入个人的道德动机,即产生制度挤出或挤入效应。古典的政治经济学和新古典范式主流经济学视个人行为的经济动机和道德动机是分离的,但桑塔费学者基于大量的研究认为两者完全不可分离,并列举了导致两种动机不可分离的五大原因(参阅本书 8.1.3)。当存在物质激励对道德动机有挤入和基础效应时,主流经济学中的纯粹基于物质利益的激励机制设计在现实中就是有问题的,可能导致激励不足或激励过度。在这样的情形中,制度设计应当注重唤醒个体的道德动机、利用无意识行为的调整、塑造有利于良好治理的"情景"(既然人们存在着情景依存偏好)。

毫无疑问,本书的内容并未涉及桑塔费学派全部的经济学研究成果,也未涉及他们全部的经济思想。但本书集中了经济理论研究中一些根本重要的问题,结合这些问题评述了桑塔费学派的贡献,为思考这些问题提供了基于行为和演化视角的答案。

第 2 章　顾他偏好

　　2012 年 11 月 9 日的《中国青年报》刊登了一篇报道,讲述了这样一件事①:宁波鄞州高级中学的图书馆,无门无监控,完全自助借阅,6 年来图书馆的书不但没有流失,还有所增加。这一现象完全不符合标准的经济学结论:既然没有任何监控,人们能够顺手将心爱的图书据为己有,那么图书的藏书就应该大幅流失。但事实并非如此,以至于人们惊呼"无门图书馆给全民上了一堂诚信课"。

　　宁波这座无门图书馆作出"无门"的决定,最初也是出于经济上的考虑。图书馆雇人看守需要花费成本,只要流失图书的价值不超过这笔成本,那么"无门"仍是经济的选择,这也是校长最初的想法。几年下来,"无门"不但省下了人工成本,也收获了读者的"诚信"。不过,读者的诚信并非凭空而来。他们也曾遭遇图书丢失,但后来他们发现应当从细节引导学生做一个诚信的人。6 年来,每天早上管理员都会摆正桌椅,保证书架绝不杂乱,"这就像破窗效应,如果一辆车的窗户已经破了,就容易引人砸。而完好的车,你就不会破坏它。我们要给学生指一条正确的路"。"善意是更高明的管理。我们还是要给孩子提供规则,不然就不是负责任的教育。如果完全放任自流,纵容不自觉的学生,也是害了他们"。"如果我们把学生当作君子,他们就是君子"。这就是无门图书馆创始人王贤平(前)校长及同事们的理念。他们的理念被证明是正确的:学生们并非纯粹的自利者,他们有遵守规范的倾向,会关心身边的社会环境并受其影响,会对校方给予他们的信任作出积极的行为反馈。

---

　　① 《宁波鄞州高级中学"无门图书馆"的诚信是这样炼成的》,《中国青年报》,2012 年 11 月 9 日。

实际上,这个例子中的学生的行为,也已在诸多实验经济和行为经济研究中得到证实。大量的实验证据表明,人们有强对等性偏好,即你对我友善,我亦会对你友善,我甚至愿意牺牲个人物质利益来报答你对我的友善;你对我不善,我亦会对你不善,尽管报复你的不善会令我付出物质上的代价;甚至我还可能"路见不平,拔刀相助",作为第三方付出个人代价去维护社会的公平正义。我们也会偏好公平,关心他人对自己的看法,对盗窃则感到可耻……我们的这些行为一部分来自天性,一部分来自社会文化对我们个性、习惯和偏好的塑造。我们关心自己,但绝不仅限于关心自己,我们也关心身边的人,关心这个社会。换言之,我们的偏好不仅限于自顾(self-regarding),也有顾他(other-regarding)。

标准的经济理论所假定的"经济人",是纯粹自顾的个体。他们不关心他人,也不受社会规范的约束——在经济人立场看来,个人只在社会规范符合自己的经济利益时才会遵守规范,故社会规范只是自利行为的结果,而不是行为的约束。从理论与现实的反差来看,经济人假设是存在问题的。作为对这种问题的回应,桑塔费学派经济学家提出了顾他偏好概念,在实验证据和演化逻辑的基础上,从强对等性等顾他社会偏好来重新表述经济学的行为基础。他们强调,演化而来的人性和社会文化的影响结合在一起,使我们人类成为了多样(有人自私、有人慷慨)且多面(有时勇敢、有时怯懦)的"合作的物种",经济理论必须在顾他的社会偏好基础上进行改造以便对此作出回应,为人类行为的异质性提供一个解释框架。诸如对等、公平、忌妒、仁爱、忠诚、记仇、羞愧、内疚、沉溺等顾他偏好和亲社会性情感,都应该作为目标进入效用函数。这可能也是我们理解经济行为和合作秩序的起点。①

本章接下来内容安排如下:2.1节对自利"经济人"的思想史进行

---

① 同样也是理解宁波无门图书馆的起点。

简要考察；2.2 节介绍桑塔费学派经济学家鲍尔斯和金迪斯等人提出的顾他偏好；2.3 节和 2.4 节则分别讨论强对等性偏好和公平偏好的演化起源，从演化视角看待人类偏好和行为模式是桑塔费经济学家的一贯主张；2.5 节则讨论了社会文化对偏好的塑造，桑塔费经济学家主张，我们人类是演化而来的人性和社会文化塑造结合而形成的一个"合作的物种"；最后，2.6 节讨论基于顾他偏好对经济理论（主要是效用函数）进行改造，以及桑塔费经济学家对于经济理论的行为基础改造所持的基本态度：这种改造不是用"社会人"去取代"经济人"，而是要寻求一个能够解释人类行为异质性的框架。

2.1　自利"经济人"思想史考察

2.1.1　早期的自利主义哲学

主流经济学常常用"经济人"（Homo Economicus，或 economic man）这一术语，来刻画经济行为主体。经济人不关心他人，一切以自己的利益为行动的出发点，甚至会为了自己的利益而不惜牺牲他人的利益；人们也不会遵守社会公德，除非遵守社会公德对自己有好处（Bowles et al.，2005:29）。

"经济人"并非一个横空出世的术语。在这个概念出现之前，古典道德哲学家和政治经济学家对于自利的人性假设早有非常丰富的论述（Monro，1987）。英国思想家霍布斯（Thomas Hobbes，1588—1679）认为，人类的行为皆出于自私，这一观点后来成为哲学人类研究的重要理论。[①]霍布斯认为，人们遵守道德并非是为了别人，而是为了自己；因为从长远来看，道德规则为实现和谐社会确立了标准，遵守道德规则才能走向和平安宁，人们才有机会满足自己的欲望

①　霍布斯在 1561 年出版的政治哲学著作《利维坦》（*Leviathan*），为之后所有的西方政治哲学发展奠定了基础。

（Hobbes，1985）。显然，在霍布斯那里，道德是工具，而不是目的；而且人们必须具有远见才能使自己受到道德约束。

英国哲学家和古典经济学家曼德维尔（Bernard Mandeville，1670—1733）意识到，只有少数人具有远见，他因而提出了一种更为有趣的观点：道德乃是极少数远见人士刻意散布的一种虚构说法，即人有别于其他动物，人的长处就在于能够约束自己的欲望；散布这种说法的目的是为了让人们能帮助他人。但是，曼德维尔显然不同意他所谓的极少数远见人士，他认为，那种试图以道德说教为手段并以"公共精神"为基础来建立美德繁荣社会的想法，纯粹是一种"浪漫奇想"；人类行为，无论是出自生命自保的冲动，抑或是为荣誉而产生的善举，其动机都发端于利己心，没有任何力量能够消灭人类的这种自利本性（Mandeville，2002）。曼德维尔最重要的思想被浓缩为众所周知的"私人恶德即公共利益"，体现在《蜜蜂的寓言》（*The Fable of the Bees*，1724）一书中。①就自私自利是一切行为的动机而言，曼德维尔与霍布斯两人的观点是一致的。

《蜜蜂的寓言》在思想史上地位举足轻重，它影响了许多后来人，包括休谟（D.Hume，1711—1776）、斯密（A.Smith，1723—1790）、哈耶克（F.Hayek，1899—1992）这些思想大师。奠定斯密经济学鼻祖地位的巨著《国富论》（*An Inquiry into the Nature and Causes of the Wealth of Nations*）一书中，有一段话被认为是对自利动机与公共利益之间和谐关系的经典论述：

在这场合，像在其他许多场合一样，他受着一只看不见的手

---

①　这部书（Mandeville，1724；中文版 2002）将人类社会喻为一个蜂巢："这些昆虫生活于斯，宛如人类，微缩地表演人类的一切行为。"在蜜蜂国度，每只蜜蜂都虚荣、伪善、欺诈、享乐、嫉妒、好色……疯狂地追逐自己的私利。令人惊异的是，整个蜂巢却呈现出一派繁荣的景象。后来，邪恶的蜜蜂突然觉悟了，向天神要求让它们变得善良、正直、诚实。神实现了蜜蜂的要求，可是随后的整个蜜蜂的王国却变得萧条。书中表达的一个核心思想是，私欲的"恶之花"结出的是公共利益的善果，这就是所谓的"曼德维尔悖论"。

的指导,去尽力达到一个并非他本意要达到的目的。也并不因为事非出于本意,就对社会有害。他追求自己的利益,往往使他能比在真正出于本意的情况下更有效地促进社会的利益。我从来没有听说过,那些假装为公众幸福而经营贸易的人做了多少好事(Smith,2004:下册,p.27)。

个人受自利动机引导,并采取最大化其利益的行为,可以有效地实现社会公益。由于斯密的这段话,上述思想后来被冠以"看不见的手原理"而闻名于世。在另一部伟大著作《道德情操论》(*The Theory of Moral Sentiments*)中,斯密也提到了"看不见的手"。[①]他写道,富人为了满足自己贪得无厌的欲望,雇佣千百人来为自己劳动,"但是他们还是同穷人一起分享他们所作的一切改良成果,一只看不见的手引导他们对生活必需品作出几乎同土地在平均分配给全体居民的情况下所能做出的一样的分配,从而不知不觉地增进了社会利益,并为不断增多的人口提供生活资料"(Smith,2006:20)。从这段引文可以看出,即使在《道德情操论》中,斯密对于利己动机也给予了最充分的关注。但斯密本人承认,人们有同情心、正义感,友善的动机,这些方面对利己行为形成了一定的制约。

2.1.2 自利"经济人"的滥觞

在斯密之后,出现了一系列杰出的古典经济学家,包括边沁(Jeremy Bentham,1748—1932)、萨伊(Jean B.Say,1767—1832)、马尔萨斯(Thomas R.Malthus,1766—1834)、李嘉图(David Riecardo,1772—1823)、詹姆斯·穆勒(James Mill,1773—1836)及其儿子约翰·斯图亚特·穆勒(John Stuart Mill,1806—1873),以及被视为走向完全不同路径的马克思(Karl Marx,1818—1883)。在这些古

[①] 斯密在其著作中一共有三次提到"看不见的手"。除了这里引用的两次外,还有一次(也是他首次使用)是在《天文学》中,但与这里表达的看不见的手原理没有太大关系。

典经济学家中，斯密、穆勒父子和马克思不仅看重人的自利动机，也看重人的伦理动机。但李嘉图则更重视冰冷的逻辑，而不关心伦理问题。在那个群星璀璨的时代，我们看到，直到约翰·斯图亚特·穆勒发表《政治经济原理》（*The Principles of Political Economy：with some of Their Applications to Social Philosophy*，1848）这部伟大著作时，经济学尚未被毫无感情、纯粹自私自利的"经济人"所统治，但是之后的情况却发生了变化。正如著名经济思想史专家坎特伯里（Canterbery，2001：103）所说："无论何时何地，穆勒的热心、人道主义以及对穷人和弱势群体的同情，都将扫除李嘉图式的政治经济学的冰冷。然而……后来的经济学家却抛弃了热情。"

"经济人"的兴起很大程度上得益于边沁的功利主义哲学和边际效用学派的分析技术。边沁曾深受休谟影响。休谟认为，所有思想皆源于印象，故人类行为最终是感性经历而不是理性思维的结果。边沁的社会伦理学则将快乐与道德上的善良以及邪恶上的痛苦联系在一起，发展出一套以享乐主义为中心的学说：任何好的东西也必然是令人愉悦的，人生的唯一目标应该是快乐最大化（Canterbery，2001：69—70）。边际效用学派，最初或多或少是独立发展的，由于门格尔（Carl Menger，1840—1921）、戈森（Hermann Heinrich Gossen，1810—1858）、瓦尔拉斯（Léon Walras，1834—1910）等人的贡献，边际效用学派在 19 世纪 70 年代开始形成。边际分析实际上是微积分数学方法的应用，它提供了求解函数极值的技术。边沁主张人生的目的是最大化自己的快乐，而边际分析恰好提供了最大化分析技术，两者的结合似乎是迟早的事。

这种结合最终在马歇尔（Alfred Marshall，1842—1924）的《经济学原理》（*Principles of Economics*，1890）得到完美体现。马歇尔，这位继约翰·斯图亚特·穆勒之后的经济学教父，是边沁主义的忠实信徒（同时他也是达尔文进化论、基督教的信徒），同时也是数学家和物理学家。因此，他以边际效用分析来解释经济行为并写出集大成的里程碑式巨著《经济学原理》,在经济学发展史上似乎是自然而然的。

　　享乐主义和边际分析的结合,导致经济学家对分析的逻辑和技术更为重视,人的自利动机被提到新的高度,而人的伦理动机被大大地忽视了。19 世纪晚期,一波影响深远的经济学家,包括艾奇沃斯(Francis Edgeworth, 1845—1926)、杰文斯(William Stanley Jevons,1835—1882)、瓦尔拉斯、帕累托(Vilfredo Pareto,1848—1923)等,基于自利行为建立了大量的数学模型。自利假设的易于处理和数学模型的成功,使经济学理论越来越倚重抽象的、完全以自身利益为指导的人,即"经济人"。坎特伯里(Canterbery,2001)在回顾这段思想史时写道:

　　　　快乐和痛苦的单位变化被称为边际变化。边际学派经济学家和马歇尔用边际变化来解释经济行为。正如我们可以假设的那样,边际愉悦瞬时增加量很小。理性的人会避免额外一单位痛苦,除非他能够在边际上被等量的欢乐所抵消。他们(在边际水平上)理性地平衡着痛苦和快乐,这种平衡可以用简洁优美的牛顿微积分加以描述。通过这种方式,边沁的享乐主义、功利主义和理性主义融合成了一个科学的抽象概念——"经济人"(Canterbury,2001:123)。

　　可见,"经济人"并非经济学与生俱来的概念,而是在经济学发展进程中出现的。当然,"经济人"思想在早期古典政治经济学家那里确实也有影子。一般认为,约翰·斯图亚特·穆勒是"经济人"的始作俑者(Persky,1995)。但穆勒本人从未使用过"经济人"这一术语;不过,"经济人"首次出现在文献中的确与穆勒有关。那是一本名叫《政治经济学史》的著作[①],其中批判地写道,穆勒的政治经济学

―――――――――――

　　① 这部著作中用的是"economic man"(经济人)。据珀斯基(Persky,1995:222)考证,拉丁文"Homo Economicus"(经济人)最早是出现在费尔南多·帕累托的《手册》(Vilfredo Pareto,1906)中。本段内容考证亦主要来自珀斯基(Persky,1995)。

"针对的并不是真实的人,而是假想的人——'经济人'……被想象成简单的'赚钱动物'"(Ingram,1888/1967:218)。两年后,剑桥大学经济学家约翰·尼维尔·凯恩斯(John Neville Keynes,1852—1949)①在其《经济学的范畴和方法》(1890)中,将"经济人"这一词语单独拣选出来,做了大量方法论上的拓展。当时的剑桥大学,"经济人"这一术语应该已经广为人知,因为马歇尔同年出版的《经济学原理》中写道:"经济学家也曾经做过这样的尝试:建立一种与某个'经济人'的活动有关的抽象经济学。假设'经济人'不受道德的影响,但却孜孜不倦、劲头十足、机械呆板而又自私自利地追求着金钱利益"(Marshall,2005:1)。

这里需要指出,英格拉姆(Ingram)和约翰·尼维尔·凯恩斯对穆勒的批评是有些偏颇的。按照珀斯基(Persky,1995)的看法,穆勒的"经济人"并非只有财富(或金钱)动机,而是有追求积累、休闲、奢华、繁殖四个不同的利益动机。穆勒也相信生活可以有高尚的目标,人们可以有高尚的行为;行走在经济人身边的是一个"非经济人"(Canterbury,2001:101)。包括马歇尔,实际上也并不认同"经济人",他写道(Marshall,2005):"(建立基于经济人的经济学)这一尝试并没成功……'经济人'从未被真正当作过是完全自私的"(p.1),"经济动机不全是利己的。对金钱以外的欲望并不排斥金钱以外因素的影响,欲望本身也许是出于高尚动机。经济衡量的范围可以逐渐扩大到包括许多利他的活动在内"(p.18)。

2.1.3 从"经济人"到"理性人"

"经济人"概念在兴起之初,主张"经济人"的经济学家,不论是前面已提及的两大经济学教父——集古典经济学之大成的穆勒以及开新古典经济学之端的马歇尔,还是在经济理论化进程中贡献

---

① 他是约翰·梅纳德·凯恩斯(John Maynard Keynes,1883—1946)的父亲。

力量的其他经济学家,都对"经济人"并无足够的信心。比如,作为新古典经济学先驱之一,艾奇沃斯就曾写道,"经济学的首要法则,是每个行为人都仅仅受自利驱使",但紧接着他继续写道,这个"首要原则"严格说仅适用于诸如"契约和战争"之类的情形(Edgeworth, 1881:104)。[①]

情形确实在不断发生改变。自 20 世纪 20 年代以来,"经济人"假设逐步被"理性人"假设所取代。其中的原因主要在两个方面:一方面,持续存在的来自外部和内部的针对"经济人"自利假设的批评,使得经济学家更愿意用最大化行为、最优决策、理性选择等假设和表述来回避争论(杨春学,1998;叶航等,2005);另一方面,萨缪尔森(Paul A.Samuelson, 1915—2009)运用数理方法对经济学诸多概念进行了重新表述,其中对效用的重新表述导致对理性和"理性人"有了重新定义,并最终确立了"理性人"在现代主流经济学中的地位(叶航等,2005)。

萨缪尔森显然深知许多批评者对"经济人"的不满,他在其博士论文《经济分析基础》(Foundations of Economic Analysis, 1947)第 5 章开篇写道,"正宗传统的许多批评已经认定,整个经济理论都信仰经济人这个抽象",但他旋即又表达了与批评者们不同的立场,"事实上,学术圈子中许多优秀经济学家都根据是理性行为还是非理性行为而把经济学从社会学中分离出来"(Samuelson, 1990:90)。所谓自利,从此被转化为最大化自身的偏好;所谓"理性人",就是最大化自身偏好的人。从这个意义上,自利的含义被广泛地拓展了。这种拓展也正是后来贝克尔(G.S.Becker, 1930—2014)研究利他行为所依赖的假设基础。

行为主体要最大化自身偏好,需满足两个必要的前提条件。其

---

①　其实艾奇沃斯在自利适用于战争这一点上的看法可能仍是不正确的。在战争中,自己勇敢地冲锋在前,或者甘愿冒着生命危险帮助和拯救战友,这样的例子非常普遍,而它们难以用纯粹的自利来解释。

一,在所有可行的备选方案中,他明白每一方案的后果;其二,对任意两个方案,他能合理地评估两者的优劣。用经济学教材的语言来说就是:当且仅当行为主体的偏好满足完备性和传递性公理时,行为主体才是"理性的"(Mas-Collel, Whinston & Green, 1995;平新乔, 2001)。[①]正如贝克尔(Becker, 1995:187)明确写道:"理性行为是最大化行为人的具有一致性和传递性的效用函数。"完备性和传递性公理显然要求行为主体对于所有备选方案的后果能做出全面、综合、有效的判断,这涉及判断的方法与后果。因此赫舒拉发等(Hirshleifer et al., 2005:9)在其流行的教材中以更通俗的语言来定义"理性":所谓理性,至少有两个含义,其一指方法,其二指结果。所谓方法,是指理性行为是经过深思熟虑之后的选择,并非基于习惯、偏见、情绪;所谓结果,是指理性行为能有效地达到目标。这样的定义与利用完备性和传递性公理来定义在本质上是等同的。

以最大化自身偏好来定义"理性"的确给经济学及经济学家带来了好处,它有助于摆脱自利经济人假设面临的各种诘难和困境。因为,面对社会中广泛存在的爱与奉献等利他行为,"只需要假设利他主义者所要最大化的不仅是他们自己个人的福利,还有他们所关心的某些其他人的福利"(杨春学,2001),便可以对其加以经济分析。

但是,以最大化自身偏好来定义"理性"依然面临着一些深层的问题和挑战,围绕这些挑战及其回应的论辩中,有些经济学家主张坚持理性假设,而另一些经济学家主张要放弃理性假设。我将简要介绍这些挑战和论争,并重点介绍桑塔费学派经济学家(主要是金迪斯和鲍尔斯)对此的学术主张。具体地,在本章我们重点回应"理性人"假设面临的第一个问题:他们为什么会有顾他偏好(other-regarding

---

① 完备性公理是说,对于任何在备选方案集合 X 中的二个不同备选方案,要么 $x_1 \succsim x_2$,要么 $x_1 \precsim x_2$。传递性公理是说,对于任何 $x_1, x_2, x_3 \in X$,若 $x_1 \succsim x_2$ 且 $x_2 \succsim x_3$,则有 $x_1 \succsim x_2$。

preference)或关心他人的动机？ 在下一章则重点回应选择的不一致性(即不满足传递性公理)的行为对"理性人"假设的挑战。

2.2　顾他的社会偏好

2.2.1　"理性人"的问题之一：为何关心他人？

在"理性人"的偏好中,加入对他人的关心,即理性的行为主体将他人的福利视为自己福利的一部分(比如看到孩子过得幸福父母也感觉更幸福),就可以探讨许多看似"利他"的行为。社会上许多"利他"行为,诸如自愿献血、慈善捐款、非营利组织工作等,都可在这样一个扩展的理性人框架下进行标准的经济分析(Sugden,1982；Colland,1983)。

但是,在给"理性人"注入关心他人的偏好之前,我们需要思考一个问题：人们为什么要关心他人？ 对此的一种解释是,关心他人不过是迂回地关心自己。或者说,利己动机可以同时驱动利己和利他两种行为；但利己或利他行为却都根源自唯一不变的利己动机(管毅平,2002)。如果这种解释是成立的,那么将关心他人的偏好注入理性的效用函数,也可谓顺理成章。

问题是,确实存在一些纯粹的利他行为,是难以用利己动机来解释的。街头随手赠钱给乞丐；灾后自发捐赠钱物给灾民；志愿参加危险的军事任务；参加各种形式的集体行动。在做出这些行动的时候,许多人应该没有指望乞丐在将来回报他,也没预想自己受灾时能得到回赠,更不敢肯定自己能活着享受战功。更一般地,在没有人的时候实施盗窃,可以增加自己的利益而不会付出代价,但我们绝大多数人内心都耻于这种行为。利己心当然可以在一定程度上解释生活中这些现象,但是没有人会严肃到认为利己心可以完全彻底地解释这些现象。包括桑塔费学派学者在内的研究者在最近二十年的实验和神经研究,也确认了人们行为的动机不一定出于自身利益,而是出于利益之外的情感性动机。比如：人们会不惜付出代价去惩罚破坏规范的人，即使破坏规范者针对的并非自己，而且这样做对自己也没有好处的时候（Gintis，Bowles，Boyd & Fehr，2003）；在公共品博弈中，人们会出于愤怒而惩罚不合作者（Fehr & Schmidt，1999）；甚至，利他惩罚有其神经基础，人们能从惩罚背叛者的行为中得到快乐（De Quervain et al.，2004）。

实际上，我们可以不管利他行为受什么动机驱使，只需要定义利他行为是牺牲自己利益成全他人利益的行为。但我们立即会遭遇一个严峻问题：这种以牺牲自己利益为代价的行为何以能持续存在？这个问题回答清楚了，才有可能得到人们为什么会关心他人的答案。实际上，经济学家遇到了与研究动物利他行为的生物学家类似的问题：降低个体适存性的利他行为何以能通过自然选择而得到进化（Wilson，1975）？

不同的经济学家对此问题采取了不同态度。一种态度是从实证视角出发，认为只要前提假设有效就行了，无需去探寻它的原因。这种态度决定了对更深层次的理论探询的回避。比如赫舒拉发等（Hirsleifer et al.，2005：9）写道："经济学家并非主张理性和自私是放之四海而皆准的绝对事实，他们更多的是以此构建研究的前提假设。无论在什么学科中，前提假设的有效性是由其有用性来评判的。"而且，赫舒拉发显然对理性经济人的假设有效性很自信，他继续写道（p.12）："我们不但假设经济人是理性的，而且假设他是自私的。谁能怀疑自私是人类生活追求的一个重要目标呢？（尽管它确实不是人类的唯一目标）。"对于自私之外的目标，赫舒拉发承认这些目标及其变化，但却认为可以回避它，认为那不是经济学家的职责所在。其他不少经济学家（如 Lindbeck & Weibull，1977；Collard，1978；Nakayama，1980；Arrow，1982；Hammond，1987）与赫舒拉发一样，采取了要么反对利他主义假设，要么保持沉默回避问题的立场。

与此相反的另一种态度是,积极地予以回应,并希望可以在经济学的逻辑体系和框架中化解基本假设所面临的深层问题。诺贝尔经济学奖得主贝克尔就持这种态度。他认为,可以把利他行为看成适存性(fitness)的生产过程。利他主义者最大化自己和受惠者适应性的总和,利他行为的均衡是施惠者的边际适存性等于受惠者的边际适存性,因而利他主义并非像定义的那样必然减少个体适存性(Becker,1976;叶航等,2005)。如果我们承认群体选择理论,那么贝克尔的这一分析思路的确有助于解释利他主义何以能存在,因为这样一种服从施惠的边际代价与受惠的边际收益平衡的利他行为,类似于最大化共同利益的转移支付,使得群体从中得到了好处。同样曾获得诺贝尔经济学奖的西蒙(Herbert A. Simon,1916—2001),则提出过另外一种解释,他认为存在社会奖赏作为激励机制,当奖赏大于利他行为的代价时,利他者的适存性并不会降低(Simon,1982)。不过西蒙没有说明社会奖赏来自何处(叶航,2005),是内在的还是外在的,因此其解释是不彻底的。生物学家道金斯(Dawkins,1976)曾假想,合作的基因如果长着绿胡子,并且他们可以通过绿胡子互相辨认,那么合作的剩余就可以使利他的绿胡子基因在进化中获得优势。西蒙的社会奖赏机制,类似于存在这样一个绿胡子机制。在人类社会,亲属和邻里这样的熟人关系网络可能就是绿胡子机制,实验表明他们在单次囚徒困境博弈中也可以产生合作。合作剩余将有助于利他主义的进化,因为"基因遗传是一个迟钝的过程,一般不会孤立地对个人发挥作用;那些具有合作倾向或是继承了有利于这一倾向基因的人,更可能比其他人享受到合作带来的利益"(Bergstrom & Stark,1992;叶航等,2005)。

相对于那些在"为何关心他人"问题上保持回避或沉默的经济学家,积极回应的经济学家以他们的智慧加深了我们对这一问题的理解和认识。在这些积极的回应中,下面将提及的桑塔费学派的经济学家进行了最为系统和有效的探索。

2.2.2　桑塔费学派的回应：顾他的社会偏好

人们为何会关心他人？桑塔费经济学家的答案很简单：因为人不仅有自顾偏好，也有顾他偏好。换言之，人是社会性动物，是社会中的"人"，人的天性中有关心他人的社会心理动机。

这里有必要插入一点术语翻译的说明。"自顾"和"顾他"对应的英文分别是"self-regarding"和"other-regarding"，国内一些文献对这两个词的翻译五花八门，比如译成"自利""利他""自涉"和"他涉"，等等。但我们随后会发现，"self-ragarding"与自利（self-interested）和自私（selfish）是根本不同的。我自己在翻译金迪斯（Gintis，2009）的著作时，将这两个词的中译定为"自虑"和"顾虑"，取"只关心或只考虑自己"和"关心或考虑他人"之意（董志强，2011）。由于这两个词在金迪斯和鲍尔斯等人的文献中是重要的术语，故应对其译法高度重视。经过反复思考，本书译为"自顾"和"顾他"。

所谓自顾的行为，就是只考虑与自己有关的结果，而完全无视他人结果的行为。判断某个行为是否是自顾的，关键是看其动机，看这项行为是否由对他人的关心所驱动，而不是看它是否给行为人带来了福利。金迪斯（Gintis，2009:46）认为，"自顾"是比"自利"更准确的术语，因为一个顾他的个体若始终最大化其效用，也可以说他是自利的。比如，倘若我能从你的消费中获得愉悦，尽管我可能是出于自利动机才向你赠送礼品，但我这行为确实是顾他的，因为我在乎你的消费。顾他行为的确也可能超越自利，我赠送你礼品仅仅是出于同情施舍并不求有任何回报，或者我冒着受伤的危险去阻止一个拦路抢劫弱女子的歹徒（路见不平，拔刀相助）而不是沉默地绕道走开（事不关己，高高挂起），我这样的一些行为就是顾他的但并不是自利的。[①]金迪

---

① 当然，并非所有的顾他行为都像助人为乐和遵纪守法那么值得钦佩。出于嫉妒、怨恨或对宗教信仰和种族的不宽容，而蓄意伤害他人的人，也是顾他的。让不好的事情发生在别人身上，与慷慨地为他人寻求好的结果是一样的（Bowles et al.，2005:33）。

斯（Gintis，2009）认为，通过使用自顾/顾他术语，可以有效地避免混淆（以及太多的伪哲学的讨论）。

"人们为何要关心他人"在我们现实生活中从来没有成为一个问题。我们在很多时候的确会顾及自己，但也会关心身边的他人。我们关注亲朋好友的健康，爱护孩子和老人，愿意为搭救陌生人而冒生命危险，在不可能被发现或追查不到的情况下仍自觉遵守法律。这些行为都是顾他行为，因为驱动它们的是对他人的关心或对他人所造成的影响存在担忧（Bowles et al.，2005）。生活经验告诉我们，虽然自顾行为甚为普遍，但同情、无私和利他的行为也同样普遍，我们的确存在着顾他的偏好。

"人们为何要关心他人"之所以成为经济学中一个严峻的问题，很大程度上与新古典范式的主流经济学将其理论建立在完全自利偏好的经济人假设基础上有关。"他们（指新古典经济学家）假设人们关心的只是涉及他们自身的结果，而不关心那些影响他人的结果。他们还假设每一个人都是这样的，而且每一个人都知道每一个人是这样的：每一个人都是经济人，而且每一个人都知道每一个人是经济人。"（Bowles et al.，2005：36）

应当承认，纯粹自顾的"经济人"假设，对于经济理论分析的确有重要功用。在很多时候，基于自顾行动者假设来做出理论上的推断也是可行的。比如，对双向拍卖（供给和需求）和寡头竞争等合约规定非常详尽的市场过程，基于自顾行动者假设的博弈建模在许多社会环境中都可以作出准确无误的结果推测（Kachelmaier & Shehata，1992；Davis & Holt，1993；Gintis，2009）。

但是，自顾行为能够解释市场动态性这一事实，并不能作为"经济人"的辩护词，因为许多交易并非匿名进行；而且纯粹自顾偏好的假设也无法有效地用于经济福祉、纳税或经济政策的建模上去，因为人们常常会关心经济总体上的不平等，愿意为自己的诚实付出一定代价，存在腐败或欺诈等违背信托责任的机会主义行为

（Gintis，2009）；另外，当代的行为博弈论研究发现，当合约不完备而个体能够进行策略性互动，并且有能力惩罚他人的行为时，基于自顾行动者模型的博弈理论之预测常常会失效。在这样的情形中，人格美德、利他合作与利他惩罚都很常见。比如 SFI 外部研究员费尔和菲施巴赫尔（Fehr & Fischbacher，2004）、费尔和盖希特（Fehr & Gächter，2000)的实验研究证实了利他惩罚的存在；莱迪亚德（Ledyard，1995）、山岸（Yamagishi，1986）、奥斯特罗姆等（Ostrom et al.，1992)、盖希特和费尔（Gächter & Fehr，1999)等均发现，群体表现出的合作程度比运用自顾行动者的标准模型所预期的合作程度要高得多。因此，必须正视纯粹自顾经济假设的缺陷和面临的挑战。

总之，桑塔费经济学家相信，我们人类在天性中具有关心他人的倾向，我们当然在乎自己过得好不好，但同样在乎别人过得好不好——这也是我们有时候会牺牲自己利益去帮助或伤害他人的原因。我们有很多的品格和心理特征，本身就是与顾他情感联系在一起。比如我们表现得太过自私的时候会感到羞愧，倘若自己的自私被别人揭露则更感尴尬，为了避免羞愧和尴尬，我们便不会表现得极度自私，于是，羞愧和尴尬作为一种顾他的亲社会情感，诱导了我们的亲社会行为（Bowles & Gintis，2004b；Carptenter et al.，2009）。同样地，诚实、守信、后悔、攀比、炫耀、虚荣、记仇、羞愧、内疚、堕落等等，都是顾他的情感。在进行经济理论建模的时候，如果确实处于顾他偏好发挥着重要作用的环境中，那么将行为主体的顾他偏好纳入其目标函数，实际上应看作是一个事实问题，而不是逻辑问题。

2.2.3　社会偏好的演化根源

人有顾他的社会偏好这一事实，虽然为改造行为主体的效用函数提供了依据，也在一定程度上回答了"人为何关心他人"这一问题，但停步于此显然是不够的。社会科学研究一直尝试的,是将不可理解的现象归入人类理智的秩序中,并不断追问问题的本源。在这里我们也要追问:人们关心他人的情感和偏好是从何而来的? 那么多顾他情感和偏好,在经济建模时应如何纳入考虑? 对于第二个问题,我们放在 2.6 节来讨论;这里集中论述第一个问题。

目前有关社会偏好的研究路径有三条,其中一条有助于回答第一个问题。第一条路径是,通过实验研究证实社会偏好的存在性。这一路径上已经取得辉煌的研究成就,现代行为经济学、行为博弈论的研究已经证实人们不管博弈的结果如何,都会关心事情为什么发生,社会偏好就是这些关注他人和关注过程的行为理由。比如抛硬币得到的坏结果人们通常能冷静接受,但若是有人恶意施加坏结果则人们会感到愤怒。关注过程的偏好在评价一个状态的时候,乃是基于状态发生的理由,而不是基于状态的本质特征。第二条路径则是基于社会偏好假设进行经济理论建模,看可以推导出什么结果,这一路径的研究将在 2.6 节进行讨论。

上述两条路径是以社会偏好为立足点或研究起点的,第三条路径则采用逆向研究方法,反其道而行之,将社会偏好视为研究的终点,即把社会偏好看作是需要证明的结论,并且在理解和接受社会偏好假设前应该通过深刻的假定对其予以解释。这一逆向研究方法的代表性观点,是将人类心理和行为看作是演化的产物。《经济展望杂志》(*Journal of Economic Perspective*)2002 年春季号刊登了四篇演化经济学专题论文,均持上述观点。从演化视角发展的理论,描述了演化的环境,各种行为的范围,以及行为演化的具体规则(如模仿者动态),并说明了人类行为在演化意义上的稳定性(Camerer et al.,2004:40)。比如,过分自信是对适应某些环境的结果(Postlewaite & Comte,2001;Waldman,1994);损失厌恶可能也是进化适应的产物,因为夸大一个人对某目标的偏好,可以提高此人在纳什讨价还价或其他一些条件下的赢利(Camerer et al.,2004:40;Carmichaed &

Macleod,1999);人们的公平偏好(董志强,2011)、强对等性(Bowles & Gintis,2004a)均可能有其演化根源。

桑塔费经济学家亦主张上述演化视角的研究思路。他们认为，我们的天性、美德以及偏好，都是进化的产物。正如金迪斯(Gintis,2009:47—48)写道：

> 达尔文式的生存竞争，或可解释美德这一概念为何没有用到我们对动物行为的理解上去，但就所有可得的证据而言，美德乃人类行为的核心部分。个中原因乃某些思辨探索之主题，但这些原因最终可归结为合乎情理的洞见：人类社会生活如此复杂、对亲社会行为的奖赏又那么遥远和模糊，遵循一般的礼节规矩，包括严格控制发怒、贪婪、暴食和淫欲之类的严重罪过，实乃提升个体的适存性。

换言之，我们现代人的许多偏好、心理或行为模式，是上百万年岁月中自然选择的结果。甚至许多看似"非理性的"行为，放在演化历史上来看却是"理性的"，因为它们是适应漫长演化环境的产物，它们一定曾经具有适存性优势。今天的人们仍不时表现出那些"非理性的"行为，是由于演化具有时间间隔(time lags)，过去演化出的心理机制，并不一定最能适应当前的环境。换句话说，我们拥有石器时代的大脑，但却生活在现代社会之中(巴斯,2007)。现代社会的非理性行为①，是石器时代理性行为的余音。

接下来的两节(2.3和2.4节)中，我们将看到强对等性和公平偏好如何可以通过演化的筛子而生存下来。

---

① 不过，桑塔费学派经济学家似乎不太赞成"非理性行为"的提法。也许，正是非理性成就了人类社会，使得人类社会的合作秩序得以扩展而不是崩溃(董志强,2012)。这一观点在金迪斯(Gintis,2009)的《理性的边界》一书中得到了充分阐释，该书一个核心的观点就是"理性的边界不是各种形式的非理性，而是各种形式的社会性"(p.249)，忠诚、规范倾向、利他惩罚等看上去非理性的行为，更恰当地说应该是亲社会行为。

2.3　强对等性及其演化根源

2.3.1　强对等性偏好

强对等性(strong reciprocity),通常被译为"强互惠",乃是桑塔费经济学家在最近十多年提出的一个术语,也是理解桑塔费学派经济学的一个关键词。强对等性偏好假说认为,人类行为可以超越(至少在一定范围内)"自利"动机,不惜付出代价维护公平正义,甚至在预期个人代价得不到补偿的时候也会如此。具有这种偏好的人,被称作强对等者。桑塔费经济学家认为,人类社会之所以能保持稳定的合作秩序,正是由于一批强对等者的存在;强对等性偏好,是人类社会维持合作的一块基石。

强对等性理论提出十余年来,其影响日益凸显,已经形成一种跨越经济学而延伸到社会学、生物学、人类学等学科的综合社会科学理论。桑塔费学派系列学者在 2006 年出版的论文集《道德情操与物质利益:经济生活中合作的基础》(*Moral Sentiments and Material Interests：The Foundations of Cooperation in Economic Life*)汇集了这一研究领域重要的作品,他们都试图证明斯密的看法:人既追求物质利益,也有道德情操。

国内文献大多将"strong reciprocity"翻译为"强互惠"是不妥的。虽然 reciprocity 的确有"互惠"之意。"strong reciprocity"承载的意义是多重的,既包括以善报善的"互惠"意义,也包括以恶制恶的报复动机(这就不是"互惠"一词的意义了),还包括惩罚有恶行奖赏有善行的第三方的惩恶扬善动机(这就更不是"互惠"一词能涵盖的意义了),因此"强对等性"可能是一个更恰当的译法(董志强,2011)。

桑塔费经济学家之所在"reciprocity"一词前加上"strong"这个修饰定语,是为了区别于已有的一些关于互惠行为的理论,如互惠利他（Trivers，1971）、间接互惠（Alexander，1987；Nowark & Sigmund，1988）、重复博弈和声誉模型（Axelrod & Hamilton，1981；Fudenberg & Maskin，1986），等等，这些互惠理论要求重复交往并且立足于自利动机来解释行为。但很多行为是难以纯粹用自利来解释的。本书2.2.1节提到的一些利他行为就难以用自利解释。那些"高尚"的行为不必多说，另一些与高尚无关的世俗行为，比如报复，也很难用自利来解释。被抛弃的情人常常支付巨大的个人代价来进行报复；犯罪的受害人常常花巨大的精力和金钱来确保罪犯被捕并判以重罪。[①]强对等性偏好，就是针对既有互惠理论在解释现实方面遭遇的困境而提出来的。

2.3.2 强对等性的行为证据

最近十多年的实验经济学研究证据支持了强对等性偏好假说。一种典型的实验研究设定是最后通牒博弈（ultimate game，UG）。[②]标准博弈理论推测，UG的均衡结果是提议者分配给回应者0；但是，在世界各地不同人群中进行的大量的UG实验证据并未支持标准博弈理论的推测结果。在美国、日本、斯洛伐克、以色列、德国、俄罗斯、印尼等诸多国家的实验表明，绝大部分提议者出让的比例都在40％—50％之间（Fehr & Gächter，2000）。对这种结果的解释主要有三种。一种解释认为，提议者有遵守公平规范或出于利他动机的考虑；另一种解释认为，提议者可能并不想公平分配，也并不利他，只

[①] 从自利的观点来说，伤害既然已经造成，就类似于沉没代价（sunk cost），许多报复并非针对预防再次受伤害，因而很难说这是理性的。

[②] 典型的UG实验是这样进行的：受试者随机配对进行单次交往，每对受试者其中一人被指定为提议者，另一人被指定为回应者；实验专家给予提议者 $X > 0$ 金额的奖赏，让提议者自由决定一个比例 $\alpha \in [0, 1]$ 与回应者分享这笔奖赏；如果回应者同意提议者的建议，则提议者将得到 $(1-\alpha)X$ 而回应者将得到 αX 的奖赏，如果回应者拒绝，则实验专家就收回奖赏，两名受试就只能得到 0。利用标准的博弈论逆向归纳方法，可解出提议者建议的最优分配（给回应者的）比例是 $\alpha = 0$。

是担心被拒绝而提出了一个较高的分享比例；第三种解释认为，回应者是为了实现平等主义结果（不平等规避），而不是为了惩罚提议者。这些解释中哪种解释更可接受并不容易确定，但它们都可以视为回应者具有对等动机的证据（Bowles，2004:113）。这些实验充分考虑了各种批判意见，比如实验注码太小、受试对象可能误解实验、受试对象未注意到非重复性等问题，并在研究中一一予以排除，最后发现对等性动机的证据是非常令人信服的；各种 UG 变体的实验研究（见表 2.1），既支持了对等性动机，也支持了情景框架、伦理价值、文化等对个人行为的影响（Bowles，2004:113—115）。

　　其他一些实验研究证据也支持了强对等性偏好假说。费尔等（Fehr et al.，1997）曾将 141 个受试者群体分为"雇主"和"雇员"两组，这些受试者是为赚钱而同意参加实验的大学生。实验博弈规则如下：雇主向雇员支付工资 $w \in [0, 100]$，员工选择努力水平 $e \in [0.1, 1]$；雇主的利润函数为 $\pi = 100e - w$，雇员的努力成本为边际递增函数 $c(e)$，$c(0.1) = 0$，$c' > 0$，$c'' > 0$。由于雇主先支付工资，员工后付出努力，因此自利的员工总可以选择 $e = 0.1$，而预计到这一点，雇主就只会支付比 0 多一点点的工资（假设为 1）。于是雇员得到的报酬将是 $u = w - c(e) = 1$，雇主的利润将是 $\pi = 0.1 \times 100 - 1 = 9$。但这种标准的博弈论结果并未出现，实验中雇员的净报酬为 35。雇主假定了雇员具有强对等性倾向，而支付了更高的报酬给雇员。而大多数雇员的确表现出强对等性，雇主支付的工资越高，他们付出的努力水平也越高。不过，雇员实现的努力水平与契约努力水平（雇主期望的努力水平）之间存在一个差距，这是因为有不少雇员并未实现他们承诺的努力水平；这一点表明，强对等者在某种程度上也会降低其道德要求。研究者随后改变博弈规则，允许雇主花代价对雇员进行奖惩，结果表明雇主的确会奖励超额完成契约的雇员并惩罚偷懒的雇员，实现的努力水平也跟契约努力水平更为接近。最终，雇主会通过奖惩内化标准，而雇员会期待这种行为并相应调整其努力水平。

表 2.1　最后通牒博弈不同实验比较

博弈	结果	解释	资料来源
① 标准玩法(标准的最后通牒博弈)	出价模式为 1/2 出价<20%被拒绝	回应者对等性动机	本章引用资料
② 随机出价(通过抛硬币来决定提议人的出价高低)	低报价,很少被拒绝	提议人无需担责	Blount(1995)
③ 通过测试选择角色(增加现场测试,测试分数高者成为提议者)	出现很多低报价,很少被拒绝	认为是提议人应得的	Hoffman et al.(1994)
④ 交换博弈(将"最后通牒"名称改为"交换博弈")	出现很多低报价,很少被拒绝	情景框定	Hoffman et al.(1994)
⑤ 无"公平"出价可能(限定提议者只能选择不公平的出价)	低报价,无拒绝	提议者的意图很重要	Falk et al.(2003)
⑥ 第三方惩罚(允许第三方 C 惩罚 A)	C 惩罚 A 对 B 的低报价	广义的公平规范	Fehr and Fischbacher(2004)
⑦ 标准玩法[在巴布亚新几内亚的奥乌人(Au)和格瑙人(Gnau)人群中进行]	常常出价>1/2 并遭拒	内生的情景依存偏好	Henrich et al.(2001)
⑧ 标准玩法[在秘鲁亚马逊流域的马奇根加人(Machiguenga)人群中进行]	很多低报价,很少遭拒	内生的情景依存偏好	Henrich(2000)

注:博弈②③⑤说明回应者拒绝行为跟提议者的主观意图有关,对于更"自私"的提议者,回应者更可能拒绝,但对于并非提议者主观刻意的不公平分配则往往并不拒绝。博弈③显示出同的情景设定会影响人们的出价和拒绝行为。博弈⑥反映出 C"路见不平,拔刀相助"的利他惩罚倾向。博弈⑦和⑧来自两个与现代文明社会有着大不相同的文化的小规模社会,证实了不同文化的人们可以有不同的偏好和行为。

资料来源:Bowles(2004:114),对博弈的说明在原表上有所增补。

此外,对公共品博弈①的实验研究也支持了强对等性偏好假说(Fehr & Gächeter,2000)。在公共品博弈中,纳什均衡中的赢利最大化理性策略是不去惩罚拒绝捐献的人,因为惩罚需要自己付出额外代价但却获益甚少。然而,实验结果却表明,参与人倾向惩罚那些捐献水平低于平均捐献水平的人,惩罚可以大到使得捐献较低水平的人并无好处,从而使合作得到维持(Fehr & Gächeter,2000,2002)。

当然,研究者们完全可以质疑,人在实验室中的行为和在现实生活中的行为可能是有差异的。倘若这一看法成立,那么实验室得到的关于人类行为的模式,就不能代表现实生活中人们的行为模式。已经有一些学者研究过,实验室中观察到的社会偏好在多大程度上是生活现场行为的概括。费尔和莱布兰特(Fehr & Leibbrandt,2011)考察了巴西捕虾人社区中人们参与提供公共品与在公共品博弈中的捐献之间的关系。捕虾的人们在鱼篓底部会留一个洞,以便小虾们能够逃脱,这实际上是对大家共享的虾群公共品进行投资。由于更大的洞会使更多的虾得以逃脱,故可以将虾鱼篓底洞的大小视为参与人的合作程度。在控制了一系列可能的影响因素后,费尔和莱布兰特证实,捕虾人的鱼篓底洞大小跟他们在公共品博弈实验中的捐献具有正向关系。鲁斯塔西(Rustagi)及其同事对埃塞俄比亚奥罗米亚地区49个牧民群体的研究也证实了类似的效应。这些牧民共同参与森林管理,而公共品实验博弈结果显示参与管理的牧民超过1/3的人是有条件的合作者,而有条件合作者数量更多的群体往往也种植了更大片的树林(Rustagi et al.,2010)。这些研究表明,实验室的行为研究,对于推测现实生活中的行为,还是相当有效的。

人类学家搜集的人种学资料也描述了现实生活中观察到的强对等性偏好。图尔卡纳人(Turkana)是非洲一个无首领的游牧人群,他

① 公共品博弈是这样一个 n 人博弈(Gintis,2009:64):在博弈中,每个个体 A 通过"合作"对其他成员利益的增进将大于 A 合作的成本,而 A 从自己所创造的全部好处中得到的份额却少于其成本;若不做捐献,个人将不会付出代价,也不会给群体带来任何利益。

们的生活记录展示了强对等行为。倘若某个人在战斗中表现出怯懦或者其他的搭便车行为,群体就会商讨决定是否给予惩罚。若决定惩罚,就会由违规者的同龄人来执行惩罚;而且,担当惩罚重任的同龄人并不必定是受害者,这使得惩罚成为有代价的第三方惩罚(Mathew & Boyd,2011)。澳大利亚哇里不瑞(Walibri)人也表现出有代价的第三方惩罚行为。本地社区认定杀人、通奸或盗窃是否犯罪,然后指定某人来进行惩罚,而其他人则要保护惩罚者避免遭到报复(Meggitt,1965)。从澳大利亚中部沙漠以采集为生的阿兰达(Aranda)人群搜集到的数据表明,这种惩罚代价甚高,它会导致被罚者家庭展开报复,报复的严重程度有时可到夺人性命的地步(Strehlow,1970)。

2.3.3 强对等性的演化

利他惩罚是强对等性的一种表现,由于利他惩罚常常需要惩罚者付出个人代价,相对于搭便车者将会处于生存竞争的劣势,那么利他惩罚倾向又如何可以穿透自然选择筛子得到保留呢?

桑塔费学派的成员提出了几个比较令人信服的理论对利他惩罚的演化之谜进行了回答。博伊德等(Boyd et al.,2003)认为,如果群体的灭绝足够普遍,群体选择的压力就很大,利他惩罚就可能通过遵守有利于群体生存的规范来演化。金迪斯等(Gintis et al.,2001)提出,惩罚乃代价高昂的信号,传递了作为伴侣、同党或对手所具有的但不能被观察到的潜在的品质,那些惩罚违反文化规范的人可以因其惩罚信号而披露自己的类型,并从中获益。

鲍尔斯和金迪斯(Bowles & Gintis,2004a)则探究了另外一个不同的机制,其中并不需要考虑信号传递或群体灭绝,而是考虑对违规的成员以"排斥"(ostracism)和"疏远"(shunning)来惩罚。他们的理论考虑了三种人:纯合作者、强对等者、完全自私者。纯合作者始终合作,但不会惩罚违规者;强对等者会惩罚违规者,即使个人会因此承担代价;完全自私者会违反社会规范去占便宜,并且不会去惩罚违规者。理论模型的计算机模拟结果表明，无论最初强对等者的比例多么低，最终三种的比例都能大致稳定地保存下来。换句话说，强对等性的社会才是稳定的。下面我们详细介绍鲍尔斯和金迪斯的模型及结果。

模型以更新世（Pleistocene）晚期的狩猎和采集为生的流动群体的互动结构为基础，因为这个时期是人类合作演化的一个关键时期。首先，群体规模足够小，以至于个体能够相互直接观察和互动；但群体规模又足够大，足以导致在公共品捐献上产生偷懒等机会主义行为。其次，没有国家、司法体系、权威以及其他的集中治理结构，因此规范的执行完全依赖个体的参与。第三，存在许多不相关的个体，于是利他行为无法用内在的适存性（inclusive fitness）来解释。第四，个体之间的地位差异很有限，特别是与后来的农业社会和工业社会相比较，个体之间经济社会地位差异非常小，这使得我们可以将全部个体视为同类而不是根据其行为方式或所属阶层团体等来进行分类。第五，食物分享是这个社会的重要特征，个体要么将自己获取的食物在群体中分享，要么分享群体中其他成员获得的食物。第六，个体不储存食物或积累资源，这也是狩猎—采集部落的一项重要特征，这正是伍德伯恩（Woodburn，1982）所谓的"立即回报"（immediate return）的生产系统。此外，模型还把排斥作为惩罚的主要形式，这种惩罚方式反映了狩猎—采集社会生活的一个主要方面：既然个人能够经常通过离开群体来逃避惩罚，那么排斥就可视为对群体中个体的最严厉的惩罚方式。

模型假定，考虑如下群体，其中个体可单独劳作和生活，单独劳作个体的适存性为 $\phi_0 < 0$。个体每次繁殖后代数量为 1 个，这样个体适存性可定义为，个体在一个阶段内预期后代数量减去该个体死亡概率。个体也可以选择在群体内劳动，群体成员每人以成本 c 生产收益 b（成本收益皆以适存性度量），假设收益 b 将会被群体全部成员平均分享，从而，当每个成员都劳动时，每个成员的净适存性就是

$b-c>0$。

群体由三种类型的个体组成:无条件惩罚偷懒者的强对等者、最大化个体适存性的自私者、无条件合作(劳动)者。后两种人均不会惩罚偷懒者。每种类型的个体,都以 $1-\varepsilon$ 的概率将自身的类型遗传给后代,后代突变概率为 ε 且各以 $\varepsilon/2$ 的概率突变为其他两种类型之一。当然,自私者的后代也会以 $1-\varepsilon$ 的概率继承其父辈的估计的被排斥代价 $s>0$;以概率 ε 突变的后代,其 s 是在[0,1]的均匀分布中抽取出来的。因而 s 将是内生的。当自私个体被排斥的代价 s 与客观的适存性 s^* 不同,该自私个体就可能产生很高或很低的偷懒率,导致次优的适存性,于是就有了对 s 进行修正的选择压力。

假设被排斥个体在重新加入新的群体之前,将单独劳作一段时间。个体单独劳作时间的长短会影响群体内和群体外的人口分布,群体内外人口分布的变化将影响客观的适存性 s^*,因而 s^* 也将是内生的。

假设一个自私者在所有时间均以 σ_s 的比例偷懒(完全不劳动),则平均的偷懒率就是 $\sigma=(1-f_r-f_c)\sigma_s$,其中 f_r 是对等者比例,f_c 是合作者比例。群体的产出(以适存性表示)为 $n(1-\sigma)b$,n 是群体成员数量。平均分享产出意味着每个成员得到 $(1-\sigma)b$。某个个体偷懒给群体造成的损失就是 $b\sigma_s$。

令劳动成本函数为 $\lambda(\cdot)$,λ',$\lambda''>0$ 表示劳动付出的代价随劳动数量边际递增。根据模型假定,劳动成本为 c,偷懒成本为 0,故令 $\lambda(1)=c$,$\lambda(0)=0$。自私者以一定时间比例 $1-\sigma_s$ 劳动,其劳动成本函数为 $\lambda(1-\sigma_s)$。根据 $b>c$ 和 $\lambda(\cdot)$ 的边际递增性质,当 $\sigma\in(0,1]$,必定有 $(1-\sigma_s)b>\lambda(1-\sigma_s)$,这意味着自私者偷懒给群体造成的伤害超过了其自身节约的代价,因此维护群体额外的努力总是可以使群体受益。

强对等者会惩罚偷懒者,这种惩罚需要付出适存性代价 $c_p>0$。以 σ_s 比例偷懒的个体将会以概率 $f_r\sigma_s$ 受到惩罚,被排斥出群体。

被逐出群体的个体对其被排斥的代价之评估为 s，同时也知道群体内强对等者的比例为 f_r，他们将选择一个偷懒水平 σ_s 来最大化其预期适存性。

劳动的预期适存性代价记为 $g(\sigma_s)$，它应该是劳动成本加上预期被排斥的代价，再加上因他人偷懒而造成的群体产出损失分担到自己头上的那一部分，即：

$$g(\sigma_s) = \lambda(1-\sigma_s) + sf_r\sigma_s + \sigma_s b/n \qquad (2.1)$$

自私者选择 σ_s^* 最小化劳动代价式(2.1)，假定有内解，解将满足下式：

$$g'(\sigma_s^*) = \lambda'(1-\sigma_s^*) + f_r s + b/n = 0 \qquad (2.2)$$

注意这里 $\lambda'(1-\sigma_s^*) = \dfrac{\mathrm{d}\lambda}{\mathrm{d}(1-\sigma_s^*)} \cdot \dfrac{\mathrm{d}(1-\sigma_s^*)}{\mathrm{d}\sigma_s^*} < 0$，$\lambda''(\cdot) > 0$，表明式(2.2)的解将是唯一的。该式也反映了自私者的基本权衡：偷懒可以节省劳动成本（第一项）和占便宜（第三项），但会遭受惩罚（第二项），因而需要在偷懒的边际收益和边际成本上取得平衡。那些继承了较大的 s 的自私者（即自我评估被排斥的代价较高），则偷懒的边际成本将更高，他们将更少偷懒；而 f_r 较大（强对等者比例更大）也有同样功效，会提高偷懒的边际成本，降低自私者偷懒的动机。

于是，群体中每一个体在下一阶段的预期贡献率，将是个体适存性减去被排斥的可能性（只有自私者才可能被排斥），从而有：

$$\pi_s = (1-\sigma)b - \lambda(1-\sigma_s) - f_r\sigma_s \qquad (2.3)$$

$$\pi_c = (1-\sigma)b - c \qquad (2.4)$$

$$\pi_r = (1-\sigma)b - c - c_p(1-f_r-f_c)\sigma_s \qquad (2.5)$$

上式中下标 s、c、r 分别表示自私者、合作者和强对等者。

假设每一阶段最后，群体接受现有人数的比例 μ 的个体加盟到群体。候选人是那些独立个体，以及现有群体中比例 γ 的想迁出群体的人（如寻找配偶、与现群体成员发生争执等）。假设那些想迁出但未被其他群体接纳的人，依旧生活在现群体中。各个群体的初始规模相同。当然，在演化进程中，各群体人数会不断变动，但可以相信存在一个最优群体规模，偏离这个规模会导致效率损失。对此的模型化不妨考虑群体规模达到下限 $n_{\min}$ 时便自动解散，解散后的成员进入到公共池中。进一步假设，群体内空余位置，将会由现有人口最多的群体中随机选择的外部迁移人员所填补，从而维持初始群体规模。这两种机制是为了避免极端规模的群体产生。

为了从系统动态中分析出更多的东西，不妨假设 $\lambda(1-\sigma)$ 的具体函数形式为：

$$\lambda(1-\sigma)=c(1-\sigma)^2 \tag{2.6}$$

这个函数的确满足前面曾假设的函数性质，包括 $\lambda(1)=c$ 和 $\lambda(0)=0$。利用式（2.6）和式（2.2），容易得到，自私者的偷懒水平将是强对等者比例的函数，如下：

$$\sigma_s(f_r)=\begin{cases} 1-\dfrac{f_r sn-b}{2cn} & \forall\, f_r \leqslant f_r^{\max}=\dfrac{2c+b/n}{s} \\[2mm] 0 & \forall\, f_r > f_r^{\max} \end{cases} \tag{2.7}$$

即存在一个强对等者的临界水平 $f_r^{\max}$，当强对等者比例低于临界水平，自私者就会偷懒，但偷懒比例随强对等者比例增加而下降；当强对等者比例高于临界水平，自私者就会像一个合作者那样行动，从不偷懒。

图 2.1 是一个群内的动态相图，它基于 $s>2c$（被排斥的代价是正常劳动代价的 2 倍）绘制，f_r 对于 $\dot{f}_r=0$ 和 $\dot{f}_c=0$ 的值都基于式（2.6），没有考虑群体之间的人口迁移。C 点代表全是合作者，S 点代表全是自私者，R 代表全是强对等者。当强对等者比例 f_r 超过临界值 $f_r^{\max}$，即图中 BD 线段之上的区域，将不会有人偷懒，故三角形

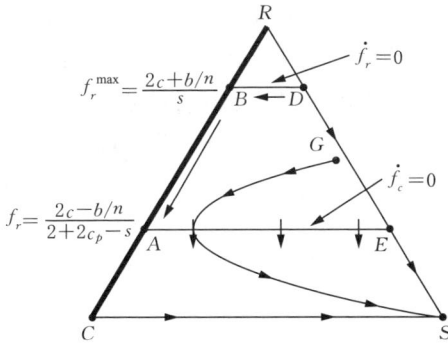

$$f_r^{\max} = \frac{2c + b/n}{s}$$

$$\dot{f}_r = 0$$

$$f_r = \frac{2c - b/n}{2 + 2c_p - s}$$

$$\dot{f}_c = 0$$

资料来源：Bowles & Gintis(2004a：18)。

图 2.1　有排斥但没迁移的群内动态相图

RBD 中，三类个体将具有相同的适存性收益，均为 $b-c$。 CR 线段上，没有自私者，合作者和强对等者可以表现很好，均获得适存性收益 $b-c$。 CS 线段上没有强对等者，自私者总是可以占合作者的便宜，结果就是只有自私者会胜出。在区域 $ABDE$ 内，由于强对等者比例较高，这将导致偷懒比例下降，合作者会从中受益而扩张，这一过程将使得强对等者比例下降，当这一比例下降到 AE 线段下，偷懒行为就会大行其道，自私者就会占据优势，收敛到稳定均衡点 S。 可见，不考虑群体之间的迁移，在一个群体内部，除非强对等者比例很高，否则就只会陷入处处都是自私者的世界。

　　现在，考虑群体之间的迁移。许多群体动态演化的情形太复杂，无法得到解析解，于是鲍尔斯和金迪斯采取了模拟方法，在很大的参数空间里刻画模型的特征。在基线模拟中，建立了 20 个群体，每个群体 20 个成员，还有一个公共池。初始时刻将所有个体设置为自私者类型，并赋予每个自私个体一个被排斥的成本 s，它从［0，1］的均匀分布中随机抽取出来。他们基于一系列参数进行了 25 次模拟，每次模拟 30 000 期，然后统计了每种类型的平均比例及平均的偷懒率，以最后 1 000 期计算平均值得到。 最后的结果发现，尽管初

始状态中全是自私者,但最后稳定的结果却是三类个体的比例大
致相当,强对等者、合作者和自私者的比例分别为 37.2%、24.6%、
38.2%。这一结果的变异性很小,因为所有模拟中频数的标准差很
小,低于 1.14%。图 2.2 给出了一次典型模拟的前 3 000 期演化
结果。

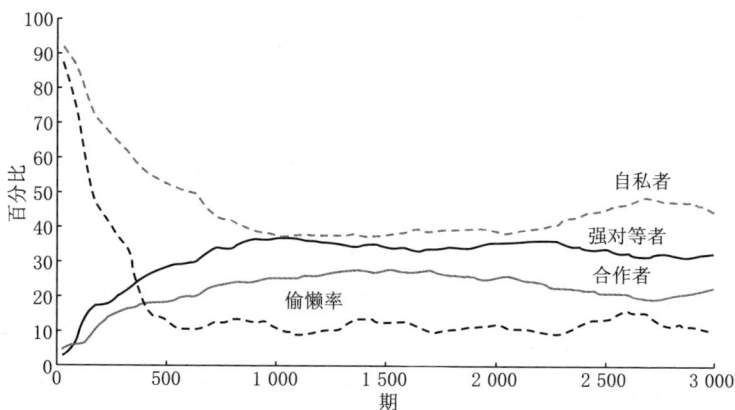

资料来源:Bowles & Gintis(2004a:21)。

图 2.2 一次模拟运行的初始阶段

为何会如此? 三种类型的人为何比例相当? 对模拟结果的分析
表明,这主要是因为群体竞争的压力所致。合作者是消极的利他者,
这使得他能够比同群体内的强对等者更具适存性优势,但这个优势
被大量合作者导致群体的较低平均适存度所抵消。如果群体效应足
够大,那么合作者就不可能把总人口中的强对等者赶走,尽管他们可
以把强对等者从与自己共存的群体里赶走。① 为了分析这个多层次

———————

① 从图 2.1 可以发现,当一个群体中合作者赶走强对等者后,自私者就会比合作者
更具适存性优势,结果是自私者比例越来越多,群体成员的平均适存性将不断下降。群体
的平均适存性下降导致群体人口下降,最后群体可能会解散或灭亡。模拟中跟踪一个群
体的演化历程,也符合这一结论。

选择过程,不妨使用 Price 方程(Price,1970)来说明。

假定有若干群体,$i = 1, \cdots, n$,令 q_i 为群体 i 在总人口中所占比例,π_i 是群体 i 中个体的平均适存性,f_c^i,f_r^i,f_s^i 分别表示合作者、强对等者和自私者在群体 i 中所占的比例。总人口中合作者所占比例变化 Δf_c 可用 Price 方程表示如下:

$$\bar{\pi}\Delta\bar{f_c} = \sum q_i(\pi_i - \bar{\pi})f_c^i + \sum q_i \pi_i f_c^i \pi_c^i \qquad (2.8)$$

其中,$\pi_i = f_c^i \pi_c^i + f_r^i \pi_r^i + f_s^i \pi_s^i$,而 $\bar{\pi} = \sum q_i \pi_i$。

式(2.8)中,第一项求和是平均群体适存性和群体中合作者比例的共变,这一项应该是负的,因为当一个群体中合作者频率较高的时候,群体中偷懒的自私者频率也会比较高,这使得整个群体低于平均适存性。第二项求和是群内合作者适存性的预期变化,我们预期它是正的,因为合作者捡了强对等者的便宜,除非群体完全没有自私者。模型太复杂,无法对 Price 方程求得解析解,但我们对合作者的适存性的描述是正确的,因为运用式(2.8)进行上千回合的模拟中,求和的两项符号都符合预期,并且几乎相互抵消,这就可以解释为什么 f_c 始终在一个较为稳定的数值周围摆动。从而,也解释了三种类型的人数为何大致相当。

鲍尔斯和金迪斯关于强对等性的演化理论,在解释人类合作方面与强调互惠利他的流行理论(Trivers,1971;Axelrod & Hamilton,1981)形成鲜明差异。由于没有证据可以表明,非人类的动物在囚徒困境场合下达成的合作可以通过重复博弈对不合作者施加惩罚成本来解释(Stephens et al.,2002),因此互惠利他对于人类合作行为的解释力度是很有限的,尽管我们毫不怀疑互惠利他在人类社会中的重要性。虽然到现在为止,我们尚不知道人类的强对等倾向是否像鲍尔斯和金迪斯的模型所描述的那样演化,但计算机模拟表明它很可能是这样的。

2.4 公平偏好的演化起源

本节我们讨论另一种社会偏好——公平偏好——的演化起源。所要介绍的成果来自笔者发表在《经济研究》杂志上的一项研究(董志强,2011),与鲍尔斯和金迪斯探索强对等性的演化一样,我的研究试图说明公平偏好如何穿透演化的筛子而成为一种稳定的偏好。由于这项研究追随的是桑塔费学派的道路,因此我把它作为本书的一个组成部分。

2.4.1 研究公平偏好的"无意识演化"立场

当代方兴未艾的行为经济学研究已经确认,个人的动机和行为常常与公平心理偏好有紧密的联系(Fehr & Schmidt,1999;Fehr & Falk,2002;凯莫勒,2006)。①当然,"公平"一词有丰富而多样的含义,我们这里用它主要指合作利益分配上的平等。

对于公平分配为何是演化稳定的,近年来已有一些深入研究,包括西布赖特(Seabright,2006)、金迪斯(Gintis,2006)和扬(Young,1998,1996)。西布赖特和金迪斯基于宾默尔(Binmore,2005)的自然正义讨论过公平规范的演化;扬基于随机演化博弈讨论了地主和农民之间五五分成的公平规则何以会成为最可能的分配惯例。

与这些文献不同的是,我们研究着重考察人类在其生存进化的斗争中,如何"无意识"地进化出了公平偏好。这中间不需考虑道德的评判,也不需考虑面向他人的学习,公平偏好应是最大化生存能力的进化结果,而不是道德的或者策略性的选择。换言之,我们要考察的是自然选择压力如何迫使人类演化出了"公平"这种有利于合作的偏好。

我们的"无意识演化"立场可能遭遇的潜在批评是:人类具有理性和审慎能力。的确,人类会理性算计;但也必须承认,人类行为相

---

① 国内研究者近年对纳入公平偏好的经济学研究也给予了关注,比如韦倩(2010)提供了一个较为完整的综述,蒲勇健(2007)则将公平偏好纳入了委托代理理论建模。

当复杂,理性只是行为的一面,行为的另一方面则是受本能的驱使。人类既遗传生物基因,又会从社会中学习,即遗传"文化基因"(Flinn,1997)。很难说,人们的行为有多大比例来自本能,又有多大程度来自理性。但我们相信现代人都能够接受这一看法:人类在蒙昧时期的行为,多来自本能,而非理性。站在现代社会回望最初的人类社会,就如同回望我们的婴儿时代。初生婴儿的行为,完全来自本能而非理性。这在一定程度上可以作为本文采取本能行为假设的辩护意见。另一方面,如果公平偏好及行为是人类长期进化中形成的本能,那么我们应该可以在一些缺乏人类算计理性的动物身上也观察到公平行为模式。的确,现代生物学研究发现了动物具有公平行为模式的事实(Trivers,1983),对猴子的研究发现猴子也有公平偏好(Markey,2003;Brosnan & De Waal,2003)。这为本文采取本能行为假设提供了一定程度的支持。对于人类,伯纳姆(Burnham,2007)一项很有意思的研究也发现了公平偏好的生物学证据:在最后通牒博弈中,睾丸素较高的男性比睾丸素较低的男性更倾向拒绝不平等的提议。就睾丸激素与身体状况和攻击性相联系这一点来说,这可能提供了一个基因联系,表明公平偏好确实有人类本能的成分。不过,本文采取本能行为假设并不仅仅因为考虑到人类早期行为演化模式,也是因为考虑到生物学上的生存优势先于文化过程这一事实,即先有"自然为人类立法",而后才有"人类为社会立法"(汪丁丁等,2006;董志强,2008)。文化过程本身亦应是生存竞争演化的产物。

2.4.2 公平偏好演化的博弈模型

人类进化而来的心理机制,与狩猎社会密不可分。从人类进化的历史来看,即便以 180 万年前直立人从非洲向亚洲扩散(第一次大迁徙)算起,到 8 000—10 000 年前农业革命(第一次社会大分工),人类处于茹毛饮血的狩猎时代的时间超过了人类迄今为止 99.9% 的时间。演化心理学家认为,大型狩猎活动通常需要狩猎者之间的合作与交流,从而成为人类进化的主要推动力,而且还衍生出诸多其他结果:制造工具、使用工具、语言、脑容量增加(巴斯,2007)。因此,我们的演化博弈模型和随后的仿真模型将设定在人类的狩猎社会时代。这个时代人们根本不知道"公平"二字,更不懂得道德和分配正义之类的哲学。

我们考虑两种层面的生存竞争:(1)单个族群内部的生存竞争;(2)族群之间的生存竞争。在历史上,这两个不同层面的生存竞争都是时刻存在的,而且是同时演化的。出于分析技术上的可行性,我们将其分成两个不同的层面分别分析。

1. 单个族群内部的生存竞争和公平偏好演化

考虑一个原始族群,成员以狩猎为生。在每个时期 t,任何成员单独行动将不能获得猎物(一个人杀不了猛犸象!),任意两个成员合作则一定可以捕得 1 单位猎物。对猎物消费的多寡决定了成员繁殖后代的能力(以此作为个体适存性的度量)。每个时期 t,族群的成员在领地内随机游走,当任何两个成员相遇,他们可以决定是否合作。当然,达成合作的条件是:这两个成员要求分割猎物的比例之和不能超过 1。由于族群社会尚未发展出公平分配观念,任何成员都只奉行一种简单的谈判方式:每人报告一个希望分割猎物的份额(以下称"要价"),若二人要价之和超过 1,则不能达成合作,每人的赢利(pay-offs)为 0;若二人要价之和不超过 1,则每人得到其要价(若二人要价之和不足 1,则假设未分配的剩余被浪费掉①)。这里,假设要价是受

_____

① 当然也可这样假设,如果甲要价 $\alpha \in [0, 1]$,乙要价 $\beta \in [0, 1]$,在 $(\alpha + \beta) \in (0, 1)$ 时按照比例 $\alpha/(\alpha + \beta)$ 和 $\beta/(\alpha + \beta)$ 进行分配。这样的分配方式,相当于假设甲乙两人若未能索要全部猎物 $[(\alpha + \beta) < 1]$ 时,则他们就剩下的部分又按照自己要价的比例进行分配 …… 由于 $(\alpha + \beta) < 1$,所以剩余始终存在,但是经过无穷次就剩余进行分配后,他们各自得到的猎物份额极限正好是 $\alpha/(\alpha + \beta)$ 和 $\beta/(\alpha + \beta)$。由于考虑了演化,任何未分配剩余 $1 - \alpha - \beta$ 在长期演化中一定不会存在,即演化稳定均衡的时候,将有 $\alpha + \beta = 1$,从这个角度看假设将未分配剩余浪费掉也并无不妥。浪费假设并不会影响模型的结果,但对分析却更简单,故作此假设。

成员的基因控制(即出自一种本能),因而与观念无关。每个成员的要价都是基因或本能层面的无意识选择。设全部成员共有 $I \equiv \{1, 2, \cdots, I\}$ 种基因,对应于要价集合 $\alpha \equiv \{\alpha_1, \cdots, \alpha_I : 0 < \alpha_i < 1, \alpha_i \neq \alpha_j, i \in I, j \in I\}$;则 $\alpha_i \in \alpha$ 刻画了 i 型基因成员的贪婪程度;每种贪婪性为 $i \in I$ 的成员在时期 t 占总人口比例记为 s_i。假设每个成员只存活一期,每个成员留下的后代数量是由各自得到猎物的份额所决定的,且后代数量随猎物份额单调递增。那么,考虑每期时间无穷小,则可以得到要价为 α_i 的贪婪本性为 i 的个体在时间维度 t 上的变化模式:

$$\dot{s}_i = s_i \left[\alpha_i \sum_{j \in A_i} s_j - \sum_{j \in I} s_j \left(\alpha_j \sum_{k \in A_j} s_k \right) \right] \quad i \in I, j \in I, k \in I$$

$$(2.9)$$

式(2.9)被称为复制动态方程,它根据生物学中将赢利作为适存性的一种度量,且考虑个体的(单性繁殖)后代数量由个体的赢利决定(满足单调递增性),而得到这个方程;复制动态方程的具体推导可参阅维加·雷东多(Vega-Redondo, 2003)。方括号中,$\alpha_i \sum_{j \in A_i} s_j$ 是 i 型个体的预期赢利,其中 A_i 是 i 型个体可遭遇的潜在合作对象的集合,$A_i \equiv \{j : \alpha_j \leqslant 1 - \alpha_i, j \in I\}$,即所有要价不超过 $1 - \alpha_i$ 的 j 型个体都可以与 i 型中的某一个体合作,注意某些时候允许 $j = i$,譬如:$\alpha_i \leqslant 0.5$ 的时候,i 型个体之间也是可以达成合作的。$\sum_{j \in I} s_j (\alpha_j \sum_{k \in A_j} s_k)$ 是族群全体成员(包括了各种贪婪程度的个体)的平均赢利,其中 $A_j \equiv \{k : \alpha_k \leqslant 1 - \alpha_j, k \in I\}$。

由于 $i \in I$ 是任意的,所以式(2.9)实际上是 I 个联立的微分方程组;加上其函数形式比较复杂,求解这样的方程组几乎是不可能完成的任务。但是,我们可假设相对简单而有一定代表性的情形来加以分析。具体地,考虑成员的贪婪程度类型只有三种:$\alpha_1 = x < 0.5$,$\alpha_2 = 0.5$,$\alpha_3 = 1 - x$(这里请考虑到二人要价和不为 1 所产生的剩余

在长期演化中不会存在,才能理解到假设 x 和 $1-x$ 的合理性)。这三种类型分别代表了"吃亏"的基因(从来只索要一小半猎物)、绝对"公平"的基因(总是索要刚好一半猎物),以及"贪婪"的基因(永远索要大部分猎物)。则个体的要价情形可表示如下:

$$A = \begin{bmatrix} x & x & x \\ 0.5 & 0.5 & 0 \\ 1-x & 0 & 0 \end{bmatrix}, \quad x < 0.5 \tag{2.10}$$

考虑到这里的群体状态属于两维单形(即 $s_1 + s_2 + s_3 = 1$),因此式(2.9)的复制动态方程(组)可由两个频率刻画,我们选择 s_1 和 s_2 来刻画:

$$\begin{cases} \dot{s}_1 = s_1\{x - [s_1 x + 0.5 s_2 (s_1 + s_2) + (1 - s_1 - s_2)(1-x)s_1]\} \\ \dot{s}_2 = s_2\{0.5(s_1 + s_2) - [s_1 x + 0.5 s_2 (s_1 + s_2) \\ \qquad + (1 - s_1 - s_2)(1-x)s_1]\} \end{cases}$$

$$\tag{2.11}$$

令 $\dot{s}_1 = 0 = \dot{s}_2$ 可得到 5 个均衡点[①]:$(0, 0)$,$(0, 1)$,$(1, 0)$,$\left(\dfrac{x}{1-x}, 0\right)$,$\left(\dfrac{x}{1-x}, \dfrac{(1-2x)x}{1-x}\right)$。

对于这些均衡点的演化稳定性,我们可以利用 ESS(演化稳定策略)概念来检验。随机匹配下的单种群演化博弈中,一个 ESS 应具有这样的性质:对于原来的单态群体来说,一小部分采取不同策略的另一类型个体("突变")是否会造成永久性的扰乱("入侵")(Smith & Price, 1973;Smith, 1982)。而一个演化稳定策略组合,在复制动态中将是渐进稳定的(Hofbauer & Schuster et al., 1979)。或者简单地说,ESS 能够对微小的扰动自我校正(Bowles, 2004)。基于

[①] 本来是 6 个解,其中一对解是重根解,即 $\{s_1 = 0, s_2 = 0\}$ 和 $\{s_1 = 0, s_2 = 0\}$。

ESS 概念,我们可以检验均衡点$(0,1)$和$\left(\dfrac{x}{1-x},0\right)$是演化稳定的,而其他的均衡点则不是演化稳定的,检验的过程详见董志强(2011)。

由此我们可得到一个命题:式(2.10)要价情形的单一原始族群博弈中,演化稳定的均衡可以是单态的,即均衡点$(0,1)$,此时全部成员均为公平型成员,要价类型均为$\alpha_2=0.5$;也可以是双态的,即均衡点$\left(\dfrac{x}{1-x},0\right)$,此时社会没有完全公平型的成员,不会有要价类型为$\alpha_2=0.5$的成员,有$\dfrac{x}{1-x}$比例的个体为吃亏型成员,他们的要价类型$\alpha_1=x<0.5$,有$\dfrac{1-2x}{1-x}$比例的个体为贪婪型成员,他们的要价类型为$\alpha_3=1-x>0.5$。 但进一步的分析可以发现,出现双态均衡的最大概率约为0.17;若主体类型更多,则双态均衡出现的最大概率会变得更小(董志强,2011)。

只要演化过程中存在突变,则演化就存在扰动过程;扰动趋于0时以较大频率被访问的状态即随机稳定状态(Foster & Young,1990)。在这个意义上,我们也可以说,在一个封闭的族群中,只要存在基因突变,则公平偏好的单态社会将是随机稳定的。

2. 族群之间的竞争与公平偏好演化

单一的封闭族群内部的生存竞争演化过程中,公平偏好的单态社会和非公平偏好的双态社会都可以是演化稳定的;只不过公平偏好的单态社会出现的概率更大,因而是随机稳定的。然而,一旦允许族群之间的竞争,则唯有公平偏好的单态社会才是演化稳定的。原因在于,公平偏好的单态社会比任何非公平的双态社会都具有更高的个体期望赢利,因而在生存竞争中前者也必然比后者更具有适存性。要证明这一结论很简单:假如一个族群形成$(\alpha_1,\alpha_3)=(x,1-x)$的双态社会,则族群中个体的期望赢利将是$x<0.5$,这可由式(2.10)

得到；而 $\alpha_2 = 0.5$ 的单态族群社会中，个体的期望赢利是 0.5 。①

　　限于分析技术，我们这里把演化分解成了个体和族群两个层面的竞争，而对族群竞争中个体的适存性是根据个体在族群内部处于演化稳定均衡点时的预期赢利来度量的；这也是大多数群体选择理论②的推理思路（可参考 Robson，2008）。但现实的演化过程中，族群内部个体之间的生存竞争和族群之间的生存竞争是同时发生的，这与我们分析所采取的度量标准有一定差异；不过董志强（2011）随后基于美国西北大学的 NetLogo 仿真平台，建立了基于 20 个要价类型的多主体演化仿真模型，其中我们允许个体和群体同时演化，结果表明上述关于族群间竞争的结论仍然成立。董志强和李伟成（2016）进一步将模型扩展为连续空间上的类型分布，使得即便放弃群体选择理论，也不预设公平基因的情况下仍然可以演化出公平偏好。由于仿真描述和结果展示较为繁琐，有兴趣的读者请参阅原文，此处不

---

　　① 这里也许应深入讨论考虑族群竞争的正当性。对于现代人来说，考虑族群竞争似乎理所当然，因为族群之间竞争所造成的生存压力，增进了族群内部成员之间寻求公平以促进合作的激励。不过，本文的分析乃是将公平行为视为本能层面的无意识选择来展开的，因此不允许有任何的策略性考量，在这样的情况下，引入族群竞争的正当性只能来自族群生存竞争的事实。人类远古时代的历史，我们现在只能根据少量的证据来做大量的猜想，无论如何，族群的生存压力和族群间竞争一定是存在的。气候变化、环境恶化、瘟疫、饥荒在人类这个物种进化期间是经常的，乃至还有战争——乔伊斯·马库斯（2002）引用了杰贝尔·萨哈巴（Jebel Sahaba）暴力事件遗址后写道："这是一个给予我们群体间竞争印象的事实。"——这些都构成了自然选择的压力，它们不但筛选了个体，更筛选了群体。只要族群灭绝或自然选择的压力足够大，那么能幸存下来的只能是更具适存性优势的族群。

　　② 由于族群竞争本质上是群体选择理论的应用，因而有必要再做一点说明。由于威廉姆斯（Williams，1966）和道金斯（Dawkins，1976，1982）对群体选择的批判，群体选择曾一度被生物学、经济学等学科所抛弃，理由是有利于群体但不利于个体的策略不可能在个体和群体层面均演化稳定。至今关于群体选择尚存不少争议，但总的看来，群体选择在分析人类社会行为方面有卷土重来之势（Bergstrom，2002）。而且，群体选择与个人主义方法论可能并不冲突（黄凯南，2008）。对于本文来说，更重要的是，无论生物学家还是经济学家几乎都已经承认，在单个群体中出现的多重均衡，群体选择将会淘汰掉那些更没有效率的均衡（Robson，2008），这正是本文理论模型中的情况。

再赘述。

　　无论演化博弈模型还是仿真模型,都表明了这样一个道理和事实:合作机会多寡与合作利益大小是此消彼长的,更贪婪地索取将面临更少的合作机会,更慷慨地要价虽然能获得更多合作机会但却只能获得较少的合作利益,只有公平行为最能够平衡合作机会与合作利益对生存竞争的影响,从而成为个体—族群两个层面的生存竞争中最具适存性优势的行为模式。人类的公平偏好,可能源于本能性的公平行为在人类早期进化中的适存性优势。

2.4.3　公平偏好的经济学意义

　　公平偏好乃演化而来的人性,这一观念对于现代经济学有什么意义? 这个问题的回答,董志强(2011)认为至少有四个方面。

　　其一,为行为经济学理论模型提供更为坚实的假设基础。当代行为经济学试图在经济学中增补"理性经济人"之外的某些假设,如公平偏好、双曲线贴现、参照依赖、利他惩罚等。但如何从源头寻找这些假设的逻辑支持? 一种做法就是在演化过程中去寻找。马斯金(Maskin, 2007)、达斯古普塔和马斯金(Dasgupta & Maskin, 2005)对双曲线贴现的演化解释,叶航等(2005)对作为内生偏好的利他主义的演化解释,都是这样的尝试。当然,经济学家所探索的常常只是演化的经济(适存性)逻辑,而演化的生物学和心理学证据,则还需要生物学家和心理学家的继续努力。

　　其二,对于非理性行为的反思。今日的非理性行为,在人类演化的历史上可能是符合"理性"的;或者说,有些现在看来不符合经济理性的行为,可能曾经是符合演化理性的。这为我们看待非理性行为提供了一个新的视角。具体到公平偏好,作为一种演化而来的心理机制,人们很可能在不需要公平行为的时候(比如"独裁者博弈"实验中)也表现出某种程度的公平行为。其原因在于,演化具有时间间隔(time lags),过去演化出的心理机制,并不一定最能适应当前的环境。换句话说,我们拥有石器时代的大脑,但却生活在现代社会之中(巴斯,2007)。现代社会的非理性行为,是石器时代理性行为的余音。

其三,探索理性的边界,更好地解释人类经济行为。现实中人类行为并非只有深层的理性推理,也有本能的冲动行为。若允许将人们进化而来的本能和心理机制与人们的文化学习过程结合起来,人类的真实行为就可以得到更好的解释。因为进化而来的行为并非不可改变,当我们对心理机制了解得越多,我们就越可能改变它;我们也不能认为进化而来的心理机制是死板的,人们只是刻板地按照某项心理机制采取行动,因为人类拥有众多的进化而来的心理机制并懂得积极地对环境进行应变,拥有的机制越多,或者越懂得对环境的应变,人们行为的灵活性就越高(巴斯,2007)。人们会经历文化教育和社会化的过程,并在一定程度上学会并展开刻意的理性推理。理解了这一点,就可以很好地理解为什么最后通牒博弈、独裁者博弈中,真正五五对分的结果是极其罕见的;而且独裁者博弈中分给回应者的比例相对于最后通牒博弈又下降了许多。这说明,人们的行为确有出自本能的公平偏好考量,同时也附带了其他方面(尤其是自我经济利益和行动环境约束)的理性考量;这很可能也说明,人们在追求公平和物质利益之间存在着权衡取舍。如果是这样,那么在经济行为研究上,就可以把公平等偏好等作为自变量纳入主体的效用函数,并运用理性行动者模型加以研究,而不是把这些偏好归结为非理性并因而抛弃理性行动者模型。这正是金迪斯(Gintis, 2009)试图论证的:理性的边界不是人的非理性,而是人的社会性。

其四,更好地解释经济现象和制定公共政策。若公平偏好是演化而来的人性之一,我们就不能指望它会在人的短暂一生中被"经济理性"彻底地重新塑造,因而我们也就不能无视这种人性。的确,人们会在许多经济决策中表现出公平动机。公平是一个重要的动机,因而也就是理解经济现象的一个重要因素。比如阿克洛夫和席勒

(Akerlof & Shiller，2009)就坚持：对于非自愿失业、通货膨胀和总产出之间的关系这类基本的经济现象，如果把公平考虑在内，就可以容易地给出解释；反之，如果不考虑公平，那么这些现象仍将是不解之谜。他们在其著作中身体力行，用三章内容阐述了公平及其对经济现象的解释。另外，在公共政策制定的层面，主流经济学所坚持的基于委托—代理机制的政策设计思路通常是：政府提供一项政策（合约），这项政策（合约）将政策接受者的利益降到其参与约束水平上。这种政策制定与最后通牒博弈本质上是差不多的。由此我们不难理解，为什么有些政策，特别是涉及利益分配或利益分割的政策，在满足政策接受者的参与约束水平条件下，仍然产生了诸多的冲突行为，一个可能的原因就在于，尽管那些政策并未把人们逼到山穷水尽的地步，但人们却可能对仅仅满足自己参与约束却谈不上利益分享的政策感到不平而愤懑，正所谓"不患寡，而患不均"。在经济和社会的层面，尽管我们尚未阅读到有关公平偏好影响政策效力和引发冲突后果的实证研究成果，但确实有个案研究(Krueger & Mas，2004)表明工人对不公平的感知可以影响到工人的态度以及产品质量和消费者安全；也有实证研究(Alesina & Di Tella et al.，2004)表明，客观的收入越不平等，则个人越倾向于认为自己是不幸福的，即便控制了个人收入、一系列个体特征以及年份和国别等虚拟变量之后也是如此。

2.5　社会文化对偏好的塑造

2.5.1　偏好的文化差异

我们已经讨论了大量的实验证据，这些证据表明"人是完全自顾的经济人"这一假设是有问题的：在物质利益之外，很多实验对象更关注公正和对等，倾向以德报德、以怨报怨，同时惩恶扬善。我们也探讨了人们关注公正和对等的顾他偏好，如何可以在人类早期的演化中获得适存性优势而得以演化出来。但是,仍有一些基础性的问题没有得到回答,那就是:对于偏离标准模型的行为,它们是个体的一般行为模式,还是由个体所在的经济、社会环境所决定?

主流经济学家显然意识到了上述问题,但却采取了直接回避的态度。在一本号称风靡全美三十年的经典教材中有一段话,描述了这种倾向:

> 传统的狭义经济学并不探究生活目标(即口味或偏好)的起源。在一个社会里,人们可能保护孩子并吃牛肉;但在另一个社会里,人们却保护牛并允许杀婴。但通常来说,人们的目标与偏好确实存在着可以分析的来源……人类历史上很多关键的社会变化,都是由于人们的人生目标发生了变化……从古代以色列人的先知,到基督教的牧师,再到西方近期出现的宗教信仰的衰落,人们追寻的生活目标一直在变,极大地影响了人类社会。但是,大部分经济学家并不打算解释这些决定人类行为的重要因素(Hirshleifer et al.,2005:12)。

鲍尔斯等人也批评了视偏好为不变的僵化认识,他与合著者写道:

> 经济人假设还遗漏了这样一个事实,即人是会变的。经济人被认为是一个自然的现象……在整个人类历史中一成不变,而且也是任何未来经济体系的特征。但是,众所周知,人的行为观念会由于其社会经历而频繁改变。比如,长时间找不到工作会令一个自信而快乐的人变得消沉,成为对他或她家庭的一个巨大威胁。当一个团体的生存方式发生改变的时候,甚至整个团体的文化都会发生改变,例如农民的孩子成为写字楼的职员或工厂的工人时,他们就可能会形成新的行为模式,产生新的需求,而且受到不同的价值观的支配……经济人只是一个虚构的假设。真实的人是多样且多面的,或自私或慷慨,或怯懦或勇敢,并且他们的价值观、品味、习惯和信仰在相当程度上是他们

的出身、所受教育、工作经历以及民族、种族和文化背景的产物
(Bowles et al.，2005：32—33)。

　　桑塔费学派经济学家认为,我们人类的行为既反映人性,也反映
文化。世界各地的人们在许多方面是类似的,这反映出我们共同的
基因遗传,这些共同点就是人性;但我们在行为的许多其他方面差别
很大,这反映了我们从所处的社会中向其他人学习到的东西,这些差
别就是文化差异。

　　在一项由 7 名 SFI 内部和外部研究员联合完成的颇有影响的研
究项目中,他们考察了 15 个小规模社会中的行为实验(Henrich et
al.，2001),发现个体的行为存在显著的跨文化差异。这 15 个社会
中,包括 3 个采集社会、6 个农耕社会、4 个游牧群体、2 个小规模定居
农业社会。在所有社会中都进行了最后通牒博弈实验,对其中的 7
个社会进行了公共品博弈实验,在 3 个社会中进行了独裁博弈,与既
有的工业社会中的实验结果进行比较,确认了偏好在不同文化群体
之间的差异。比如,最后通牒博弈中,马奇根加(Machiguenga)人
75%的提议人出价低于 30%,但只被回应者拒绝过一次;而哈扎
(Hadza)人则拒绝了 24 次,其中有 43%的出价等于或少于 20%;而
奥乌(Au)人和格瑙(Gnau)人,既会拒绝不公平(低于 50%)出价,
也以同样频率拒绝超越公平(高于 50%)的出价。公共品博弈中,
多数社会既有完全合作者也有搭便车者,平均捐献率在 40%—
60%之间;但马奇根加人没有任何人是完全合作的,平均捐献率为
22%;埃克(Aché)人和提斯曼(Tsimané)人则表现出要么完全合
作,要么捐献很少或搭便车。独裁博弈中,奥玛(Orma)人的常见出
价为 50%和 20%;哈扎人的常见出价为 10%,也有 0%或 50%;提斯
曼人中没有 0 出价,平均出价为 32%,最常见的是 25%。

　　为了解释这种差异,研究者将不同社会从两个维度加以排序:一
是合作收益维度,即群体在经济生产中从合作得到的赢利有多重要
以及有多大金额;二是市场一体化维度,即人们日常生活中对市场交

换有多大的依赖程度。以这两个维度来解释最后通牒博弈中的平均出价,回归结果表明,两者的系数都很显著,它们的正的标准化回归系数都很大,接近0.3,两者联合起来可以解释68%的差异。而且在控制了一系列变量后,两者对平均出价的影响是显著且稳健的;那些控制变量,如性别、年龄、相对财富、村庄规模、标的金额以及实验者与受试群体相处的经历,等等,没有哪一个是统计显著的。

对于实验对象的行为,研究者给出的一个合理解释是:在面对新的(实验)环境时,人们(受试者)寻找与日常生活相似的经历,并在内心思考"哪个日常情形与这个实验环境相似",然后采取相似情形下所采取的行为。[①]的确,实验者的行为表现与其社会生活表现有很大的相似性。比如,哈扎人的日常生活中,过分大的赠予通常会因为受赠方对后续回赠的担忧而被拒绝,在实验中他们也拒绝了提议者超越公平(高于50%)的出价;埃克人的社会中不畏惧惩罚但存在大范围食物分享之类的合作,比如埃克人的猎手回家时会把猎物放在营地边上,说自己这次没有什么收获,当他们的猎物后来被发现,则会收集起来精确地分给所有人,这与他们在实验中表现出的不拒绝低出价但也有很多给出高出价的结果具有类似的性质,博弈中的标的物恰似埃克人的猎物。

上述解释也可能说明了偏好如何源自社会生活。鲍尔斯(Bolwes et al.,2005:46)写道:任何社会的生产和分配方式,是个人生计和立业的前提,狩猎者需独立思考,工人和职员需听命于人,企业家则需自我激励,经济制度由此规定了社会中人们互动的典型模

---

① 这一解释的思路正是吉尔博和施迈德勒(Gilboa & Schmeidler,1995)的基于案例的(case-based)决策理论的应用。该理论认为,每种选择情形都是一个"案例",并且与先前的选择有一定的相似程度。对某种行动在当前案例中的评估方式是,考察该行动在先前各案例中所导致的结果,然后以先前各案例与当前的案例的相似程度来对这些结果求加权平均。基于案例的理论在心理学上考察了过去与当前案例的相似度,而不是基于未来的结果作概率判断,这是行为经济学发展的一个新动向(Camere et al.,2004)。

式,影响到人们之间见面的机会、条件、缘由、回报,这些模式也反过来影响到人们的成长和人生变化的历程,形成其个性、习惯、品位、身份和价值观——即他们的偏好。

经济制度塑造个人偏好也可以从演化视角予以解释。我们允许人们有各种不同的偏好,但经济制度决定了哪些人能够更成功,有利于成功的那些偏好将会被经济力量所拣选,而社会中的人们也会试图在自己或孩子的品行、好恶和价值观上去模仿或复制成功人士。甚至社会中的组织、机构如学校、教会、公司等也会将人们导向特定的价值观。不可否认,所有的人类社会都形成了复杂的方法和机制,来塑造人们成年后正常行使其职责所需要的偏好和信仰,并且代代相传。而这最终造成了不同文化群体在偏好上的相同和差异。

2.5.2　人类亲社会性的文化演化模型

经济学中的效用函数,无非是偏好关系的表达。偏好决定着行为的动机和目标,人类的各种社会性偏好、亲社会的情感,因而可以直接纳入效用函数,作为效用最大化函数的自变量而不是约束条件。但从理论上如何理解人类亲社会性的偏好和情感何以能内化? 如果说,前面 2.3 和 2.4 节我们从纯粹基因遗传的视角研究强对等性偏好和公平偏好的演化,可以被视为"自然为人类立法",那么现在我们要探讨的问题则可视为"社会为个人立法"。

金迪斯(Gintis, 2003)提出了一个文化演化模型,来解释人类的亲社会性之谜。模型假设行为者不一定是自利的,合作行为也不是从重复互动中导出的,行为者不依赖于群体选择。这几条假设每一点都很重要,因为每一点都针对以往关于人类合作行为模型的批评意见。该模型结果表明:超越家族的社会制度低于维持亲社会性偏好和情感是必须的;社会群体成员能自愿、分散地惩罚反社会行为时,社会的合作秩序就非常稳定。接下来简要介绍该模型。

考虑一个族群,其成员接受或不接受某种文化规范 A。定义接受 A 的成员为利他者(altruists);不接受 A 的成员为自利者(self-interested),或称为 B 型。自利者有适存性 1,利他者有适存性 $1-s$, $0 < s < 1$,因此利他是有代价的。每个时期行为者随机配对,且他们死后留下的后代与其适存性成比例。家庭将文化规范遗传给后代,故 AA 型父母后代是利他型,BB 型父母后代是自利型,AB 型父母的后代各有一半机会是利他型(文化的"垂直传递")或自利型。此外,假定 AB 型家庭和 BB 型家庭的自利后代容易受促进利他规范的社会制度的影响,一部分这样的后代会变成利他型(文化的"倾斜传递")。

设第一阶段有男性和女性各 n 名。若利他者占比例为 α,则会有 $n\alpha^2$ 个 AA 型家庭,他们有 $n\alpha^2(1-s)^2\beta$ 名的后代全部为利他者。β 是待定系数,我们选择 β 使之满足人口以 $g(\alpha)$ 比率增长,该增长率取决于规范 A 的亲社会程度。还有 $2n\alpha(1-\alpha)$ 个 AB 型家庭,他们的 $2n\alpha(1-\alpha)(1-s)\beta$ 名后代有一半是利他型。最后还有 $n(1-\alpha)^2$ 个 BB 型家庭,他们有 $n(1-\alpha)^2\beta$ 个后代。计算这些后代数量总和,可知必满足 $\beta=g(\alpha)/(1-s\alpha)^2$。从而 AA、AB 和 BB 型后代出现的频率可由下式刻画:

$$f_{AA} = \frac{\alpha^2(1-s)^2}{(1-\alpha s)}, \ f_{AB} = \frac{2\alpha(1-\alpha)(1-s)}{(1-\alpha s)}, \ f_{BB} = \frac{(1-\alpha)^2}{(1-\alpha s)^2}$$

$$(2.12)$$

以 γ 衡量斜向传递的作用,则有 $\alpha\gamma$ 之多的 AB 型和 BB 型的自利型后代在文化规范 A 的传递影响下变为利他者。于是,下一代利他者的比重可由下式给出:

$$\dot{\alpha} = f(\alpha) = \frac{\alpha(1-\alpha)(\gamma-s)}{(1-s\alpha)}$$

$$(2.13)$$

族群的成员会模仿身边的成功者。假定每个成员 i 随机挑选另一个成员 j 观察其适存性和类型,若 j 适存性更高就转变为 j 的类型。然而,有关两种策略的适存性差异的信息不完备,且行为者的偏好函数不完备跟随适存性,故合理的假定是收益差异越大,行为者观察到和转变的机会也就越大。特别地,假定一名符合 A 的行为者转变到 B 的概率 p 与两种类型的适存性差异成比例,即对于某个常数比例 $\sigma > 0$, $p = \sigma s$。

上述转变完成后符合 A 的人口比例 α' 应为:

$$\alpha' = \alpha - \sigma\alpha(1-\alpha) \tag{2.14}$$

用另外一种形式可表示为:

$$\dot{\alpha} = -\sigma\alpha(1-\alpha)s \tag{2.15}$$

现在将利他型个体所占比例的两种来源结合起来,得到:

$$\dot{\alpha} = h(\alpha) = f(\alpha) - \sigma\alpha(1-\alpha)s = \frac{\alpha(1-\alpha)}{1-s\alpha}\left[\gamma - s - s\sigma(1-s\alpha)\right] \tag{2.16}$$

我们将 $\dot{\alpha} = 0$, $\alpha \in [0, 1]$ 称作"动态系统的文化均衡"。假定 $\gamma \geqslant 0$,令 $s_{\min} = \gamma/(1+\sigma)$,令 $s_{\max} = (1+\sigma-\sqrt{(1+\sigma)^2-4\gamma\sigma})/(2\sigma)$,可以证明(详细证明见 Gintis, 2003,定理 1)如下结果:

(1) 当 $s < s_{\min}$, $\alpha = 1$ 是稳定的,即族群存在全局稳定的利他均衡;

(2) 当 $s_{\min} < s < s_{\max}$, $\alpha = 0$ 和 $\alpha = 1$ 都是稳定的,从而以不稳定均衡点 $\alpha^* \in (0, 1)$ 为临界点,形成两个吸引盆(basins of attraction),使得自利或利他都是演化稳定的均衡;

(3) 当 $s > s_{\max}$,则 $\alpha = 0$ 是唯一演化稳定的,族群存在稳定的自利均衡。

由于 s 度量的是利他者和自利者适存性的差异,也被视为利他行为代价。上述结果表明,利他的代价越高,利他均衡出现的条件就越苛刻:利他行为的代价如果足够小,族群是可以形成利他均衡的;

如果利他行为代价太大,那么稳定的均衡就将是自利均衡。这一方面说明了亲社会性社会化制度与规范内化的心理机制之间的张力,另一方面也说明了引起行为人转变到高收益行为的复制动态并不考虑个人对他人和社会有何影响。因为我们很容易从前述结果中得到如下的推论(将 s 视为不变,考察模仿转变比例 σ 的不同取值):当 $\sigma < (\gamma - s)/s$ 时,利他文化均衡是全局稳定的;当 $(\gamma - s)/s < \sigma < (\gamma - s)/(s - s^2)$ 时,自利和利他文化均衡都是演化稳定的;当 $\sigma > (\gamma - s)/(s - s^2)$ 时,自利文化均衡是全局稳定的。

该模型略加扩展便可考察其他诸多不同的情形。比如,利他者 A 可视为公共品博弈中的合作捐献者,自利者 B 可视为背叛者,而合作捐献的个体代价 c 可用 s 来表示,那么前面引用的定理结果就刻画了公共品博弈中维持合作的充分条件: $c < s_{min}$。 即,合作者承担的个人代价不会太大,合作才会是充分的结果。若 $c < s_{max}$,合作仍可以是稳定均衡,但却并非充分结果,因为还存在另外一个大家都背叛的稳定均衡。当然,现实中合作的群体常常有各种惩罚背叛者的方式,这在模型中并没有体现出来。不过,要把利他惩罚纳入考虑也是可以的,并且可以证明(Gintis,2003),在很大的参数区间内,即使前述引用的定理结果之条件并不成立,一定正水平的强对等者(利他惩罚者)都能使得合作均衡得以维持。因而,利他惩罚强化了人类社会的合作。

如果行为者所得到的赢利具有频率依存性质,即 s 并非一个常数,而是 $s = s(\alpha)$,仍可以证明(Gintis,2003),当 $s(1) < s_{min}$ 时会有稳定的利他文化均衡,而 $s(0) < s_{max}$ 时会有稳定的自利文化均衡。

最后可扩展的一点是,模型一直将文化特征的赢利视为生物适存性,如果我们假定赢利代表行为者主观的偏好而不是他们的生物适存性,那么 s 就可能为正值或负值。前面已经讨论过的 s 为正值时的结论,现在仍然成立;但当 s 为负值时,则必定有稳定的利他文化均衡,因为此时利他者具有更高的赢利水平。至于 s 能否为负值,是值得讨论的,从现实生活来看,人们遵守道德规范会获得心理收益,也可能会因此得到社会认可和支持而得到物质上的好处,这种心理和物质上的好处若足够大,那么 s 的确有可能为负。

2.5.3　合作的物种

人是一种非常独特的动物。所有的动物都会为了生存而竞争,有些动物也"学会"了交换与合作,甚至懂得尊重"产权"(如动物对其他同类的"领域"或"地盘"的尊重),但是,只有人类的合作秩序超越了家庭、亲缘和小规模群体的熟悉个体之间。只有人类,才具有与千百万陌生人为了一个共同目标(比如战争、政治竞选、商业推广)而展开大规模合作的能力。

我们人类何以能做到这一点? 部分的原因在于我们不同于其他动物,我们能够设计出超越家庭的法律和组织(如政府、企业等)。它们通常提供了促使人们一起工作的激励和约束,即便人们是完全自利的。然而,自利行为并非成功的组织之特征。军队固然会重视给予战斗的士兵以足够的经济激励,但更重视培养战士的无条件忠诚、服从命令和为国捐躯的英雄荣誉感。商业竞争中,有许多的决策并不完全遵循商业利益而作出,基业长青的企业常常也愿意在一定范围内自觉承担社会责任。包括我们个人,在不会被人发现的时候也不去偷窃,这意味着我们还有经济利益之外的追求,并没有利欲熏心;但另外一些时候,出于嫉妒或怨恨,或者出于对他人的关心以及渴望维护某些原则,我们又不惜个人代价。这表明,理解人类的合作行为,不应仅仅限于考虑自利动机,还要考虑自利之外的其他多种动机。这也是桑塔费学派经济学家的主张(Bowles et al.,2005:48—50;Bowles & Gintis,2011)。

我们是如何走上这条道路的? 部分答案涉及人性。在人类演化的历史上,自然塑造了我们的智力、语言、开心、嫉妒、忠诚、羞耻感等诸多有利于合作的秉性。"道德情感以及设计和实施社会规范的智力和语言能力,是人性的组成部分。它们不是猫的本性、蜘蛛的本性或者狒狒的本性的一部分"(Bolwes et al.,2005:49)。

人类社会有自己的伦理规范,指导和约束我们的行为。在某种程度上,伦理规范也是人性的一部分。不管在什么文化社会中长大,乱伦都让人觉得反感和可耻。这很可能是因为,在人类进化的历史上乱伦产生了不利于适存性的影响,人类逐渐演化出抵制乱伦的心理偏好和社会规范。然而对于可以追溯和有文字记载的人类文明,伦理规范的大部分内容已成为习得内容,它们产生于文化,而不是本性。人类获得了一种将社会规范予以内化的能力,内化的社会规范会对人们进行精神上的奖赏和惩罚,从而诱导人们的行为更符合社会预期,而不是纯粹地、彻底地追逐个人物质利益。

总之,人类大概是从自然演化中获得了道德情感,这种情感导致了社会规范的产生以及遵守社会规范的倾向,从此个人便受到社会规范的束缚,并且文化传递强化了人类的规范倾向和所受规范束缚的程度。这大概也就是人类演化所经历的"自然为人类立法、人类为社会立法、社会为个体立法"的三个阶段。

当然,一旦从演化视角来看人类行为和道德规范,那么一个不可避免的疑问是:物质利益对个体的生存是有好处的,那么一味追求物质利益的"经济人"为什么未能成功入侵我们的社会,让我们的社会完全成为"经济人"的天下? 对此的回答是:一群"经济人"难以作为一个整体在社会成功运作(Bowles,2005:49)。大家都是经济人,那么面临外敌入侵、自然灾难、生态危机的时候,谁来拯救他们? 谁会伸出援手? 进化论的创立者达尔文在其巨作《人的进化》(*The Descent of Man*)中写道:

> 同居一片土地的两个原始部落发生对抗时,若……其中一个部落中有大量勇敢而富有同情心的忠诚成员,他们总是乐于在危险来临时彼此警告并且相互帮助和保护,那么这个部落就

会取得更大的成功并战胜另一个部落……自私而纷争不休的人之间是没有凝聚力的,而没有凝聚力就什么也做不成[Darwin,1998(1871),chap.5]。

当然,达尔文主要是从群体选择的视角来论述的。毫无疑问,团结、忠诚、勇敢等文化的确有利于群体的成功。不过,即便在个体层面,某些规范的内化也是提高个体的适存性的,比如筹划未来、讲究卫生、积极的工作习惯、对情绪的控制等等。为什么说规范内化应该是提高个体适存性的呢? 可能的解释是:道德规范的内化使得行为者改变目标,而工具性和传统型的文化形式仅仅帮助个人达到既定目标。对于人类乃至其他物种来说,这些目标与生物适存性有关,却不能简化为生物适存性(Gintis,2003)。

上述解释也可以为利他行为的演化提供另一个理由。若道德规范的内化有利于个体的适存性,那么增强内化能力的基因就会发展。内化规范的基因得到发展,将不仅会内化有利于个体适存性的规范,也会内化利他的规范,只要这种规范的个体代价不是太高。实际上,利他性搭了规范内化提高个人适存性的便车(Gintis,2003)。

因此,规范内化应该是适应性的。我们人类已经有一种不怎么服务于我们的适存性利益的"原始的"偏好函数,而且它还差不多被我们其他的内化规范成功地超越了。这种原始偏好函数不知道"考虑将来",满足于即时的欲望,但满足短期的欲望是以长期的安宁为代价的(Gintis,2003)。个体追逐私利,但有时私利是以群体的利益为代价的。道德规范节制我们对于即时欲望的过度重视,节制我们对于私利的过度追逐,本身是增强我们的适存性的。

正如鲍尔斯(Bowles,2005:50)所说:"并非优良的文化改变了我们的本性,恰恰是我们的文化和我们的本性相互作用,使得智人成为我们这样独具合作性的物种。我们具有合作性这个事实,意味着好人并非总是落在最后。"

2.6 顾他偏好与经济理论的改造

好人并非总是落在最后这一事实,也让我们明白,新古典经济学家有时过度强调了竞争的作用,过度强调了"自利"的作用(Bowles et al.,2005)。合作是必要的,顾他偏好也是重要的。同样,经济理论需要对当代行为经济学和实验经济学的发现作出回应,经济行为的基础也需要重新表述。就顾他偏好而言,经济学家开始尝试构造基于实证的社会偏好函数,以便更好地解释经济行为,特别是许多违背自利公理的行为。

基于实证的社会偏好建模,大致分为两类:一类是动机模型(Rabin,1993),即行为关注对方的动机或意图的好坏;另一类是分配模型(Bolton & Ockenfels,2000;Fehr & Schmidt,1999),即关注最后分配中自己的赢利与他人赢利的相对比较。凯默勒(Camerer,1997)将两类模型统称为新的"社会效用模型"。在鲍尔斯(Bowles,2004)和鲍尔斯等(Bowles et al.,2005)以及金迪斯(Gintis,2009)的著作中,曾在一些模型中允许嫉妒、规范倾向等顾他偏好进入效用函数,来增强模型的解释力。下面分别予以简要介绍。

2.6.1 动机公平模型

雷宾(Rabin,1993)提出了一个博弈框架,将公平偏好等整合进了经济理论模型,并提出了"公平均衡"概念,可以解释诸多的合作与议价实验证据。由于其模型中参与人关心对手的策略动机,因此该模型被称作动机公平模型。"人们乐于帮助那些将要帮助他们的人,并伤害那些将要伤害他们的人"(p.281),这是雷宾动机公平模型的起点。

雷宾的模型框架包含了如下三个程序化的事实:

(1) 人们愿意牺牲自己的物质利益去帮助那些对自己友好

的人。

（2）人们也愿意牺牲自己的物质利益去惩罚那些对自己不善的人。

（3）两种动机对行为都有很大影响。

"公平均衡"概念包含了这些程序化的事实，对此概念的形式化则主要是考虑每个参与人的策略，对其他参与人策略的信念，以及其他参与人相信该参与人的策略是什么的信念来定义的。具体地，雷宾分了两个步骤，第一步建立起"友善方程"，第二步建立兼具物质效用和心理（公平）效用的总效用函数，然后定义出公平均衡。

令 a_i 表示参与人 i 选择的策略；b_j 表示参与人 i 对参与人 j 选择策略的信念；c_i 为参与人 i 对参与人 j 相信参与人 i 的策略是什么的信念。第一步，作者给出了两个"友善方程"如下：

$$f_i(a_i, b_j) = \frac{\pi_j(b_j, a_i) - \pi_j^e(b_j)}{\pi_j^{\max}(b_j) - \pi_j^{\min}(b_j)} \qquad (2.17)$$

$$\tilde{f}_j(b_j, c_i) = \frac{\pi_i(c_i, b_j) - \pi_i^e(c_i)}{\pi_i^{\max}(c_i) - \pi_i^{\min}(c_i)} \qquad (2.18)$$

其中，f_i 是 i 对 j 的友善程度，$\tilde{f}_i$ 是 i 认为 j 对 i 的友善程度。$\pi_j^{\min} < \pi_j < \pi_j^{\max}$ 代表了 j 选择策略 b_j 时所能得到的赢利区间。π_j^e 是公平赢利，定义为 j 选择 b_j 时能获得的最大赢利和最小赢利之均值，即：

$$\pi_j^e = \frac{1}{2}(\pi_j^{\max}(b_j) - \pi_j^{\min}(b_j)) \qquad (2.19)$$

显然，式（2.17）说明，给定参与人 i 对 j 的策略信念 b_j，i 选择策略 a_i 使得 j 得到的赢利越高出公平赢利，说明 i 对 j 越友善，反之则越不友善。仔细分析还可发现，友善函数的取值将在 $[-1/2, 1/2]$ 之间，取值越大代表 i 对 j 越友善。若 $\pi_j^{\min} = \pi_j^{\max}$，则定义 $f_i = 0$。

同理，式（2.18）中 $\tilde{f}_i$ 的取值也在 $[-1/2, 1/2]$ 之间，取值越大，代表 i 认为 j 对自己越友善。

第二步,雷宾假设个人的效用可通过物质和心理(公平)两种方式获得。个人的总效用函数可写为:

$$U_i(a_i, b_j, c_i) = \pi_i(a_i, b_j) + \tilde{f}_j(b_j, c_i)(1 + f_i(a_i, b_j))$$
(2.20)

其中,π_i 是来自物质的效用,$\tilde{f}_j$ 和 $1 + f_i$ 是来自动机公平的效用。当 $\tilde{f}_j > 0$,i 认为 j 对自己友善,最大化自己的效用最好是选择 a_i 使得 $f_i > 0$,即友善对待 j;反之,$\tilde{f}_j < 0$,i 认为 j 有恶意,最大化自己的效用最好是使得 $f_i < 0$,即恶意对待 j。 在这样的环境下,可定义公平均衡如下:

公平均衡定义:策略对 (a_1, a_2) 是公平均衡,如果对于 $i = 1, 2$,$j \neq i$ 有 $a_i \in \arg\max_a u_i(a_i, b_j, c_i)$ 且 $a_i = b_i = c_i$。

上述定义表明,公平均衡具有"心理"特征,并且需要满足一个额外的条件:参与人的信念必须与参与人的行动一致。如我们在前面多次强调的,雷宾模型抓住了动机善恶这一影响人们行为的重要方面,因此对许多包含意图的实验行为可以比标准的博弈论预测有更得力的解释。

2.6.2 不平等规避模型

实验证据显示,很多人反感不公平的结果,并愿意牺牲个人物质利益来维护公平原则。费尔和施密特(Fehr & Schmidt, 1999)建立了一个不平等规避模型,来分析人们的策略行为。模型强调了"内疚"和"嫉妒":当自己所得比其他参与人高,会产生内疚感;当自己所得不及其他参与人,又产生嫉妒感。"内疚—嫉妒"模型的效用函数可表示为:

$$U_i(x) = x_i - \frac{\alpha_i}{n-1} \sum_{j \neq i} \max\{x_j - x_i, 0\}$$
$$- \frac{\beta_i}{n-1} \sum_{j \neq i} \max\{x_i - x_j, 0\},$$

$$i \neq j, \; \beta_i \leqslant \alpha_i, \; 0 \leqslant \beta_i \leqslant 1 \tag{2.21}$$

若是二人模型,则式(2.21)可简写为:

$$U_i(x) = x_i - \alpha_i \max\{x_j - x_i, \; 0\} - \beta_i \max\{x_i - x_j, \; 0\}, \; j \neq i \tag{2.22}$$

其中,下标 i, j 是参与人代号,x 是赢利,α 是嫉妒参数,β 是内疚参数。作者定义内疚参数小于嫉妒参数,同时设定内疚参数在 $[0, 1]$ 之间,这表明参与人的内疚只是在其收入优势上打上折扣,或者说在参与人获得收入优势时,参与人一方面会因优势而开心(获得效用),另一方面也因优势而内疚,开心和内疚的比例恰好是 $1 - \beta$ 和 β;而对于嫉妒参数,作者并非设定上界,说明可以允许嫉妒心很强。

上述模型可应用于诸多类型博弈的分析之中,包括合作博弈、议价博弈、市场博弈等等。它较好地解释了这些博弈中的合作与竞争,表明实验行为中的"合作"与"不合作"(竞争)行为是可以在一个统一框架中予以解释的。

博尔顿和奥肯费尔斯(Bolton & Ockenfels, 2000)发展了另一个与费尔和施密特"内疚—嫉妒"模型类似的分配模型,即"平等—互惠—竞争"(ERC)模型。该模型假设参与人不仅关心自己的收益,也关心其相对收入份额(用 σ_i 衡量),参与人的效用函数可描述为:

$$v_i = v_i(y_i, \sigma_i) \tag{2.23}$$

其中,σ_i 是参与人 i 的赢利所占相对份额,定义为:

$$\sigma_i = \sigma_i(y_i, c, x) = \begin{cases} y_i/c & \text{若 } c > 0 \\ 1/n & \text{若 } c = 0 \end{cases} \tag{2.24}$$

而 $c = \sum_{j=1}^{n} y_j$ 则是赢利总额。

如下两个命题可使函数 v_i 的特征更清晰。(1)狭隘的自利:函数 v_i 关于 y_i 递增且凹,且对于给定的 σ_i,若 $y_i^1 > y_i^2$,则 i 将选择

y_i^1。 这意味着典型的单调性特征成立,即"更多的货币比更少的货币好",但赢利的边际效用是递减的。(2)比较效应:对于给定的 y_i,函数 v_i 关于 σ_i 严格凹,且最大化分配是个人的份额等于平均份额 $(1/n)$。此命题暗示,平均分配是社会认可的参照点。ERC 模型表明,在狭隘的自利和社会参照点之间存在张力,参与人需要在两者间寻求折衷。

ERC 模型可用于最后通牒、独裁者博弈之类的序贯行动的实验行为解释,而雷宾的动机模型则不太适合运用到上述博弈实验中。ERC 模型与费尔—施密特模型在二人博弈中预测结果是类似的,但对于更多人的博弈,两者的预测结果会有较大不同。费尔—施密特模型假定参与人把自己跟其他参与人逐一比较,而 ERC 模型并不关心每个人所得,只关心所有人的平均赢利。换句话说,一个模型中个体重视跟其他个体一一比较,另一个模型中个体重视自己跟总体平均水平比较。

科诺(Konow,2000,2001,2003)也提出了一种分配中的"规避"模型,其中参与人规避的是不公正。科诺认为,公正并不意味着分配的均等,分配偏好取决于参与者的"权利",即参与人 i 并不是简单地考虑分配结果是否均等,而且会关注其他参与人的"权利"(即应得的赢利)与他们实际所得的赢利,当分配结果偏离了其他参与人的"权利"所赋予的应得赢利,则参与人的效用就会下降。参与人的效用函数因此可写为:

$$U_i(x_i, x_j, \phi_j) = u_i(x_i) - f_i(x_j - \phi_j) \qquad (2.25)$$

其中,f_i 是严格凹函数,且 $f_i(0) = 0$ 是函数的极大值。式(2.25)表明,若其他参与人 j 的实际所得等于其应得,则参与人 i 的效用就等于从物质赢利中获得的效用;但一旦 j 的实际所得和应得发生偏离,参与人 i 就面临效用损失。从这一点来看,科诺的模型与费尔—施密特模型有一定程度的类似的思想,因为我们可以将 j 的实得和应

得之差异带来的 j 的效用损失解释为与"嫉妒"和"内疚"类似的情感。不同在于,科诺的模型中,嫉妒的力量和内疚的力量是对称的。

2.6.3 考虑更广泛顾他偏好的效用函数

基于顾他偏好的效用函数改造不局限于前述几篇文献。近二十年来,有不少文献进行了此方面的尝试。费尔和施密特(Fehr & Schmidt,2001)的综述回顾了好几个相关的分配模型,每个模型都关注于特殊的动机,比如利他主义(Andreoni & Miller,1996,2003)、快乐奉献(Andreoni,1990,1995)[①]、忌妒(Kirchstenger,1994)、利他和恶意(Levine,1998)。最近几年的效用函数改造则都考虑了桑塔费学派强调的强对等性,比如强对等者的不公平厌恶和利他偏好(Kohler,2003)、强对等者的对等公平偏好与利他偏好(Charnes & Rabin,2002)、强对等者的对等公平偏好与不公平厌恶(Falk & Fischbacher,2006),等等。

鲍尔斯(Bowles,2004:121—122)在其著作中展示了一个沿着雷宾(Rabin,1993)和莱文(Levine,1998)的思路而得到的效用函数,兼容了自利、利他和对等性偏好,函数的形式如下:

$$U_i = \pi_i + \sum_j \beta_{ij}\pi_j , i \neq j \qquad (2.26)$$

式(2.26)右边第一项是 i 自己的利益;第二项则体现了 i 对于他人(所有 $j \neq i$)的利益的关注。权重系数 β_{ij} 反映了 i 对特定的 j 的利益关注的程度和方向。这个程度和方向,又取决于 i 感知的 j 对于 i 的善意或恶意。具体地,β_{ij} 是以下式定义的:

$$\beta_{ij} = \frac{\alpha_i + \lambda_i\alpha_j}{1 + \lambda_i} , i \neq j \qquad (2.27)$$

[①] 安德里尼(Andreoni)称之为"温暖光辉效应"(warm glow effect),亦有人翻译为"温情效应"或"暖光效应"。

其中 $\alpha_i \in [-1, 1]$, $\lambda_i \geqslant 0$。 α_i 是对他人无条件的善意或恶意（利他或怨恨），$\alpha_j \in [0, 1]$ 是 i 关于 j 的善意的信念，λ_i 表示 i 认为其他人的类型（信念）与对其的赢利评价的相关度。如果 $\alpha_i = 0$ 且 $\lambda_i > 0$，i 就是一个非利他的强对等者，即他不会无条件（无缘无故）地善待或怨恨他人，他的善待和怨恨行为是以对方的行为性质为条件的。

倘若 $\alpha_i \neq 0$ 且 $\lambda_i = 0$，则 i 就是一个无条件的利他者或作恶者，他会表现出无条件的善待或怨恨他人的行为，具体取决于 α_i 的符号。由于分母中包含 λ_i，因此 $\beta_{ij} \leqslant 1$，这就限制了参与人对他人利益的关心不会超过对自己利益的关心。[①]应注意，$d\beta_{ij}/d\lambda_i$ 与 $(\alpha_j - \alpha_i)$ 同号，换言之，若别人对我比我对别人更友好，我对别人的友好程度就会上升，反之则下降，这是一个正反馈。如果 $\alpha_j = \alpha_i$，那么对于任意的对等性水平都有 $\beta_{ij} = \alpha_i$。

在鲍尔斯（Bowles, 2004）和金迪斯（Gintis, 2009）的著作中，曾多次运用到基于顾他偏好的效用函数，基本上都是式（2.26）的变体或扩展。他们的这一效用函数形式，最大限度地兼容了自利、利他和对等性动机，而且根据参数取值的各种组合，便可以得到各种不同类型的个体，如强对等者、纯粹公平者、恶意公平者、无条件利他者、无条件恶意者，以及传统经济人。这些人群并非毫无意义的虚构人群，他们在现实中存在：我们的社会中，绝非全部都是纯粹的经济人。我们的社会有圣人，有志士，也有恶人（Loewenstein et al., 1989）；甚至，我们每个人也许是多面的，一面是圣人，一面是凡人，还有一面是

---

① 鲍尔斯（Bowles, 2004:140—149）讨论了顾他偏好对于解决公财悲剧（以捕鱼为例）的重要性。其结果表明，如果人们将自己的利益和他人的利益放在同等的位置予以关心，那么分散决策的后果也会与社会最优的后果一致。当然，在另一个角度这个结论也很好理解：当每个人同等地关注自己和他人的利益时，则个人行为的外部性就会内部化，从而分散决策不会遭遇外部性的困扰——从这一点来看，鲍尔斯的结论是很平庸的，但是在另外一个角度看，它并不平庸：它表明了过度的善意（把别人的利益看得比自己的利益重要）也不利于得到社会最优的结果。一个社会要有效率地运行，仅仅依靠自利或者善意，都是不行的。

恶人。经济理论必须直面人的这种异质性和多面性。

　　经济人的效用函数,可视为基于顾他偏好的效用函数的一种特例。从这个意义上,基于顾他偏好的效用函数改造,并不是要摒弃经济人的"自利"和推翻主流经济学的基石,而是寻求一个更能兼容偏好多元化的一般性的分析框架。正如鲍尔斯(Bowles,2005:123)所说:"重新表述经济学行为基础的目标,不应该是用某种新的社会人来取代经济人,而是重新找出一个能解释异质性的框架。这一任务非常关键,因为异质性造成了结果的差异。"

　　本章的最后,我想简单陈述一下桑塔费经济学家关于顾他偏好与经济理论的看法。他们认为,"经济人"只是一个虚构的假定,真实的人是多样而且多面的。我们的行为一方面受到天性的影响,一方面受到文化的塑造。合作的人们更容易成功,因而演化力量使我们的天性和文化都沉淀了有利于合作的偏好和亲社会性,比如强对等性、公平偏好、规范倾向,也使得我们人类成为了一个"合作的物种"。经济理论必须考虑人的多样性和多面性,改造效用函数,为解释人类行为异质性提供一个统一的框架,对等、公平、忌妒、仁爱、忠诚、记仇、羞愧、内疚、沉溺等等顾他偏好和亲社会性情感,应该作为目标进入效用函数。这可能也是我们理解经济行为和合作秩序的起点。

第3章　理性行为

　　已故的诺贝尔物理学奖得主费曼（Richard Feynman，1918—1988）一生多趣事。其中有一件，讲的是康奈尔大学想高薪聘请费曼，但费曼很想待在加州理工学院。担心自己受不住康奈尔大学优厚的聘用待遇之诱惑，费曼拒绝开启康奈尔大学派人送来的聘书信函，尽管来人坚持要他打开看看。待聘书过期之后，费曼才打开信封，顿时后悔不已。

　　费曼的这个故事，很值得博弈论和经济学家玩味。费曼的行为是理性的吗？按照博弈论中序贯理性概念，只要决策满足序贯理性，那么就不会有后悔的产生。但费曼的后悔是真实的，而我们很多人生活当中也常常有后悔。很多时候，我们处在行为不一致的矛盾之中：明知过度饮食会导致减肥失败，但还是忍不住多吃，吃了之后又深感后悔；明知今天不好好复习明天考试就可能表现很糟，但还是没忍住今天跑出去玩了个痛快，玩了之后又深感后悔……不仅如此，在面临一些不确定事件时我们还常常夸大或缩小了不确定事件的可能性，对待损失比对待收益更敏感，常常从最坏的情况而不是最好的情况去做打算。[①]

　　这样一些看起来不太"理性"或有些反常的现象，导致了对理性行动者模型许多批评，甚至有学者主张要放弃理性行动者模型。桑塔费的经济学家却认为，理性行动者模型，更准确地说是"信念、偏好、约束（BPC）模型"，并未面临严峻的挑战，只要考虑到偏好的情景依存性，许多偏好非一致性的非理性"异象"等都可得到破解。重要

　　① 鲍迈斯特等（Baumeister et al.，2001）一篇有趣的文章表明，从坏处着眼是很普遍的心理现象。

的不是抛弃 BPC 模型,而是改造和运用 BPC 模型。其中,一个最重要的改造方面,是要考虑文化、规范等社会背景或情景框架。偏好的情景依存性可以解释微小的制度差异何以产生大相径庭的结果,也从另一个角度说明了为何制度至关重要,以及基于行为经济学的制度设计为何至关重要。

3.1　理　性　行　为

3.1.1　何谓理性行为?

"理性行为"一词的涵义,即便在最崇尚"理性"的经济学中,也是有争议的。但我们将接受最受经济学家认同的一种看法,即当代主流经济学中所定义的:满足完备性和传递性的行为,即理性的行为(贝克尔,1995:187; Mas-Collel, Whinston & Green, 1995;平新乔,2001)。

完备性和传递性的形式化定义是这样的:令 $X \neq \phi$ 为行为人可选方案的集合, $x \in X$ 是具体的备选方案。符号 $\succ$、$\prec$ 和 $\sim$ 分别表示二元偏好关系"优于"、"劣于"和"无差异于"。则:

(1)完备性。给定 $x_1, x_2 \in X$ 且 $x_1 \neq x_2$,对于行为者来说,要么有 $x_1 \succ x_2$,要么有 $x_2 \succ x_1$,要么有 $x_1 \sim x_2$;

(2)传递性。给定 $x_1, x_2, x_3 \in X$, $x_1 \neq x_2 \neq x_3$,对于行为者来说,若 $x_1 \succ x_2$, $x_2 \succ x_3$,则 $x_1 \succ x_3$。

在经济意义上,偏好的完备性是指参与人能就所有备选方案逐一比较,任意两个方案之间要么有优劣之分,要么没有差异;偏好的传递性则是指参与人可就所有备选方案进行排序,且任意两个方案之间的优劣关系应该与这两个方案在所有方案中的优劣关系是一致的(即偏好关系是可传递的)。

满足完备性和传递性的偏好关系,称之为一致偏好关系。偏好关系满足一致性的行为,便可以说是理性的行为。在边际效用学派,理性行为曾被等同于效用最大化行为，但如同本书 2.1.3 小节曾回顾的，萨缪尔森在其名著《经济分析基础》(1947)中剔除了效用最大化的享乐主义假设，他争辩说，效用最大化所需的前提条件并不比传递性多，无非预设了一些无害的技术条件而已。的确，对方案给予优劣排序的偏好关系本身，就对应着行为的利益所在，他之所以对某方案比另一方案有更优的评价，原因必在于某方案比另一方案更符合他的利益。因此传递性公理已经兼容了自利或效用最大化。

但是，这里有一个问题特别值得讨论。什么是符合自身利益的？这是一个主观评价范畴的问题；决策主体之外的他人可能很难加以评判。换言之，人们的"理性选择"在客观上有可能并不有利于其福祉的改善。吸烟、酗酒、吃垃圾食品，乃至吸毒、盗窃、杀人，这些行为并不违背偏好的一致性，因而在其个人的判断中也应是符合其自身利益的——尽管在我们看来他实际上在做对自己不利的事。我们也并不能把这些行为判定为非理性。事实上，这些人可能只是出于无知或者被误导才出现了我们看来不当的行为，在决策信息不足或有缺陷（被误导）的情况下他们做出这样的行为仍然是理性的。这也蕴含了大多经济学家赞成的一个观点：应该尽量从充分理解行为主体面临的约束条件去理解其反常行为，而不是将反常行为轻易地归结为非理性。

另一个值得讨论的问题是：满足偏好关系一致性的"理性"并不意味着自私自利。正如金迪斯（Gintis，2009：6）所说："关心他人、信奉公正，或者为社会理想而牺牲，没有什么是不理性的。这些偏好也并不与决策理性相抵触。"事实上，自私自利方式下的理性行为，只是一致性方式下理性行为的一种特例（Sen，2008）。如果个人确实追求自身利益，那么他的行为将最大化只包含自身利益为自变量的目标函数；但另一方面，一个不追求自身利益极大化的个体也可以是一致的，因为它极大化的函数中自变量不局限于其自身利益。本书第 2 章大部分篇幅都在论证，个人的目标函数中常常不只有个人利益，也有对他人利益的关心，并且也在试图证明，应当将那些自身利益之外的变量（强对等性、公平、忠诚、忌妒、内疚、羞耻，等等）纳入目标函数。这并不会违背"理性行为"所要求的一致性。也因为如此，"理性人"才成了取代"经济人"的一个强大的术语。

3.1.2　偏好为什么是一致的？

桑塔费学派经济学家主张，个体的偏好应该是一致的。对此亦可从演化视角来加以认识（Gintis，2009）。为了更好地理解，我将偏离金迪斯原始的陈述先从最符合现实生活的道理讲起。

假设某人（他）拥有三种物品：x、y 和 z。他对三种物品的优劣评价为：$x \succ y$，$y \succ z$，$z \succ x$。这个假设下，可以发现此人对物品的评价违背了偏好的一致性，因此他不是"理性的"个体。假设此时来了另一个理性的个体（她），无论这个理性个体的偏好关系如何，只要她认为每种物品是多比少好，那么她就可以与他进行交易来套利，并最终全部剥夺掉他的所有产品。

一种典型的套利交易是这样进行的：她先用 1 单位 x 跟他交换 $1+\varepsilon$ 单位 y，$\varepsilon > 0$ 是一个很小的正数，这个交易是可以达成的，因为他对 1 单位 x 的评价高于 1 单位 y；然后，她再用换回的 $1+\varepsilon$ 单位 y，跟他交换 $(1+\varepsilon)(1+\gamma)$ 单位的 z，$\gamma > 0$ 是一个足够小的正数，这个交换也可达成，因为他有偏好评价 $y \succ z$；第三步，她用换回的 $(1+\varepsilon)(1+\gamma)$ 单位 z，再去换回 $(1+\varepsilon)(1+\gamma)(1+\varepsilon) = (1+\varepsilon)^2(1+\gamma)$ 单位 x。经过这三步交换，我们发现，省略掉中间交易环节，这等同于她用 1 单位 x 从他那里换回了 $(1+\varepsilon)^2(1+\gamma) > 1$ 单位的 x，或者说，这样交换等同他白白赠送了 $\Delta = (1+\varepsilon)^2(1+\gamma) - 1 > 0$ 单位的 x 给她。如果他一直保持其非一致的偏好，那么她就可以与他持续交易直至剥夺掉他全部的产品。

因此,非一致的偏好是存在生存缺陷的,它们在市场竞争中将被淘汰。同样的道理,从生物进化的角度来看,进化出一致性偏好的有机体,应该比没有进化出一致性偏好的有机体更有竞争优势。生物体竞争的是适存性,不能够在日常生活中做出一致性选择的有机体,将会被能够在日常生活中做出一致性选择的有机体击败。的确,起源于进化生物学的偏好一致性研究(Robson,1995),表明这一理论可以很好地运用于昆虫和庄稼(Real,1991;Alcock,1993;Kagel et al.,1995)。

然而,人类和生命有机体通常并不直接最大化适存性。特别是人类,我们的效用函数中包含的内容与适存性之间即使有联系,这联系也非常模糊难以直接观察。另外,偏好作为演化而来的产物,它体现的是对历史生存环境的适应,今天的环境未必与历史生存环境一样,结果,一致性的偏好体系也未必就可以做出适存性最大化的选择,或者必定有利于改变福祉(Gintis,2009)。换言之,今天看来"非理性的"选择,在历史上可能曾经是理性的;而即便对个体来说是"理性的"选择(满足一致性),其结果也未必对个体是真有利的,因为个体的理性在应对新的环境时有可能面临问题,即存在行为失误(performance error)。教育可以减少或消除行为失误,这也是专家常常能够比普通人作出更有效的决策的主要原因(Gintis,2009)。

3.1.3　BPC 模型

对理性行为的建模,经济学中已经有一种被广泛接受的模型,即考虑信念、偏好和约束(beliefs, preferences and constraints,BPC)模型。偏好确定了决策主体所评估的各种行动可能产生的价值。只要有偏好的一致性,便不会有不同行动之间的价值冲突,BPC 模型的运作只需要偏好的一致性。约束则限定了可供决策主体采取的行动。一个中国的农民和一个华尔街的精英不太可能有相同的行动,因为他们面临的行动约束是大不相同的；但如果将他们身份互换，他们可能很快就会在行动上也变异成对方，因为约束变化了，行动也就随之变化。信念则是对要产生的特定结果所必须采取的行动的理解。为了驾车到另外一个遥远的城市，我可能需要加满油，否则我就到不了另外那个城市，这就是信念。

BPC 模型在模型化理性行为方面取得了巨大成功，使之有时被直接称呼为理性选择模型。然而，最近三十年行为和实验经济学的进展日益发现了人们"非理性"的证据，特别是在时间不一致性问题和不确定性决策问题中人们行为的表现，被认为是违背了偏好一致性，因而被认为是对 BPC 模型提出了严峻挑战。在这一场挑战面前，经济学应该坚守 BPC 模型还是放弃 BPC 模型？桑塔费经济学家的回答是：坚守！不能把那些实验证据简单地归结为背离了偏好的一致性，归结为"非理性"；偏好是情景依存的，一旦加入情景因素，偏好的一致性并没有被违背，剩下的则只是行为失误而已。因此，恰当的做法不是放弃 BPC 模型，而是完善 BPC 模型。

接下来的几节内容，我们将细述行为和实验经济学证实的人类行为的时间不一致性问题和不确定决策中的问题，以及桑塔费学派学者的回应。

3.2 时间不一致性问题

3.2.1 跨期选择的贴现效用模型

人们常常需要权衡不同时期的成本和收益，比如既要决定将一笔财富在当前消费掉还是储蓄到未来消费，也要决定是否要为了今天多满足食欲而在明天痛苦地减肥，这就是跨期选择问题。

经济学家对跨期选择的关注由来已久。将跨期问题作为一个独立的研究主题对待，至少可上溯到约翰·雷（John Rae），他在《资本的社会理论》(*The Sociological Theory of Capital*，1834)一书中深入探讨了跨期选择行为的心理动机,认为跨期选择行为是促进积累的欲望和抑制积累的欲望之间相互作用的结果。促进积累的欲望源于两个因素:一是遗产动机,这是一种慈善的情感;二是自我抑制倾向,这是归属于理性的力量,由社会成员心理上普遍存在的反思和节约的习惯所形成。而抑制积累的欲望也源于两个因素:一是未来生活的不确定性,二是对现时消费的兴奋而对延迟这种满足感到不舒服。

雷认为,人们的有效积累欲望对于理解国民财富的差异至关重要,因为正是这一因素决定了一个社会的储蓄水平和投资水平。斯密在《国富论》中已经认识到国家财富由各国分配在劳动上的资本品所决定,但雷认为斯密没有解释清楚这种资本分配本身是如何决定的,其跨期选择理论就是试图解释清楚斯密未能解释清楚的。

在雷之后,关于时间偏好出现了两种全然不同的观点(Frederick et al.，2002)。其中一种观点认为,人们只关心自己的现时效用,所谓的远见行为乃是源于人们对未来的预期效用,只有未来的预期效用超过现时效用时,才会出现延迟消费的行为。杰文斯父子(W.S. Jevons & H.S.Jevons)就持上述观点。另一种观点则认为,现在和未来是等价的(贴现率为0),这是行为的基准,人们更重视现时的效用是因为延迟消费会产生自我节制的痛苦。西尼尔(N.W.Senior)是这种"节欲"论的最著名的鼓吹者。

杰文斯和西尼尔之后,对跨期选择理论作出重要贡献的经济学家是庞巴维克(Eugen Böhm-Bawerk)。他为跨期选择增加了一种新的心理动机,即人们会系统地低估未来之需要。而且,庞巴维克的《资本与利息》(1889)对跨期选择进行了真正的经济分析:他把跨期选择视为个体在不同时间点上配置资源,与资源在多种用途间配置是类似的。因此,庞巴维克对跨期选择的研究真正体现了经济行为中最核心的特性-——权衡取舍（trade-off），而不是局限于雷、杰文斯和西尼尔等人的心理分析。

后来，费雪（Irving Fisher）将庞巴维克的思想进行了模型化，他将跨期消费选择问题画在一个两种商品的无差异曲线图中，横坐标表示当年消费，纵坐标表示来年消费。这种表示清晰地呈现了个人的时间偏好，至今仍是经济学原理教材中讲述时间偏好的经典图示。

费雪的跨期无差异曲线图虽然直观明了，却难以展示两期以上的跨期选择行为。1937 年，萨缪尔森在一篇短小的论文中提出了后来影响深远的贴现效用模型（即 DU 模型），那些影响人们在不同时期的效用的所有心理动机，被压缩成一个单一的参数，即贴现率。若以 ρ 表示个体的时间偏好率（即贴现率），则个体的跨期效用函数可表示为：

$$U(c_1, \cdots, c_T) = \sum_{t=1}^{T} \left(\frac{1}{1+\rho}\right)^t u(c_t) \qquad (3.1)$$

其中，$U(c_1, \cdots, T)$ 是个体在时期 1 到时期 T 所有时期消费得到的效用；$u(c_t)$ 是时期 t 的消费效用；$1/(1+\rho)$ 是贴现因子。这里，时期是离散的；假若时期是连续的，则式（3.1）就可写成如下形式：

$$U = \int_0^T e^{-\rho(t-1)} u(c_t) \mathrm{d}t \qquad (3.2)$$

在萨缪尔森之后，库普曼斯（T.C.Koopmans，1960）证明，可以从一些浅显可信的公理中推导出贴现效用模型。从此，贴现效用模型成为了分析跨期选择理论的标准模型。尽管萨缪尔森早就意识到个体按式（3.1）那种效用函数形式最大化效用总和的假设“完全是随意的”，尽管库普曼斯也并不认为贴现效用模型在心理学上或规范意义上是可靠的，但该模型的简洁优美对经济学家有着不可抗拒的魅力,因而它迅速成为了分析跨期选择问题的理论框架。

3.2.2　人类行为对贴现效用模型的背离

过去三十年间,许多的实验研究表明,人们的行为并不像贴现效用模型所刻画的那样。贴现效用模型中,贴现率 ρ 是一个常数,不随时间变化;但大量实验研究却表明,贴现率是随不同跨期选择行为变化而变化的。

在 2017 年诺贝尔经济学奖得主塞勒(Thaler,1981)的一项经典研究中,实验人员要求被试设定其需要的货币量,使得他们在 1 个月后、1 年后和 10 年后获得这些货币与现在就获得 15 美元的货币感觉是没有差异的。结果,被试设定的货币量之均值为 20、50、100 美元,则对应的 1 个月、1 年和 10 年的平均(年)贴现率就分别是 345%、120% 和 19%。

在另一项有趣的研究中,安斯利和哈斯拉姆(Ainslie & Haslam,1992)要求被试在实验当天获得 10 美元和一周后获得 11 美元之间做出选择,大多数被试选择了立即可得到的 10 美元。但是,同样的被试,在面临实验日之后 1 年得到 10 美元和实验日之后一年又一周后得到 11 美元之间,那些不愿为额外的 10% 而等待一周的被试,现在大多又愿意为了额外的 10% 而多等待一周了。

大量的研究提供了一边倒的证据,这些证据都反对了贴现效用模型,贴现率不是固定不变的(Benzion et al.,1989;Chapman,1996;Pender,1996;Redelmeier & Heller,1993),人们存在偏好的逆转(Green et al.,1994;Kirby & Herrnstein,1995),即两种奖赏都提前时会更偏好于更临近的奖赏。甚至在动物(如鸽子)身上也能观察到这种偏好逆转现象(Ainslie & Herrnstein,1981;Solnick et al.,1980)。这些研究所揭示的贴现率递减的模式在图形中也清晰可见。图 3.1 绘制了实验中不同时间视阈(time horizon)的估算贴现因子(imputed discount factor),可以发现在所有研究(包含了一年或以下的短时间视阈）中,贴现因子随时间视阈增加而增加,这意味着贴现率是递减的而不是固定不变的。而在排除了时间视阈很短的那些研究之后,时间视阈和贴现因子几乎没什么关系(近乎水平线)。

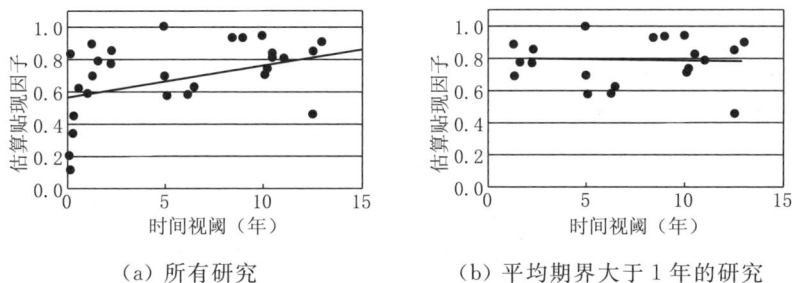

（a）所有研究　　　　　　（b）平均期界大于 1 年的研究

资料来源:Frederick et al.(2002:362)。

图 3.1　贴现率作为时间视阈的函数

　　上述研究似乎证实了人们具有时间偏好上的不一致性。比如说,在春天我可能偏好消费掉春天的收入而不为夏天储蓄;但同样在春天,我却愿意将秋天的收入储蓄到冬天以便过一个更丰盛的圣诞节;可是,等到秋天真正来临的时候,我的偏好却发生了逆转,我迫切地希望在秋天就消费掉秋天的收入而不是为冬天和圣诞节储蓄。换言之,从春天到秋天,我还是我,但我的偏好却出现了不一致性问题。

　　这种偏好的不一致性不仅出现在时间跨度上,也出现在其他的情景效应之中。比如,塞勒(Thaler, 1981)发现的“符号效应”和“量值效应”。在塞勒的调查中,被试将获得一张兑奖券,可以现时领奖,也可以在未来(3 个月、1 年或 3 年后)领奖,并要求被试写下愿意为推迟领奖而要求的补偿金额;这个实验中得到的贴现率低于用货币收益进行实验得到的贴现率。也就是说,在奖券实验中,被试对未来收益表现得更加在乎。他的调查还发现,人们面对小额收益时的贴现率比大额收益时的贴现率要大一些,实验表明今天的 15 美元和 1 年后的 60 美元,今天的 250 美元和 1 年后的 350 美元,今天的 3 000 美元和 1 年后的 4 000 美元,对于被试是没有差异的,这意味着相应的贴现率为 139%、34% 和 29%。

还有一些研究发现,人们面对损失和面对收益也有不同的表现,相当一部分被试偏好损失马上发生而不是延迟发生(Loewinstein,1987;Redelmeier & Heller,1993),这说明这些被试对未来的损失赋予了较低的贴现率(很在乎未来的损失)。人们对"延迟"和"提前"要求的补偿也是不对称的,洛温斯坦(Loewinstein,1988)证明,相对于时间参照前,时间收益提前和延迟对于贴现率也有显著影响。比如,有可能在 1 年后得到一台录像机的人,愿意为提前到现在得到一台录像机支付 54 美元;但现在有可能得到一台录像机的人,愿意为延迟到 1 年后得到录像机而要求的补偿却是 126 美元。其他一些人(Benzion et al.,1989;Shelley,1993)的研究也得到了与此类似的结论。

在美好与不舒服的跨期选择中,也出现了一些"异象"。曾经有个故事说:在一堆葡萄中,有人从最差的一颗开始吃,到最好的一颗结束,他每次吃到的都是最差的葡萄,但总体上他的生活是越来越美好的;有人从最好的一颗开始吃,到最差的一颗结束,他每次吃到的都是最好的葡萄,但总体上他的生活越来越糟糕。那么,现实中人们究竟如何吃葡萄呢? 研究者们的回答是:大多数人偏好第一种吃法。瓦雷和卡内曼(Varey & Kahneman,1992)发现,即便在一定时段内不舒服的总量一样,人们也偏好递减的不舒服流(stream of discomfort)甚于递增的不舒服流。查普曼(Chapman,2000)让被试假想头疼,头疼持续时间包括 1 小时、1 天、1 月、1 年、5 年、20 年,被试可以选择头疼随时间逐渐减轻或逐渐加重,结果大多数(82%—92%)的被试偏好头疼随时间减轻。对于美好的东西,研究显示人们偏好递增的收益流序列。比如洛温斯坦和普雷莱克(Loewinstein &

Prelec，1993）发现，在一系列（如宴会、假期旅行等）事务安排中，被试一般偏好于把更美好的东西留在更后面；洛温斯坦和西歇尔曼（Loewisntein & Sicherman，1993）发现，对于各方面相同的工作，被试更乐于接受的工资序列是递增的工资，而不是递减或固定不变的工资。

3.2.3　时间不一致性意味着偏好不一致性吗？

大量的经验研究证实人们在时间上并不能始终如一，时间不一致性是的确存在的。这倒体现了生活中的一句老话：时间可以改变一切。很多人将人们这种时间不一致行为视为对偏好一致性的背离，从而归结为非理性行为。但桑塔费经济学家和其他部分行为经济学家并不同意这一观点，在他们看来，时间不一致性并不意味着偏好不一致性，也并不是非理性。

考虑前面曾提及的安斯利和哈斯拉姆的实验，该实验表明被试常常愿意接受当天的 10 美元而不是 1 周（7 天）后的 11 美元，但是却又愿意接受 1 年又一周（372 天）后的 11 美元而不是 1 年（365 天）后的 10 美元。这个实验结果在哪里违背了偏好一致性条件？令 x 为时期 t 得到的 10 美元，令 y 为时期 $t+7$ 得到的 11 美元，则实验结果表明：当 $t=0$ 时有 $x \succ y$，而 $t=365$ 时却又出现了 $y \succ x$，这就出现了偏好的不一致性。

但是，上述分析还不够深入。对于被试个体来说，我们既得到了 $x \succ y$ 也得到了 $y \succ x$。由于偏好的完备性公理要求 $x \succ y$ 和 $y \succ x$ 不得同时成立，因此，如果我们承认实验结果反映了被试个体偏好的不一致性，那也就必须承认被试个体偏好也违背了完备性。由此可以追问，若我们能在建模时允许个体在更复杂的选择空间上进行选择，使得个体偏好的完备性并不被违背，这是否会让我们得到能与实验结果和偏好一致性兼容的解释呢？

的确，如果将个体进行选择的时刻与目标达成时刻之间的时间距离纳入当事人的效用目标之中，"时间不一致性就会消失无踪" （Gintis，2009：10）。比如，我们可令 x_0 为"立即得到 10 美元"，令 x_{365} 表示"自今年一年之后得到 10 美元"，y_7，y_{372} 可类似定义。那么，$x_0 > x_7$ 同时 $x_{372} > x_{365}$ 这样的实验结果就并未违背偏好的一致性（Gintis，2009）。

微观经济理论家鲁宾斯坦（Rubinstein，2007：4）曾讨论传递性在何时可能被违背。他讲了三种情形。情形一是想法的汇总造成非传递性。譬如有一个人，关于物品 x、y 和 z 的偏好序最初有三种想法，分别为 $x_1 > y_1 > z_1$、$y_2 > z_2 > x_2$ 和 $z_3 > x_3 > y_3$（下标为想法代号），那么在想法汇总时就会出现 $x > y$ 且 $y > z$ 且 $z > x$ 的背离偏好一致性的结果。情形二是相似性的使用阻碍了传递性。在一些决策情形，决策者对太过于相似以至于难以区别的两个元素进行比较时，会认为它们是无差异的。假如决策者对物品希望"多多益善"，但允许一个模糊区间，比如评价差异在 1 之内就认为两种物品无差异，那么当 $|x-y| < 1$ 时有 $x \sim y$，同样 $|y-z| < 1$ 时有 $y \sim z$；但是 $|x-y| < 1$ 且 $|y-z| < 1$ 时也有可能出现 $|z-x| > 1$[①]，从而 $z \sim x$ 不会成立，于是出现了偏好不一致的结果。情形三是我们考虑的条件太少了（遗漏了条件）。非一致偏好的出现，有可能是我们关于理性的假设太弱了，或者是我们对偏好概念未附加更为合理的约束。倘若附加其他类似的一致性条件，被认为是非一致的偏好也可以是一致的。

鲁宾斯坦讲的第一种情形，就个体而言实际上不太可能长期存在，因为个人不可能长期保持相互矛盾的想法。我更愿意将他所讲的情况看作是三个不同的人有不同的偏好，那么这可以说明即使三个具有一致偏好的"理性"个体，汇总成一个集体时也可能遭遇非理

---

① 无需证明，只要举一个例子就可以明白这一点。比如，$x = 1.5$，$y = 0.8$，$z = 0.3$，将有 $1.5 \sim 0.8$，$0.8 \sim 0.3$，但 $1.5 \sim 0.3$ 却是不可能的（Rubinstein，2007：5）。

性(非一致偏好)的问题。第二个情形纯粹是模糊评价所致,倘若人们能精确比较两物品,就不应出现这样的情况。第三个情形则揭示出我们有可能误解了偏好的一致性,漏掉了偏好一致性的约束条件却指责人们偏好背离了一致性。恰如印度诗人泰戈尔所说的那样:我们看错了世界,却说世界欺骗了我们。

金迪斯等桑塔费经济学家所主张的,显然与鲁宾斯坦所说的第三个情形有关,他们主张加入新的因素来考量偏好的一致性。比如,等待的时间本身就是影响效用的一个来源。接着安斯利和哈斯拉姆(Ainslie & Haslam,1992)的实验例子,若令 z_t 表示"自今天以后第 t 天得到的货币金额",令 z_t 带来的效用与货币进而本身以及得到它的时间有关,为 $u(z_t)=z_t/(1+t)$,则 x_0 的效用 $u(x_0)=u(10_0)=10/1=10$,而 y_7 的效用 $u(y_7)=u(11_7)=11/8=1.375$,故 $x_0 > y_7$;类似地,$u(x_{365})=10/366=0.027$,而 $u(x_{372})=11/373=0.029$,故 $x_{372} > x_{365}$(Gintis,2009:11)。

在这个例子的新的处理方式中,随着时间的流逝偏好逆转的确会存在,甚至我们还可以计算出偏好逆转将出现在第 69 天。[①]然而,偏好的一致性的确没有被违背,偏好逆转的原因在于决策的情景(这里是需要等待的时间)发生了变化。甚至,理性的人们在第一天就会预期到自己到第 69 天后会发生偏好的逆转,如果他们真的不希望自己执行偏好逆转后的选择,他们常常甘愿实现禁锢自己的选择,即使为此需要付出代价。回到为圣诞节而储蓄的例子,这种偏好的逆转意味着当圣诞节越来越近的时候,我就越迫切地想在圣诞节前消费,在春天开始储蓄的时候我自己也深知这一点,于是我可能就会存下一笔定期储蓄,不到圣诞节就别想取出来。这就是赫维兹(Leo Hurwicz)所谓的"储钱罐效应"。

我们在本章开篇举到的费曼的例子,费曼是偏好不一致的吗?

———————————

① 令 $10/(1+t)=11/(8+t)$,解出 $t=69$。

是不理性的吗？我想（我估计桑塔费经济学家也会这样认为），费曼非常理性。他已经理性到了这样的地步：我的决策会依赖于我所处的情景，在没有打开信封之前，我不会接受康奈尔大学；打开信封之后，我的偏好可能会逆转，我可能（受不住诱惑）会接受康奈尔大学的邀请，但我的内心其实是喜欢加州理工学院的。他的偏好也并非不一致的，更偏好加州理工和产生后悔的心理，那是源于情景已经改变。事实上，本章稍后我们将专门论及，人的偏好具有强烈的情景特征，或者说许多的偏好都是情景依存的。有的人为了减肥而放弃一餐美食，但事后又为未能品尝这餐美食而掠过一丝遗憾，我们从来没有人认为这些人是不理性的，费曼先生拒绝打开信封与故意远离美食诱惑的减肥者有本质的差异吗？

也有许多的证据表明，人们具有不同的贴现率。费雷德里克等（Frederick et al.，2002:378—379）的综述文章列出了40多项实验研究或现场研究获得人们贴现率，发现人们的贴现率具有很大的差异性。从迷恋完美市场的新古典经济学视角来说，这是不太符合理性的，因为均衡中所有物品均需按同一利率出售。然而，将此归结为非理性将是非常草率的。毫无疑问，市场从来没有完美过，而人们看重的诸多事物也并不在市场上出售或买进（Gintis，2009）。

脑神经学研究表明，平衡现期和远期利益的行为涉及结构不同且空间分离的神经模块之间的判断，而这些模块是在智人进化的不同阶段出现的（McClue et al.，2004）。制定长期决策的能力存在于大脑前额叶的特定神经结构之中，若这部分区域脑受损，长期决策功能便会紊乱，尽管大脑的其他功能看起来还完全正常（Damasio，1994）。根据大脑的构造，智人在结构上倾向于呈现出系统的现期导向行为。如果某些过于关注现期利益的行为损害了长期利益，那么在事先约束自己不被短期利益诱惑就的确是理性人的理性行为，他们预见到自己会偏好逆转并会在事前采取对策。

关于时间不一致性和偏好一致性（理性），金迪斯（Gintis，2009:

11)总结道："总而言之,时间不一致性无疑是存在的,且对于人类行为建模也很重要;不过,在偏好一致性这一点上,那并不意味着人们是非理性的……事实上,人类更近乎时间一致性,比任何其他物种都具有更长远的眼光,可能超过其他物种好几个数量级。我们不清楚,为什么生物进化中时间一致性和长远眼光会无足轻重,即使在寿命长久的生物中也是如此。"

3.3　风险选择行为中的异象

3.3.1　经典的期望效用理论

期望效用理论由纽曼(J. Von Neumann)和摩根斯顿(O. Morgenstern)于 20 世纪 40 年代创立,之后在风险决策中得到了广泛应用。该理论指出,只要人们的效用函数满足几个特定的公理,就能建立起一个与之一致的效用函数,用于分析不确定性下的决策行为。令 X 为彩票结果集合, $L(P, x)$ 表示结果不确定的彩票,其中 x 是彩票结果向量, $P = (p_1, p_2, \cdots)$ 是彩票结果向量上的概率分布,从而这几条公理可描述如下:

(1)可比较性。若 $x_1, x_2 \in X, x_1 \neq x_2$,则对于决策主体要么 $x_1 \succ x_2$,要么 $x_2 \succ x_1$,要么 $x_1 \sim x_2$ 。

(2)连续性。若 $x_1, x_2, x_3 \in X, x_1 \neq x_2 \neq x_3$,则对于决策主体,若 $x_1 \succ x_2 \succ x_3$,则存在 $L(P, x_1, x_3) \sim x_2$ 。

(3)概率不等公理。对于决策主体,若 $x_1 \succ x_2$,则当且仅当 $p_1^A > p_2^A$ 时, $L^A(p_1^A, p_2^A, x_1, x_2) \succ L^B(p_1^B, p_2^B, x_1, x_2)$ 。

(4)传递性。若彩票 $L^A \succ L^B, L^B \succ L^C$,则 $L^A \succ L^C$;若 $L^A \sim L^B, L^B \sim L^C$,则 $L^A \sim L^C$ 。

(5)独立性。若对于决策主体有 $x_1 \succ x_2$,则对于任何 x_3 以及 $L_1(P, x_1, x_3)$ 、 $L_2(P, x_2, x_3)$,必须有 $L_1 \succ L_2$ 。

(6) 可分性。由两张彩票可组成复合彩票 $L^* = L(P, L_1, L_2)$，其中 $L_1 = L_1(P_1, x)$，$L_2 = L_2(P_2, x)$，则复合彩票可以用简单彩票表示为 $L^* = p \cdot L_1 + (1-p)L_2$。

简单解释一下上述六条公理论的直观意义。可比较性是说，对于一张彩票的任意两个结果，决策者要么偏好其中的一个结果甚于另一个，要么认为两个结果无差异。连续性是说，决策者对某个结果的偏好程度介于另外两个结果之间，那么一定可以有某张组合了另两种结果的彩票让决策者感觉与原始彩票的那个中间结果无差异。概率不等公理是说，对于两个结果，决策主体更偏好其中的一个，现在有两张彩票组合了这两个结果，其中一张彩票中决策者更偏好的结果有更高的发生概率，那么决策者将喜欢这张彩票甚于另一张。传递性是说，若一张彩票好于（或无差异于）另一张彩票，另一张彩票好于（或无差异于）第三张彩票，则第一张彩票将好于（或无差异于）第三张彩票。独立性是说，若决策者喜欢一个结果甚于另一个，这将与任何第三个结果没有关系，或者说任何情况下一个结果都应优于另一个结果。可分性是说，复合彩票无非是简单彩票的加权组合而已。

若决策主体的效用函数满足上述六大公理，那么主体的效用最大化与彩票的特定结果赢利高低并无必然的联系，而主体效用最大化的目标函数也可设定为期望效用函数。譬如一张彩票有 n 种随机结果，第 i 种结果 x_i 若实现，可以给决策主体带来的效用为 $u(x_i)$，而 x_i 实现的概率为 p_i，于是主体从彩票中得到的效用之期望为：

$$E(u) = \sum_{i=1}^{n} p_i \cdot u(x_i) \qquad (3.3)$$

式(3.3)即期望效用函数。若有两张彩票，彩票 L_1 和彩票 L_2，决策主体选择 X 的理由必定是从 X 中能得到更多的期望效用，即：

$$L_1 = \sum_{i=1}^{n} p_i u(x_i) > \sum_{i=1}^{n} q_i u(x_i) = L_2 \qquad (3.4)$$

其中 q_i 是彩票 L_2 中 x_i 的实现概率。决策主体始终坚持这一选择原则,那么他最大化自己效用的选择实际上就是最大化式(3.3)期望效用函数的选择。

期望效用也存在着其生物学原理(Gintis,2009)。不妨设想,某个生存于不确定环境的生命有机体,需从行动集合 X 中作出选择。每个必选项 $x_i \in X$ 对于生命体获取成功的程度是不一样的,对应的成功程度为 p_i;当生命体获得成功,则实现的 x_i 可以使生命体获得 $\varphi(x_i)$ 的后代。于是该生命体获得后代的数量之期望值就是 $\varphi(x) = \sum_{i=1}^{n} p_i \varphi(x_i)$。 而这正是与期望效用一样的函数形式。

3.3.2 风险决策的"异象"

风险在经济生活中非常普遍,因此经济学需要一套风险条件下个人决策理论。期望效用理论有许多可取之处,它简洁优美,是一个强大而且易于处理的建模工具。但与理论美妙的形式相比更重要的是,理论在多大程度上能够描述现实。最近数十年的研究对期望效用理论提出了一些真正的疑问,因为这些研究发现人们现实生活中的决策行为似乎并未按照最大化期望效用函数那样表现,而是呈现出诸多"异常"的现象。一些行为经济学家干脆称之为"不理性的效用决策"(如董志勇,2006:58)。

首先质疑期望效用理论的一类异象是对独立性公理的违背。1988 年获得诺贝尔经济学奖的阿莱斯(Marurics Allais)提出了系统违背独立公理行为的两个例子,即共同结果效应(common consequence effects)和共同比率效应(common ratio effects)。这些效用的最初表述形式如下:

彩票 S1	确定地得到 100 万美元
彩票 R1	0.1 的概率得到 500 万美元,0.89 的概率得到 100 万美元,0.01 的概率得到 0 美元
彩票 S2	0.11 的概率得到 100 万美元,0.89 的概率得到 0 美元
彩票 R2	0.1 的概率得到 500 万美元,0.9 的概率得到 0 美元

　　按照期望效用理论,假若在彩票 S1 和 R1 之间,决策者选择了 S1,这就意味着决策者可从彩票 S1 获得更高的效用,即:

$$u(100) > 0.1u(500) + 0.89u(100) \qquad (3.5)$$

　　当独立性公理得到满足,那么式(3.5)两边都减去 $0.89u(100)$ 不等号将仍然成立,即:

$$0.11u(100) > 0.1u(500) \qquad (3.6)$$

　　而式(3.6)左边和右边正好分别是彩票 S2 和 R2 的期望效用。这意味着,期望效用最大化者要么选择两张 S 彩票,要么选择两张 R 彩票。但现实是,大多数人在 S1 和 R1 中选择了 S1,而在 S2 和 R2 中却选择 R2。这一行为明显背离了独立性公理。

　　上述例子是共同结果效应的例子,也是著名的阿莱斯悖论。阿莱斯发现另一反常现象,即共同比率效应,采取如下表述形式:(1)在确定的 3 000 美元和有 80％机会获得 4 000 美元但有 20％可能一无所获(获得 0 美元)的赌局之间选择;(2)在有 25％的机会获得 3 000 美元和有 20％的机会获得 4 000 美元的赌局之间选择。大多数人在(1)中选择了得到确定的 3 000 美元,这意味着:

$$u(3\,000) > 0.8u(4\,000) \qquad (3.7)$$

　　两边同时除以 4 可得到:

$$0.25u(3\,000) > 0.2u(4\,000) \qquad (3.8)$$

　　上式意味着大多数人在(2)中应选择 25％机会获得 3 000 美元

的赌局,但事实恰好相反:大多数人选择了 20％机会获得 4 000 美元的赌局。根据期望效用理论,凡 $u(x) > pu(y)$,则应有 $u(x)/n > (p/n)u(y)$,但大量的研究显示,随着 $n > 0$ 越来越大,人们的偏好会发生逆转(例如 Loomes & Sugden,1987;Starmer & Sugden,1989;Battalio et al.,1990)。

但质疑期望效用理论的异象并不局限于对独立性公理的违背。另一种常见的异象是背离了程序不变性。程序不变性是说期望基础上的偏好独立于得到它们的方法,但实践似乎没有支持这一特性。这类问题的经典实验是这样进行的:先让个体在小概率赢大奖的赌局 S 和大概率赢小奖赌局 B 之间选择;然后要求个体为两个赌局的期望指定一个货币价值,即最低售价,分别以 M(S) 和 M(B) 表示。诸多研究结果发现,当 M(S)>M(B)时,个体有选择赌局 B 的倾向,这意味着 B > S(Tversky & Thaler,1990;Hausman,1992;Tammi,1997)。

此外,描述不变性也常常被违背。描述不变性是说基于期望的偏好主要依赖于概率分布,如何描述概率分布本身是无关紧要的。但事实并非如此,众多关于"框架效应"的证据表明,对于问题表述的很小变化也可能对决策者产生很大的影响。比如特韦尔斯基和卡内曼(Tversky & Kahneman,1981)设计的经典场景:一场瘟疫预期会导致 600 人丧生,现在有两组对抗瘟疫的计划 A 和 B:(1)若采用 A 计划,有 200 人会获救,采用 B 计划则有 1/3 的机会 600 人全部获救,2/3 的机会无一人幸免;(2)若采用 C 计划,400 人会丧生,若采用 D 计划有 1/3 可能性不会有人丧生,有 2/3 的可能 600 人都会丧生。这两组选择中,概率是完全相同的,但实验结果却大不相同,72％的个体在 A 和 B 中偏好 A,却只有 22％的个体在 C 和 D 中偏好 C。

表 3.1 列举了更多与期望效用理论相矛盾的异象。这个表也对涉及的异象进行了命名和定义,并说明这些异象与前景理论中的哪些要素相关联。前景理论的介绍将是 3.4.2 小节的内容。

表 3.1　与期望效用理论相矛盾的现象

现　象	领域	描　述	前景理论中的成分
股权溢价	股票市场	股票的回报远高于相关的债券回报	损失厌恶
处置效应	股票市场	更长时间持有正在亏损的股票,过早出售盈利股票	损失厌恶 参照依存
向下倾斜的劳动供给	劳动经济学	接近每天的收入目标,纽约出租车司机就收工	损失厌恶
非对称价格弹性	消费品	购买者对涨价比降价更敏感	损失厌恶
对不利收益消息反应迟钝	宏观经济学	收到坏消息后,消费者并不削减消费	损失厌恶 参照依存
维持现状,偏好默认状态	消费者选择	消费者不改变健康计划;选择默认的保险品种	损失厌恶
倾向投高风险赌注的偏好	赌马	最有希望获胜的马下注不足,高风险的马投注过度	决策加权(低概率高加权)
日末效应	赌马	终局时改投高风险大赌注	参照点边际敏感度降低
购买电话保险	保险	消费者购买定价过高的保险	决策加权(低概率过高加权)
彩票需求	博彩	彩票头奖增大,销量大增	决策加权(低概率过高加权)

资料来源:Nick Wilkinson(2008,chap.3)。

3.4　对期望效用理论的改造

3.4.1　修正期望效用理论的传统方法

经济学家提出了许多方法来修正期望效用理论,逐一回顾所有理论是很繁琐的。不过,斯塔莫(Starmer,2004)和威尔金森(Wilkinson,2008,chap.3)对此作了很好的总结,我们沿袭两者的总结回顾简要介绍主要的方法。

一种方法是对效用进行加权,即加权效用理论(Chew & Mac-

Crimmon，1979)。该理论主张对概率进行加权，然后再得到偏好函数。具体地，偏好函数可定义为：

$$v(q) = \frac{\sum p_i \cdot g(x_i) \cdot u(x_i)}{\sum p_i \cdot g(x_i)} \tag{3.9}$$

其中，$q = (x_1, p_1; x_2, p_2; \cdots; x_n, p_n)$，$i$ 表示状态，$u(x_i)$ 即 x 实现状态 i 时的效用，p_i 是状态 i 发生的概率，$g(x_i)$ 则是对 x_i 赋予的权重。显然，当 $g(x_i)$ 为常数时，式(3.9)就会退化为标准的期望效用函数。但是，$g(x_i)$ 是如何被决定的？这也许需要某些心理学的基础。加权效用理论的确没有提供其心理学基础，因而也缺乏直观上的魅力，它实际上仅仅只能模拟实验的结果[将 $g(x_i)$ 的决定当作实证归纳的问题]，并不能提供真正的理论层面的解释。

第二种代表性的方法是贝尔（Bell，1985)、卢姆斯和萨格登(Loomes & Sugden，1986)等人提出的丧气理论。该理论将偏好函数刻画如下：

$$v(q) = \sum p_i \cdot (u(x_i) + D(u(x_i) - \underline{u})) \tag{3.10}$$

这个函数中，x_i 直接产生效用 $u(x_i)$，但同时人们会把 $u(x_i)$ 与某个基准效用 $\underline{u}$ 进行比较，这个比较本身也会影响人们的效用。若 $u(x_i) < \underline{u}$，即从 x_i 得到的效用未达到基准效用，人们便会有挫败感，感觉很沮丧；反之，则有沾沾自喜之感觉；若 $D(\cdot)=0$ 则模型就退化为标准的期望效用模型。比之加权效用理论，应该说丧气理论已经具备了一定的心理学基础，因为它涉及人们丧气或自喜的来源：将直接得到的效用与基准效用进行比较。

第三种代表性的方法是加权决策理论，这种方法更加强调人们对客观事物进行主观估计的心理学基础。该理论用主观概率替换了期望效用理论中的客观概率。某个状态的发生本来具有客观概率，但人们对该客观概率的主观估计可能会过高或过低。比如，人们常常低估心脏病、癌症等常见原因的死亡概率，却高估像空难这样罕见的原因所造成的死亡的概率。客观概率 p_i 被其主观估计 $\pi(p_i)$ 取代，$\pi(\cdot)$ 是一个非线性增函数，满足 $\pi(0)=0$ 且 $\pi(1)=1$。从而，相应的偏好函数可以写为（Starmer，2000）：

$$v(q) = \sum \pi(p_i) \cdot u(x_i) \qquad (3.11)$$

不过，由于非线性的概率变化不满足单调性原理，所以大多数经济学家难以接受加权决策理论。

第四种代表性的方法是排序依存的期望效用理论。该理论首先由奎金（Quiggin，1982）提出，它主张每种状态的赋权不仅取决于客观概率，还取决于该状态的相对优劣排序。人们对坏的结果会赋予更高的权重，而对好的结果赋予更低的权重。因此，构建偏好函数的第一步是将所有状态结果从劣到优进行排列，即 $x_1 > x_2 > \cdots > x_n$。偏好函数可写为：

$$v(q) = \sum w_i \cdot u(x_i) \qquad (3.12)$$

加权函数为：

$$w_i = \pi(p_i + \cdots + p_n) - \pi(p_{i+1} + \cdots + p_n) \qquad (3.13)$$

其中，$\pi(\cdot)$ 实质上是累积概率函数。当考虑到人们对坏结果会赋予更高的权重而对好结果赋予更低的权重，那么决策权重 $\pi(p)$ 的形式将是反 S 形，如图 3.2 所示。

最近二十年的研究表明，涉及反 S 形加权函数的模型似乎比使用其他加权函数的模型在经验上具有更好的适宜性。但是，这些模型仍不能完全解释所观察到的对期望效用理论的单调性、传递性和不变性的背离，也无法完全解释表 3.1 所列各个领域的异象。其主要的原因在于，上述这些理论均假设行为者在最大化某种潜在的偏好函数，而这些函数并不深究其设计的有关心理的机制和过程。这

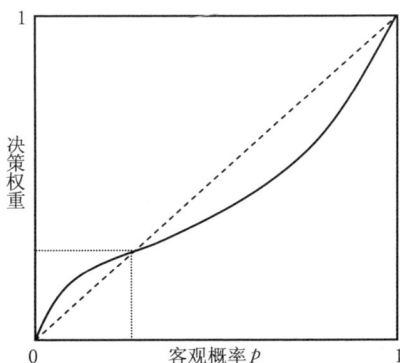

资料来源：Wilkinson(2008，chap.3)。

图 3.2 反 S 形排序依存的概率加权函数

些改造方法被斯塔莫(Starmer，2000)归结为传统理论。与此相对，当然也有非传统理论的改造，一种已经被广泛认同的改造即前景理论。

3.4.2 前景理论

前景理论最初由卡内曼和特韦尔斯基(Kahneman & Tversky，1979)提出，后又被两位作者在 1992 年的文章中予以拓展，重新定名为累积的前景理论。

前景理论将选择模拟为两个阶段：编辑阶段和评估阶段(Wilkinson，2008，chap.3)。编辑阶段是前景理论有别于其他期望效用理论的最显著的区别。在这一阶段，人们对信息进行编码、组合、分割、删除、化简、占优检测等各种处理。而且，这些处理未必是有意识的，依赖直觉进行推断是很常见的。

（1）编码。所谓编码，是人们将依据某一参考点而不是依据财富或福利的最后状况来定义收益或损失。

（2）组合。组合是将结果相同的概率汇总起来予以简化。比如一张彩票有 0.2 的概率获得状态 1 价值 100 元，0.3 的概率获得状态

2 价值 100 元,0.5 的概率获得状态 3 价值 200 元,我们记为(100,0.2;100,0.3;200,0.5),这通常被人们简化为(100,0.5;200,0.5),即有 0.5 的概率获得 100 元和 0.5 的概率获得 200 元。

(3) 分割。分割是将无风险成分从风险成分中剥离。比如一张以 0.3 的概率获得 100 元、以 0.7 的概率获得 150 元的彩票(100,0.3;150,0.7),就可分割为一个确定性收益 100 元和风险收益(50,0.7);同样,彩票(−100,0.7;−150,0.3)则可分割为一个确定性损失−100 元和风险损失(−50,0.3)。

(4) 删除。不同的前景共享某些部分时,这些部分将被人们删除或忽视。比如一个二阶段博弈,第一阶段结束时有 0.75 的概率导致整个博弈结束参与人得到赢利为 0,有 0.25 的概率博弈进入第二阶段。第二阶段参与人要么选择确定的赢利 3 000 元,要么选择风险赢利(4 000,0.8)。倘若参与人需要在博弈开始前做出第二阶段的选择决定,从整个博弈来讲,参与人面临的实际上是在(4 000,0.2)和(3 000,0.25)两个风险赢利之间进行选择,但实验却表明存在孤立效应(isolation effect),即人们忽略了结果被两个前景共享的第一阶段,而认为自己的选择存在于无风险收益 3 000 元和风险前景(4 000,0.8)之间。

(5) 化简。人们很可能出于简化和简便而寻求近似估计,而不是精确地估计。比如前景(99,0.51)很可能被编辑为(100,0.5)。对于非常不可能的结果,很可能被忽略,这相当于把一个很小的发生概率(0.000 1 之类)给取整为 0。

(6) 占优检测。某些前景会被认为比另一些前景要好,因为它们与其他前景有共同的元素,但在某些方面又比其他前景更有价值。比如,前景(100,0.5;50,0.5)显然比前景(99,0.5;50,0.5)更优,因为它们共享(50,0.5),在前者(100,0.5)显然比后者(99.0.5)要好。当然,有时占优检测会取决于前面的编辑过程,比如前景(100,0.49;150,0.3)和(99,0.51;150,0.4),如果每个前景的第一部分都被编辑为(100，0.5)，那么第二个前景就会优于第一个前景。孤立效应、化简等也常常被用于解释导致偏好矛盾的异象(尽管某些学者对此多有批评)。

　　编辑阶段结束之后，评估阶段就开始了。决策者必须评估每个编辑过的前景，并选择具有最高价值的前景。令未编辑的前景的每一种结果记为 x_i，对应的发生概率为 p_i，前景理论将根据两个尺度来确定前景的总价值：第一个尺度 v 分配给每个 x_i 一个主观价值 $v(x_i)$，第二个尺度 π 分配给每个 p_i 一个主观权重 $\pi(p_i)$。前景的总价值即：

$$V = \sum \pi(p_i) v(x_i) \tag{3.14}$$

　　对于两个前景 A 和 B，决策者选择前景 A 的条件是：

$$V(A) \geqslant V(B) \tag{3.15}$$

　　前景价值的第一个尺度 v 给出了参照点(reference point)、损失厌恶(loss-aversion)和递减的边际敏感性(diminishing marginal sensitivity)的解释。如前所述，前景先被编码，即人们选择合适的参照点，然后依次对参照点定义收益和损失。参照点便被确定为价值尺度的零点，v 度量的实际上是对参照点的偏离，即收益或损失。一旦收益或损失被定义，人们会给同等价值的收益和损失赋予不同的价值，换言之，$v(x)$ 和 $v(-x)$ 的价值并不一样。通俗地说，人们对意外得到 100 元的心理评价(幸福感)与意外损失 100 元的心理评价(痛苦)是不一样的，失掉 100 元的痛苦会远远超过得到 100 元的幸福。[①]实验表明，同等价值下失去的痛苦大约是得到的快乐的 2—3

---

　　①　想必这也是我们的生活感受。最近有一则令人悲愤的新闻：藤县一老人吴某因卖鸡收到百元疑是假币而猝死。"藤县公安局副局长黎江表示，假币的确是诱发老人死亡的因素，使用假币者诚信的缺失让人心痛。"损失 100 元足以让老人"气死"，倘若捐赠老人 100 元断不会让老人"乐死"，这可能也说明同等价值损失的痛苦的确远超过获得的快乐。新闻见 http://news.sohu.com/20121226/n361633021.shtml。

倍。这种心理机制也被称作"损失厌恶"。同时,前景理论中,无论收益或损失,其主观价值都随其规模增加而增大,但边际的主观价值变化却是随规模增加而减小的。通俗地说,损失 100 元会有一份痛苦,再损失 100 元会增加一份痛苦,但这增加的一份痛苦程度要比先前损失 100 元的痛苦要小一些;①类似地,得到 100 元会有一份快乐,再得到 100 元会新增一份快乐,但新增这份快乐的程度要比先前的 100元带来的快乐小一些。这就是所谓的边际效用递减法则。

前景理论中的主观价值函数 v,本质上是效用函数。基于 v 的上述特性,可以描绘出 $v(x)$ 的图形,如图 3.3 所示。

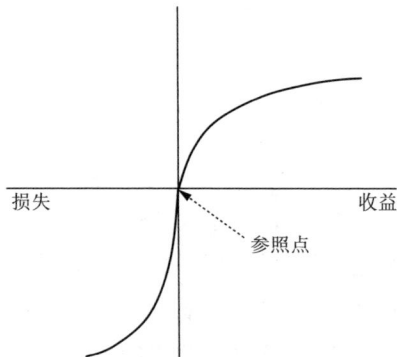

图 3.3　前景理论的效用函数

图 3.3 中,财富变化用 x 表示,财富的参照基准是 $x = x_0$,这一点的效用 $v(x_0) = 0$。 随着 $x > x_0$ 的财富增加,效用总量增加但边际效用递减;随着 $x < x_0$ 的财富减少,效用总量下降但边际损失的效用也在下降;损失的效用函数比收益的效用函数更陡峭一些,前者

①　文艺作品中也有类似的刻画,比如有一首歌就写道:"人生本来苦恼已多,再多一次又如何。"经历过重重厄运的人,对新的打击更能坦然面对;拥有诸多成就的人,不会为一点小成绩喜形于色。年轻人常常情感波动,老年人却能内敛于胸,想必也是人生阅历的边际递减效应所致。

基本上是后者的 2—3 倍,这是由于存在损失厌恶心理。当把 x 沿着一个方向从小到大变化,我们便可以说前景理论的效用函数实际上由一个凸函数(x_0 左边)和一个凹函数(x_0 右边)构成。即这个效用函数有如下性质:$v(x_0) = 0$;$v'(x) > 0$;$v''(x) > 0$,当 $x < x_0$;$v''(x) < 0$,当 $x > x_0$;$v(x_0 + \Delta x) \approx -\alpha \cdot v(x_0 - \Delta x)$,这里 $\Delta x > 0$,系数 α 大约为 2—3。

前景价值的第二尺度 π 给出了决策加权的解释。对客观概率如何赋予主观权重是一个谜一样的话题,也曾有各种加权函数被学者们提出来,卡内曼和特韦尔斯基自己在不同时期的文献中提出的加权函数也不尽相同,但得到学者们偏爱和经验证据支持的加权函数,则是本章图 3.2 所示的反 S 形函数,这个函数源于特韦尔斯基和卡内曼(Tversky & Kahneman,1992),但他们的文章中曲线两端是不连续的;后来普雷莱克(Prelec,1998)做了修订,主要的修订是使得两端变得连续,如图 3.2 所示;阿尔诺维希和达米(Al-Nowaihi & Dhami,2006)对普雷莱克的模型提供了一个公理性的依据。[1]

前景理论可以较好地解释观察到的效用"异象"。比如,在 0.8 的概率赢得 300 元和确定性收益 200 元之间,人们往往选择后者。这可用加权函数来解释,如图 3.2 所示的加权函数,人们容易对大概率(0.8)作出低估,而对确定性收益(概率 1)的评估却不变。这样人们就倾向于选择确定的结果。著名的阿莱斯悖论(参见 3.3.2 小节),同样可用权重函数对之进行分析。

不过,前景理论并未终结关于人类"效用"理论的研究,它更多的是掀开了这一领域研究的大幕。前景理论尚有诸多局限,并因而招致诸多批评。比如,我们多次提及"参照点",但前景理论并未说明是什么决定了参照点的位置;前景理论引入了人们的直觉推断决策,使

---

[1] 对概率的主观加权函数发展的介绍,可参见威尔金森(Wilkinson,2008,chap.3)。

得模型变得繁杂而丧失了简单性和易处理性,对于经济建模带来了更多麻烦;前景理论主要是基于行为实验的一个经验性的理论,一些对于实验本身的批评也并非全无道理。学者们对前景理论的更多批评,可参阅威尔金森(Wilkinson,2008,chap.3)。但这些批评都并非对前景理论的否定,而是试图建立更完善和规范的理论。

3.5 桑塔费学派的观点

3.5.1 各种观点的碰撞

尽管我们从本章一开始就将"理性"定义为偏好满足传递性和完备性,这也是主流经济学主张的观点,但无论是经济学领域之外的学者还是经济学家内部,对"理性"的定义都并未统一。

首先,在日常生活中,人们常常把自杀、忘记系安全带、伤害自己的爱人等行为视为"非理性的",心理学家鲍迈斯特(Baumeister,2001)则将这种行为称为"损己"。与此对应的,应该是"利己"。这种日常生活的"非理性"定义,虽然受到很多社会科学家的支持,但对经济学家来说却显得过于宽泛且失去准确。行为经济学家威尔金森(Wilkinson,2008,chap.9)主张,"理性"应该包括三个不同含义:利己行为、使用推理以及具备传递性的偏好。若按照这三个维度来界定理性,那么利己行为实际上在本书第 2 章得到了讨论,本章提及的偏好的完备性和传递性其实正好对应于使用推理(完备性是对所有方案皆能做出比较,实际上就是作出推理)和传递性偏好。

其次,究竟应基于行为还是基于结果来定义"理性"和"非理性",人们也有不同看法。新古典经济学和当代主流经济学主张经济学研究人们的理性行为,并在人们行为满足理性的前提下推导极端复杂的社会后果。但是,我们并不能把主流经济学及其新古典基础与理性等同起来。这符合实验经济学家、2002 年诺贝尔经济学奖得主 V.

史密斯(V.Smith)教授的观点。他认为,个体是有限理性的,不一定会按照标准经济学模型假定的规范行事,他们完全可以按自己的规范行事,即便如此,长期的市场均衡也可以达到。如果市场是有效的,实现了出清,那么表明个体就是理性的(Wilkinson,2008)。换言之,V.史密斯认为如果有限理性的个体实现的市场结果是有效的,那么这些个体就是理性的。

　　与 V.史密斯分享同一年度诺贝尔奖的心理学家卡内曼(Kahneman),与他刚好有些对立。卡内曼认为,有些看起来非理性的行为,在其他的"理性"定义下可以是理性的,但其行为结果却并不符合标准经济学模型的预测。他和特韦尔斯基的一系列研究,都揭示了人们的许多行为不符合新古典经济学标准假设,按照这些标准,人们的行为将是"非理性"的,然而实验研究中发现的系统性错误和偏差也许并不应该被简单地归结为"非理性",而应考虑调整"理性"的定义。

　　还有一种更为极端的观点,来自以路德维希·冯·米塞斯(Ludwig von Mises,1949)为代表的奥地利学派。这一派观点认为,所有的人类行为都应该被定义为"理性的"。人类行为具有目的性或意向性,如果我们不存在某种偏好,就不会有相应的行为;我们认为某些行为是不理性的,并非这些行为不理性,而是我们未能观察到诱导这些行为的偏好。如贝里奇(Berridge,2001)所说,"宣称某一行为是不理性的,只不过意味着我们对其他人拥有的偏好一无所知"。奥地利学派极端观点的问题,在于回避了决定偏好的重要因素。因此,它虽然是一个一致性的理论,但对于分析和理解问题作用不大(Wilkinson,2008,chap.9)。

　　与奥地利学派观点类似的还有一种来自演化学派的观点,认为演化必然导致出现能够形成真实信念并进行理性推理的生物体(Fodor,1975;Dennett,1987),更复杂的生态位更有利于理性的物种(黄有光,2010)。但这种观点可能错误地理解了自然选择在演化过程中的作用,大多数生物学家都赞同,自然选择没有目的性和意向性,并不保证理性生物甚至智慧生物能够在演化中胜出(Wilkinson,2008,chap.9)。

桑塔费学者鲍尔斯和金迪斯等则继承了上述各种观点的部分成分,形成自己看法。关于利己主义,他们认为要扩展利己主义的内涵,利己主义并不是说人们只关心自己的利益的自顾者(self-regarding),人们也具有会关心他人的福利的顾他(other-regarding)情感。顾他(other-regarding)与利己(self-interested)并不矛盾,因为一个顾他的个体若始终最大化自己的效用,就可以说他是利己的(Gintis,2009:46)。而他人福利的确应该进入顾他个体的效用函数,本书第2章的核心实际上就是在论述这一点。关于对"理性"的推理条件和一致偏好条件,他们与卡内曼类似,认为不能将不符合新古典经济学标准假设的人类行为视为"非理性",而应视为人类行为的"社会性"(Gintis,2009:249)。他们也主张应该从演化的视角来看待"理性",今天的非理性可能是演化历史的产物,但他们更重视询问这些演化而来的"非理性"如何具有演化理性:它们何以存在,对于社会有什么重要的作用。换言之,如果按照奥地利学派的观点,个体行为一定反映其偏好,那么我们要追问这种偏好是怎么来的。桑塔费学者主张从演化历史中寻找答案,所有的偏好、情感、心理机制,都应该是人类自然历史和社会历史演化的产物,是基因—文化共同演化的产物。我们的偏好不是一成不变的,是会随着决策的背景变化而变化的。在漫长的历史中,我们人类演化出了情景依存的偏好。这种情景依存的偏好,将会把"非理性行为"这一概念排除在经济学之外。因此,我们确实看到桑塔费学者其实没有反对史密斯、卡内曼乃至米塞斯等人的基本观点,恰恰是将他们看似分裂的观点整合在一个框架之中。这大概也是鲍尔斯(Bowles,2004)明确表示亚当·斯密、阿罗、R.科斯(R.Coase)、哈耶克、卡内曼、V.史密斯等人深刻影响了桑塔费这一流派经济学研究的原因吧。

3.5.2　情景依存的偏好

新古典范式的主流经济学,坚持人们具有稳定偏好的假设,也完全不考虑偏好的情景特征。这大概是"非理性"一词得以流行的原因:一切不符合新古典理性假设的行为,都被称为非理性行为。前景理论所持有的损失厌恶、禀赋效应、现状偏差等行为假设,在新古典范式经济学中都被视作非理性行为。

桑塔费经济学家主张偏好是情景依存的。所谓情景依存偏好,鲍尔斯(Bowles,2004:103—104)是这样定义的:令 ω_i 是表示状态 i 的向量,它是所有可能状态集合 Ω 中的一个元素,$u_i(\omega_j)$ 是状态 $\omega_j \in \Omega$ 对于一个正在经历状态 ω_i 的个体的效用。如果存在一定的 i 和 k 使得 $u_i(\omega)$ 和 $u_k(\omega)$ 不同,即该个体经历不同状态时对各种状态的 ω 的评价是不同的,那么该个体的偏好就是情景依存的。情景依存性(situation dependence)本质上是状态依存性(state dependence),鲍尔斯使用情景依存性这一术语,是为了体现心理学中关于情景行为影响重要性的大量文献的认识(Bowles,2004:104)。

用生活中的例子可以轻松地讲清楚偏好的情景依存性质。一个典型而有些极端的例子是,我们在人前和人后的表现很可能是不一样的。比如,人们不会在大庭广众之下盗窃,尽管盗窃收益可能很高;而无人在场的时候,对一些价值不高的物品,人们也可能顺手牵羊(可能很多时候是出于无意识的)。当然,读者可能会对这一例子提出主流经济学式的反对:大庭广众之下会被发现,人们要计算盗窃被抓获的概率行事。这种批评当然有道理,但实验发现,即使人们不会被抓获,情景的变化也会影响人们的盗窃行为。比如,英国一大学的茶水间设有"诚实盒",员工将茶或咖啡的建议价格贴到墙上,每次享用自觉将相应的费用投入诚实盒。接下来的 10 周里,研究者在价格表上方分别隔周贴上"眼睛"和"鲜花"的图片,结果发现,眼睛周"诚实盒"的钱明显高于鲜花周,前者平均为后者的三倍。在这个实验中,不诚实(相当于"盗窃")是不会被抓获的,但"眼睛"和"鲜花"的情景设定改变了人们的行为。如果行为揭示了偏好,那这就说明人们的偏好的确是情景依存的。另一个有趣的实验是,同样内容的申报问卷分作两种签名情形,一种是填完表格再在尾部签名,另一种是在表格顶部签名再填表。结果,研究人员发现底部签名条件下参与者谎报的信息是顶部签名条件下参与者谎报信息的 4 倍。研究人员的解释是,底部签名仅代表信息确认,而顶部签名相当于"道德提示"。①但无论如何,签名的情景影响了人们的行为。

前景理论中我们多次提到参照点,参照点的存在和变化本身就是情景依存偏好的一种证明。不同的参照点,等于设定了不同的决策情景。参照点究竟是如何选择的呢? 前景理论中并没有讲。如果按照前面对情景依存偏好的定义,那么参照点应当是"人们正在经历的状态"(即现状),因为对 ω 状态序列的评价,正是在个体经历的状态 ω_i 下进行的。人们根据对现状的背离来确定收益和损失,损失厌恶、禀赋效应,都应是一类更为广泛的情景依存效应——现状偏差(status quo bias)——的两个例子(Bowles,2004:104)。

毫无疑问,现状会有时间维度。经历了损失的个体,虽然痛苦,但在足够长的时间之后,痛苦的经历最终成为常态,预见到这种痛苦在将来并无法摆脱而产生"认命"或"知足"的心理;经历了快乐的个体,预见到这种快乐是长期的,便会产生新的更美好的期待。这种心理变化,导致新的现状参照点的形成。在心理上,这是由于存在一种叫常规化的心理机制,我们的情绪状态可能迅速恢复,我们对消极状态的记忆通常比想象的要短,也能够从消极或积极的事件中迅速恢复(Wilkinson,2008)。生物和人的实验研究证实了现状参照点可以发生改变。比如,人们得不到一件东西越久(比如食物),对其评价就

① 见艾瑞里(2012)。对不诚实行为的研究,杜克大学心理和行为经济学教授艾瑞里(2012)的通俗之作《不诚实的城市真相》有很多有趣的实验介绍。

越高;在莫扎特音乐中被抚养的老鼠喜欢莫扎特音乐甚于勋伯格音乐;获得赠送杯子的学生立即不愿以市场价格转让杯子(禀赋效应突然产生)。

现状有时间维度意味着,所谓损失厌恶、禀赋效应,都更适合解释较短时期的行为,因为长期中偏好是内生的。这应该是符合现实的,股票回报之谜就是一个例子。美国的股票回报远高于债券回报,这在经济学中是一个著名的谜团。一种解释是投资者风险厌恶,但要使得风险厌恶可以解释股票回报之谜,投资者的风险厌恶必须达到很高的程度,但事实上大多数投资者是很富有的,没有那么高的风险厌恶;另一种更令人信服的解释是,投资者并非厌恶风险本身,而是对损失的前景反应强烈(损失厌恶),毕竟一年中股票回报为负的时候要比债券回报为负的时候多得多。但是,倘若放宽投资者的视界,比如他关注的是五年的投资期限,他将很少遇到回报为负的情况,这意味着,基于损失厌恶的解释必须附加一个较短的期限,在长期中人们不断根据情形的变化将新的情景视为现状。

现状参照点的改变和偏好长期内生,也可用于分析 3.2 节的时间不一致性问题。我们在 3.2.3 小节指出,若将时间 t 作为影响效应的变量加入个体的效用函数中,时间不一致问题就可迎刃而解。为什么应当加入时间 t 这一因素呢?一个符合直觉的很显然的理由是:在较长的时间跨度中,我们对多等待一段时间的评价的确是不一样的。比如,我宁愿接受今天的 10 美元而不接受一周后的 11 美元,这是因为我现在急于将确定的现金握在手中。但对于 1 年后的 10 美元和 1 年又一周后的 11 美元,对于我来说都太遥远了,这个选择对我没有太多的意义;又或者,我觉得已经都等了 1 年了,再等几天又有何妨? 我只关心当下能拿到手的现金,对于一年之后的事不太关心——直到到了明年的那一刻,我有了新的现状参照点,我的偏好改变了。

接下来需要继续探讨的问题是,人类何以会有情景依存的偏好?

这一问题的回答可能要回到"演化"中去寻找。我们当然无法从情景依存偏好本身去理解偏好的适存性，因为情景依存偏好本身就强调了偏好的动态调整。但情景依存偏好的表现形式，如参照点、损失厌恶、禀赋效应等，是可以探索其演化心理基础的，下面就是初步的探索。

参照点的概念，涉及生物学的自身稳态（homeostasis）和协同稳态（allostasis）机制（Wilkinson，2008）。这两个机制是进化适应性的。自身稳态说的是这样一个原理，即生物体中的各种系统会形成一个最佳的稳定点，而且相对着一定的偏离将会引发使其回归到稳定点的负反馈过程。一个典型的例子是生物体的体温，当体温过高或过低，生物体的系统就会发挥作用试图恢复到正常的体温水平。血糖水平、电解质平衡等也是这样的例子。协同稳态说的则是，某个变量可以随环境变化而调整，但仍是在正常的状态中，比如心跳、血压、荷尔蒙水平就是这样的变量，它们不像体温那样恒定，而是可以有较大的正常变动范围。在运动中，为了达到最佳运动状态，心跳会加速、血压会升高。也有研究表明，"幸福感"也是这样的协同稳态变量。参照点现象，大概与人的这些生理和心理特征有紧密联系。

在现实中，人们曾做过这样的实验：让一个人将一只手放在热水桶中，另一只手放在冰水桶中，一段时间之后，再抽出双手将两只手放于同一桶温水中，这时实验对象会感觉到一只手有冰的感觉而另一只手有热的感觉。实际上现在两只手面临的外部温度是一样的，理应有相同的感受，而且我们知道这是个事实，但是我们的大脑却为两只手选择了不同的参照点，以至于两只手有完全不同的感受。这是参照点现象的身体或生物实例。

损失厌恶和禀赋效应，也应该是演化而来的心理机制。生活环境特别是远古人群的生活环境，充满凶险、不确定性，得到更多的收益固然有利于生存和繁衍，然而这主要是一种锦上添花式的生存质量提高；遭受与收益等价的损失，人们牺牲的代价与收益带来的好处其实是并不对称的。收益让人生存得更好,而亏损却可能让人彻底出局。譬如沙漠中行走,少一壶水可能让人面临灭顶之灾,而多一壶水不过是让人可以更舒服一些而已。这种损失代价和得益好处的非对称性,有可能就是损失厌恶和禀赋效应得益心理机制得益形成的演化基础。

3.5.3　再看 BPC 模型

BPC 模型起源于 18 世纪边沁(Jeremy Bentham)和贝加利亚(Cesare Beccria)等人的研究。在经济学中,常常用"理性行动者模型"这一术语,但金迪斯(Gintis, 2009)认为,"信念、偏好、约束(BPC)模型"的提法更有价值,因为"这样可以避免附着在'理性的'这一术语上常见的误导含义"(p.234)。

在 3.1.3 小节我们已经提及学术界对于 BPC 模型的批评。其中最流行的批评,也许来自赫伯特·西蒙(Herbert Simon, 1982)。他认为,进行信息处理的代价是很昂贵的,并且人类只有有限的信息处理能力,个人追求满意的利益而非最大化的利益。由此一个隐含的观点是,我们应当抛弃 BPC 模型。正如数理心理学家克朗兹(Krantz, 1991)断言:"个人应当最大化某种数量这一规范性假设可能是错的……人们的确应该是问题的解决者,而不是最大化者。"同时,经济和社会生活中的一些异象,比如本章 3.2 和 3.3 节中的内容,以及毒品上瘾等"非理性"行为,这些怪现象甚至导致了某些学者立马放弃 BPC 模型。

然而桑塔费学派的金迪斯和鲍尔斯等人主张,BPC 模型不应放弃。行为经济学的研究不是要挑战主流经济学的 BPC 模型,而是改造和完善 BPC 模型。在金迪斯(Gintis, 2009)看来,BPC 模型仅要求偏好的一致性,而这个偏好的一致性可谓得到了基本的演化理由的支持。尽管有好些针对偏好一致性的强烈批判,但那些批判意见只在非常狭小的范围内成立。偏好一致性无需预设人们有无限的信息处理能力和完美的知识，即便有限理性也与 BPC 是相符的——的确，可以证明，每一个有限理性个体，均是受恰当的与自然状态有关的贝叶斯信念约束的完全理性个体（Zambrano，2005）。正如在本章前面几节所看到的，许多偏好不一致行为和风险选择行为中的"异象"，只要加入情景因素便可得到合理的解释。这意味着我们所发现的"异象"，并非真的异象，而是我们误设决策者偏好函数的概念之失——除非，决策者个人不清楚自己的偏好。假定个人清楚其偏好，再附加上与选择空间关系重大的个人现状信息，就可以消除偏好的不一致性；更重要的是，这种附加是完全合理的，因为我们必须将决策者现状信息包括进来，否则偏好函数便没有任何意义。当我们饥饿、恐慌、困乏或者性饥渴之时，我们的偏好顺序便会相应地调整。想找到一个不依存于我们当前财富、当前时间或当前策略环境的效用函数，这种想法既不合理也不切实际（Gintis，2009：2）。

即便毒品上瘾等所谓"非理性"行为，仍然可以从 BPC 模型得到强有力的解释。贝克尔和墨菲（Becker & Murphy，1988）的"理性上瘾"模型运用了 BPC 框架，尽管模型确实有一些缺点，但理性行动者的运用却不是缺点（Gintis，2009：238）。经验研究支持了这一点：非法毒品常常会对市场做出反应。尽管禁毒和严惩并非摧毁吸毒的需求，但吸毒者会表现出承诺和自我控制行为，这在理性行动者模型中可以得到解释（Gruber & Köszegi，2001）。

考虑偏好的情景特征是理解理性行为的重要钥匙。利用 BPC 模型进行经济理论建模，需要考虑行为的情景特征，而几乎不考虑情景因素的主流经济学恰好忽略了这一点。在第 2 章我们花了很多时间来讨论社会偏好，其实社会偏好就是情景依存的。或者说，是社会为人们的偏好设定了许多不同的框架。因而，考虑社会背景和社会偏好，是利用 BPC 模型分析真实世界人类行为的一个关键方面。

首先，在面临陌生环境的时候，人们总是会进行启发式推断，寻找生活中相似的情景，然后选择自己认为恰当的行为。比如琼·恩斯明格(Jean Ensminger)给肯尼亚牧民奥玛人(Orma)做了一个公共品实验。在奥玛人的生活中,当他们需要某种公共品(比如建设一所新的小学或修缮一条道路)时,会要求社群成员为该项目进行捐赠,捐赠额随家庭的财富(牛的头数)增加而增加。这种自愿供给公共品的体系被称为"Harambee"[①]。当恩斯明格向他们解释公共品博弈时,奥玛人立即称实验的博弈为 Harambee 博弈,而他们在实验中的表现,可以由他们在现实世界中的财富很好地加以预测;但是,当实验改为最后通牒博弈,奥玛人就不会将其类比为 Harambee,并且他们在现实世界中的财富不能预测其在实验中的表现。

其次,情景引致的信念不同,可以导致完全不同的结果。如果一个情景引致某个互惠者对其他人的信念都是利他者,这个互惠者就会表现出慷慨,结果可能通向群体中较高的慷慨水平;反之,同样的个人却可能在另一个情境中采取给双方带来有代价的恶意惩罚(Bowles,2004:122)。我们也不妨考虑这样两个人的交往:甲是自利者,乙是互惠者,并且他们彼此都知道对方的类型。然后,让他们进行合作或背叛的博弈。如果甲先行动,他知道乙作为互惠者会以其人还治其人之身,因而尽管他是一个极度自私的人,但是他会选择合作以避免乙的背叛,结果合作成为可以持续的结果。但是把程序反过来,如果乙先行动,由于他知道甲嫉妒自私会在自己选择合作后背叛自己,所以他一开始就会选择背叛甲,结果就是共同背叛。

上述的例子也说明,微小的制度差异,可以产生出天渊之别的结果差异。这大概也是"institution matters"(制度至关重要)的另一诠释吧。在不考虑情景差别的主流经济学中,自利的甲与互惠的乙之间,交往程序先后变化是无关紧要的,规范、文化等社会背景是不重要的。但这些又确实是真正重要的。

最后简要总结一下本章的内容。行为和实验经济学发现了诸多

[①]　Harambee 的意思是"齐心协力"。

的偏好不一致性和行为非理性的"异象",但是桑塔费经济学家并不认为那些"异象"是真的异象——在忽视偏好的情景特征的主流经济学中,它们确实是反常的,但是一旦考虑偏好的情景特征,一旦引入决策的不同时点作为效用函数的一个自变量,引入参照点,引入损失厌恶、禀赋效应等概念,这些"异象"都可以得到合理的解释。而且,这些"异象"的存在往往与人类演化而来的心理机制联系在一起。这些"异象"并非要我们抛弃理性行动者模型,即 BPC 模型,而是应当将偏好的情景依存性和进化心理机制纳入来对 BPC 模型进行修正和改造。这种修正和改造不仅有利于更好地解释真实世界,也有利于为设计更有效率的制度提供洞见和启发。

第4章 合作何以可能

2001年4月,中国电视厂商之间再次爆发价格战。那年4月,长虹突然宣布彩电降价,震动整个彩电产业。随即,康佳老总陈伟荣、TCL老总李东生、创维老总黄宏生达成默契:建立彩电联盟。直到4月20日下午,康佳仍表示不降价,但当晚陈伟荣突然改变主意,搞得李、黄措手不及。4月24日,本来三方准备坐下来商讨降价后的进一步策略,结果又是陈伟荣爽约。价格战最终未能避免。这一年,中国彩电行业在屡屡爆发的价格战中,首次进入行业的全面亏损。

彩电厂商价格战是合作失败的例子。许许多多合作失败的例子,比如国家之间谈判破裂而爆发战争、为争夺遗产而兄弟反目、过度滥用公共资源、为利益出卖朋友、小企业难以得到贷款……说明合作是困难的。当然,我们人类并不为此感到悲观,因为在许多领域,我们有着非常成功的合作,比如我们的衣食供给常常来自那些我们从未谋面、素不相知甚至说着不同语言的人,我们几乎不担心购买一瓶矿泉水时付了钱却被卖家诬赖说没有付钱而拒绝给货,我们常常得到陌生人的帮助并且也帮助陌生人……那些合作失败的例子对于人类这个合作的物种是一种警示:合作并不总是能达成的。因此,我们确实需要探究合作为什么失败、为什么成功。

特别地,在近代的社会科学中,自顾主体假设和个体主义方法论的流行,使得人类社会的合作成为了一个令人困惑的问题。因为,对于自私自利的个体,如果他人选择合作,而自己选择背叛,则自己就可以获得背叛的好处,换言之,在群体中自私自利的个体,比之合作的个体会更具竞争优势或有更高的适存性(fitness)。既然如此,合作行为为什么能够涌现并扩散?这个问题是如此重要,以至于"合作何以可能"几乎成了近代社会科学的中心问题。

本章将回顾从生物学到经济学关于合作现象的解释。①这些解释都遵循自顾主体假设和个体主义方法论。但是我们会发现，所有的理论都存在着一些重要的缺陷。针对这些缺陷，桑塔费学派经济学家提出，必须放弃自顾主体假设和个人主义方法论，必须将人类的合作行为置放于行为主体具有顾他偏好和"个体—群体"多层次协同演化的框架下，才能对合作何以可能提供更为有力的解释。

4.1　生物学的洞见

4.1.1　群体选择理论

在早期，人们把合作视为利他主义和美德的结果，因而对自私个体之间的合作的解释需要寻求超越自私的美德。比如经济学家亚当·斯密对合作的解释，便是寻求于"同情心"这一术语。在生物学界也一样，对于动物合作行为的解释，在早期也归结为经由群体选择的动物利他主义。当然，这一理论在后来遭受了生物学家严重的抨击。

从进化论视角看，动物之间的利他合作是一个谜团。因为按照自然选择理论，动物都将以增进自己生存和繁衍几率为行为原则，没有利他主义行为存在的空间。但人们发现，利他合作在动物王国中，特别是具有复杂社会结构的种群中较为普遍，如共享血液的吸血蝙

---

① 　近年来利他与合作也是国内学者关注较多的议题。比如杨春学（2001）从作为效用函数中的一种"偏好"和作为"合作行为"两个思路模型化利他主义，从生物遗传与文化继承和社会互动行为的互动中分析了利他主义的生存机制，并探讨了利他主义与效率问题；叶航等（2005）则在演化稳定策略（ESS）基础上提出了一个演化均衡模型，进一步解释了利他行为的进化优势以及合作剩余导致利他偏好内生化。黄少安（2008a）从直接效用和间接效用两个方面综合评述了利他主义研究的发展过程；黄少安等（2008b）从基本方法论、思维原理和技术方法三个层次对利他行为经济学研究的方法论进行了探讨。但这些文献对于被视为是经济学中奠定合作理论基石的无名氏定理介绍较少，也未深入讨论其缺陷。桑塔费学派关于合作经济学的观点，很大程度上是在对无名氏定理的批判中形成的。因此本章的研究很大程度上与国内现有文献将是互补的。

蝠,以及在危险来临时不惜暴露自己而发出警报的非洲小猴。在社会化的昆虫种群(蚁群、蜂群)中,利他行为的研究则更为深入。

如何解释这些普遍存在的利他现象呢?达尔文首先提出了后来被称为群体选择理论的基本思想。他认为:"道德水准较高,多数人奉行道德规范的部落,绝对比其他部落更为有利。无疑,一个部落若有许多热爱群体、忠于群体、服从群体,既勇敢又体恤他人,随时准备互相支援并为共同利益自我牺牲的人,必能战胜其他大多数部落。这便是天择。"(Darwin, 1871)根据这一思想,爱德华兹最早提出了群体选择理论,并得到了洛伦茨、埃利森、威尔逊等生物学家的支持。

群体选择理论主张,遗传进化不但可以在生物个体层次上发生,也可以在生物种群层次上实现,当生物个体的利他行为有利于种群利益时,这种行为特征就可能随种群利益的最大化而得以保存和进化(Wilson, 1975)。按照这种思想推论,当面临巨大灾变或是种群之间的生存竞争时,一个存在着较多利他主义者的生物群体与一个完全由利己者构成的生物群体相比,具有更大的生存适应性。因此,利他行为可以随着群体的胜利而成功演化。

但是,群体理论自诞生以来就一直不断承受着质疑和诟病。后达尔文主义(neo-Darwinism)的建立者 R. A. 费雪(R. A. Fisher)、J. B. S. 霍尔丹(J. B. S. Haldane)和 S. 赖特(S. Wright)认为,群体选择原则虽然可以解释利他主义的演化,但这种演化机制可能没那么重要。20 世纪中期许多生态学家和一些行为科学家,特别是康拉德·洛伦茨(Konrad Lorenz),常常假设自然选择将产生有利于整个群体的结果,却忽视了个体选择水平不一定能保证利他主义者在群体中占多数这样的情形出现。这种不严谨的"群体收益"的说法在 60 年代遭到了以威廉姆斯为首的生物学家的挑战。他在《适应与自然选择》一书中声称,自然选择只能作用于生物个体,这是对达尔文进化思想的捍卫。其原因在于,群体选择作为对利他主义的一种解释,最大的缺陷是道金斯(Dawkins, 1976)所提出的"内部颠覆"问题。道金斯认为利他行为不是一个"演化稳定策略"（evolutionarily stable strategy，ESS）。即便一开始存在一个没有自私者的利他主义群体，我们也很难阻止自私个体的侵入。只要产生一个自私者也会使这种利他模式崩溃。因为自私者比利他者的适应性更高，即使在很短的代际遗传中，利他者也将会被淘汰。也就是说，群体选择理论存在着这样一个致命弱点：它无法解释能够给群体带来利益但却导致个体适应性降低的利他行为，怎样才能在严酷的生存竞争中对利己行为保持相对的遗传优势，从而使自己得到进化（叶航、汪丁丁、罗卫东，2005）。

在威廉姆斯、道金斯等人的带领下，生物学界内部展开了一场对群体选择理论的清算，并逐步使个体选择理论占据了主流地位。群体选择理论骤然衰落，自此以后个体选择方法论主宰了整个理论领域，直到最近十余年群体选择理论才又以另外的方式隐约有复兴之势。

4.1.2　亲缘选择理论

亲缘选择理论是生态学家汉密尔顿（Hamilton，1964）提出的一种解释动物利他合作行为的理论，他放弃了群体选择理论，而坚定地站在了个体选择的立场。该理论认为，自然选择不仅在个体层面发生作用，也在个体的基因层面发生作用，突变出某种利他基因的个体固然会因利他行为而受损，但倘若其利他行为的受益者是其亲属，则受益者体内含有同一利他基因的可能性就比一个非亲缘个体要大。只要利他基因个体的损失小于受益亲属的得益，则该利他行为基因在基因库中的频率就会有所增加。

更一般地，汉密尔顿（Hamilton，1964）指出：假设个体利他行为的代价为 C，而受益亲属得到的好处为 B，两者之间的亲缘系数为 r，那么支配利他行为的基因在种群基因库的频率得以增加的条件是：

$$\frac{B}{C} > \frac{1}{r} \tag{4.1}$$

或:

$$rB - C > 0 \tag{4.2}$$

上述公式即著名的"汉密尔顿法则"。[①]该法则的直观意义可用极端的例子来揭示:假若某个体以其自我牺牲来换取其亲属的存活,利他基因库一方面因个体的死亡而遭受损失,但另一方面也因个体亲属的存活而得以保存,倘若利他个体的死亡换来的是两个以上的兄弟姐妹($r = 0.5$)的存活,或者 4 个以上侄子侄女($r = 0.25$)的存活,或者 8 个以上表(堂)兄弟姐妹($r = 0.125$)的存活,那么利他基因库将会得到壮大,因为受益亲属保存的基因数量超过了个体死亡损失的基因数量。

显然,表示关系远近的亲缘系数 r 是决定利他合作的关键因素。那么 r 是如何决定的? 在双性繁殖中,某一特定基因将有 0.5 的概率传递给下一代,则该特定基因传递给第 L 代的概率就是 $(0.5)^L$。由于个体之间可能存在两条或多条世代联系的传递通道,故将各个 $(0.5)^L$ 累加起来就可得到 $r = \sum (0.5)^L$。[②]

关于动物行为的诸多研究证据,支持了亲缘选择理论。比如,封

---

① 在生物学中,适存性(fitness)是衡量生物行为得失的唯一重要的标准。适存性通常是以繁殖后代的数目来度量的。因此,汉密尔顿法则也常常被表达为 $B/C > r_A/r_S$。其中,r_A 是利他个体及其后代的平均亲缘系数,r_S 是利他个体与受益者的平均亲缘系数。譬如,个体与自己的后代(子女)亲缘系数是 0.5,与母亲的后代(兄弟姐妹)亲缘系数也是 0.5,于是 $B/C = 1$,即个体对于自己繁殖后代和帮助母亲繁殖后代是置于同样重要位置的。但个体面对的若是考虑自己繁殖后代还是帮助姐妹繁殖后代时,$B/C = 0.5/0.25 = 2$,此时只有个体损失一个后代可以让姐妹至少增加两个后代时,利他行为基因才能得到传播。

② 据此公式可计算不同个体之间亲缘系数。如:亲子之间,$r = 1(0.5)^1 = 0.5$;爷孙之间,$r = 1(0.5)^2 = 0.25$;同父母兄弟姐妹(全同胞)之间,$r = 2(0.5)^2 = 0.5$;异父或异母兄弟姐妹(半同胞)之间,$r = 1(0.5)^2 = 0.25$;表兄弟姐妹之间,$r = 2(0.5)^4 = 0.25$。

闭的猕猴(Macaca mulatta)群中,个体在战斗中的互助程度与亲缘
关系疏近正相关;雄性猕猴成长到一定年龄迁出出生群时,通常会
加入有其亲兄弟的新猴群,并且在新猴群中会与自己的兄弟团结
战斗。对于狮群、鸟类、鱼类、社会性昆虫(如蜜蜂)的大量研究也
支持了亲缘选择理论,这些有趣的例子可参见许多行为生态学教
材(Krebs & Davies,1997;尚玉昌,2001,第9章;Westneat & Fox,
2010,chap.18)。

　　亲缘选择理论发挥作用的一个前提是,动物能够识别自己的亲
属以及亲属与自己的亲缘关系远近。动物学研究已经提供了足够的
证据,表明动物的确能够识别自己的亲属,甚至辨识远亲与近亲(尚
玉昌,2001:319)。

　　在亲属识别的理论上,汉密尔顿(Hamilton,1964)曾在基因层
面提出,可能存在"识别等位基因"(recognition alleles)。这与道金斯
提出的"绿胡子效应"类似:如果某个基因使其携带者长着绿胡子,它
又使得该个体对其他长着绿胡子的个体表现出利他行为,那么自然
选择就会使得这个基因在种群中得到传播(Dawkins,1976,1998)。
按照这种理论,亲属之间的识别乃是依赖于一种遗传机制。不过,绿
胡子假说虽然有趣,却一直难以得到证实。[①]当代生物学中,较为广
泛接受的亲属识别机制主要有两种:一是基于地盘的简单法则,比如
把凡是自己家(窝、巢)里的个体都视为亲属;二是基于学习来识别亲
属,比如印记学习、共同生活经历,或者表型匹配(phenotype matc-
hing),都是动物识别亲属的学习机制。

　　亲缘选择理论在解释动物利他合作行为方面取得了一定的成
功,但其局限性也是显而易见的。按照这一理论,非亲属之间的利他
合作是难以发生和发展的,但真实世界并非如此。即使在动物世界,

---

　　① 　当然,科学家们正在试图朝证实的方向迈进。《南方周末》2003年3月20日曾报
道,美国莱斯大学和意大利都灵大学的研究人员联合在《科学》杂志上发表论文,宣布从网
柄菌中发现了绿胡子基因。由于仅为新闻报道,本书未作引证。

非亲属之间的合作也是甚为常见的。因此,有必要发展新的理论来解释动物世界的非亲缘合作行为。其中一种影响广泛的理论是对等合作理论。

4.1.3　对等合作理论(互惠利他理论)

即便在动物社会,合作也并非局限于亲缘个体之间。比如,几只没有亲缘关系的雄狮可以合作控制一个狮群(Packer & Pusey,1982)。帕克(Packer,1977)对狒狒的研究发现,在狒狒求偶中,也会向非亲缘同伴寻求支持,并在将来支持同伴作为回报。威尔金森(Wilkinson,1984)对吸血蝙蝠的研究,也发现它们之间存在着互惠合作:吸血蝙蝠种群中有些个体在夜间未能觅得食物,因此白天这些个体只得向其他饱食的个体乞讨一些食物血液,而那些在昨晚饱餐的个体会反吐一些食物给饥饿的伙伴。

针对这些非亲缘合作行为,生物学家提出对等合作(或互惠利他)理论来予以解释(Trivers,1971)。该理论的核心是,行为主体存在着长期的交往,因此可以通过短期的利益"牺牲"来获得长期的好处。即:今天我帮助你,明天你帮助我,这样我们将可以得到更大的合作收益。

对等合作面临的问题是显而易见的:倘若我今天帮助你,你明天却不帮助我,或者明天我再也遇不到你,那你就白白地占了我的便宜,获得了好处,但我却没得到好处。这一问题牵出了对等合作的必须满足的条件:希望展开合作的双方,必须有再次见面的稳定预期,而且相信对手不会欺骗自己(占了便宜就跑掉)。[1]其实,达成对等合作的必要条件并不局限于这两点,另一个重要条件是合作者付出的代价不会太大。基于博弈理论的分析可以深化我们对前述问题和条

---

[1]　比如,威尔金森发现,吸血蝙蝠并不会"盲目地"帮助任何饥饿的个体,它们只帮助亲缘个体或没有亲缘关系但经常同栖一处的伙伴。换言之,它们帮助的对象一定是自己的"熟人"。

件的理解。

研究者用"囚徒困境"博弈来研究相互回报的合作的进化过程。设两个行为主体 A 和 B,每人有"合作"和"欺骗"两个备选行动,博弈的赢利(payoff)矩阵如图 4.1 所示。

	合作	欺骗
合作	R, R	S, T
欺骗	T, S	P, P

图 4.1　囚徒困境博弈

图 4.1 中,$T > R > P > S$ 且 $R > (S + T)/2$ 且 $P < (S + T)/2$,这意味着对两人来说最大赢利的组合是(R, R),最小赢利的组合是(P, P)。这个博弈的纳什均衡将是双方都选择欺骗,均衡时赢利组合为(P, P)。如果两个行为主体只相遇一次,即便考虑进化动态,也只有欺骗行为是演化稳定的,这意味着将永远没有人选择合作。

如何走出欺骗的囚徒困境?如果两个行为主体的关系是长期的,他们的博弈(交往)不止一次,而是会长期重复,那么他们的策略空间就可以得到扩展,这也许会催生合作。的确如此!埃克斯罗德和汉密尔顿(Axerold & Hamilton, 1981)以及埃克斯罗德(Axerold,1984)曾两次进行计算机实验,向各界研究者征集可用的策略,让这些策略相互博弈,看谁能胜出,结果表明,"以牙还牙"策略可以战胜其他的策略存活下来并成为支配性的策略。所谓"以牙还牙"策略,就是我首先选择合作,然后各期选择就以你的上期选择为条件:你若在上期选择合作,则我在本期选择合作,你若在上期选择欺骗,则我在本期也选择欺骗。

要证明"以牙还牙"策略如何可以战胜其他所有策略是困难的,但我们可关注它在演化动态中是否会受到其他典型策略的入侵。首

先值得考虑的入侵策略是"始终欺骗"。两个"以牙还牙"策略的个体,各方的赢利均为:

$$PV_{\text{以牙还牙}} = R + \delta dR + \delta^2 d^2 R + \cdots + \delta^t d^t R + \cdots \quad (4.3)$$

若"始终欺骗"策略入侵,则该策略使用者面临对方的"以牙还牙"策略能获得的赢利将是:

$$PV_{\text{始终欺骗}} = T + \delta dP + \delta^2 d^2 P + \cdots + \delta^t d^t P + \cdots \quad (4.4)$$

上两式中,$\delta \in [0,1]$ 是两人下期重逢交手的概率(设每期重逢概率一样);$d \in [0,1]$ 是贴现因子,可以衡量单位赢利的时间价值,或者表征行为主体的"耐心"等个性心理(d 越小越没有耐心,$d = 0$ 意味着完全不顾将来)。"以牙还牙"要战胜"始终欺骗"入侵的条件是式(4.3)不小于式(4.4),即:

$$(R - T) + \delta d(R - P) + \delta^2 d^2(R - P)$$
$$+ \cdots + \delta^t d^t(R - P) + \cdots \geqslant 0 \quad (4.5)$$

利用无穷递缩等比数列求和公式重写式(4.5)并化简和移项,有:

$$\frac{\delta d}{1 - \delta d} \geqslant \frac{T - R}{R - P} \quad (4.6)$$

不等式(4.6)右边是欺骗的额外赢利 $(T - R)$ 与欺骗的额外损失 $(R - P)$ 之比,防止"始终欺骗"成功入侵的条件是要求这个比值比较低,低于不等式(4.6)左边。$\delta d \in [0,1]$ 刻画了未来见面的概率和贴现因子之综合考虑,显然,δd 越大,则不等式(4.6)将越容易得到满足,这即是说:若行为主体重复见面概率越高,或他越看重未来收益,"始终欺骗"策略就越不可能成功入侵"以牙还牙"策略。这个结论,很符合我们日常生活中直观感受。

其次一个值得考虑的入侵策略是轮流采取欺骗和合作的策略,即"欺骗—合作—欺骗—合作⋯⋯"。这一策略遭遇"以牙还牙"时的赢利现值是：

$$PV_{欺骗/合作} = T + \delta dS + \delta^2 d^2 T + \delta^3 d^3 S + \cdots \qquad (4.7)$$

这里，"欺骗/合作"策略首先欺骗成功，但随后自己合作时遭到对方惩罚，随后对方合作自己又欺骗成功，因此赢利 T 和 S 交替出现。防止"欺骗/合作"策略入侵的条件是式（4.3）不小于式（4.7），省略中间运算环节，这一条件可写为：

$$\delta d \geqslant \frac{T-R}{R-S} \qquad (4.8)$$

不等式（4.8）右边是欺骗的额外赢利（$T-R$）和合作被欺骗时的额外损失（$R-S$）的比值，阻止"欺骗/合作"策略入侵要求该比值不能超过重逢概率和贴现因子的乘积 $\delta d \in [0, 1]$。无论是不等式（4.8）还是不等式（4.6），都说明要使得"以牙还牙"局面不被入侵，都不能让欺骗收益（$T-R$）太大或者合作损失（$R-P$ 或 $R-S$）太小。

我们无法检验是否所有策略均无法入侵"以牙还牙"局面，因为在无限重复囚徒困境中参与人的策略有无穷多个，甚至包括在每一期随机选择"合作"或"欺骗"这样看起来很怪诞的策略。不过，从埃克斯罗德和汉密尔顿（Axerold & Hamilton，1981）所作的计算机实验研究，以及我们现在能考虑到的各种策略，"以牙还牙"是没有受到挑战的演化稳定策略。

但是，如果我们因"以牙还牙"的进化稳定性而倍感欢欣鼓舞，那我们就高兴得太早了。因为另一种局面，即全体参与人都选择"始终欺骗"，同样是演化稳定的。在全体参与人都始终欺骗时，"以牙还牙"的策略变异并不能成功入侵。由此很容易引发另一个问题：在全体成员始终欺骗的状态，合作如何产生？对这个问题的回答，可能最终得求助于曾经被生物学家和经济学家猛烈批判的群体选择理论。我们将此留在本章 4.4 节讨论，此处不再赘述。

4.2 经济博弈论的洞见

4.2.1 直接互惠理论面临的问题

对等合作(或互惠利他)理论中,考虑的是两个主体之间的重复互动情形,"以牙还牙"是进化稳定策略之一,因而二人之间的合作是可以涌现的。但是在大群体中,两人固定结伴重复交往的可能性并不大,或者说不那么频繁。此时情况又如何? 我们把对等合作理论放在生物学洞见部分,因为这种直接的互惠利他只在小群体中涌现,在大群体合作(大规模合作只出现在人类社会中)中,应该有超越直接互惠利他的机制来诱导合作。"声誉"就是这些机制之一,博弈论关于声誉合作的研究大大深化了我们对于人类社会合作的理解。

先来看直接互惠利他的合作在大群体中会遭遇的问题。假设群体足够大,两个个体不常见面,对此的一种模型化刻画是,他们每隔 k 期才有机会碰面一次。他们之间合作的思考可以这样进行:我们拓宽时间尺度,将每 k 个时期定义为单独的 1 个时期,这样他们就相当于仍在进行 4.1.3 小节刻画的重复交往,只不过现在每个时期的贴现率不再是 d,而是 d^k 了。从而"始终欺骗"另一伙伴的策略无法入侵"以牙还牙"局面的条件就是[改写式(4.6)得到]:

$$\frac{\delta d^k}{1 - \delta d^k} \geqslant \frac{T - R}{R - P} \quad (4.9)$$

而"欺骗/合作"另一伙伴的策略无法入侵"以牙还牙"局面的条件就是[改写式(4.8)得到]:

$$\delta d^k \geqslant \frac{T - R}{R - S} \quad (4.10)$$

可以发现,若存在时间贴现,或行为主体有些许不耐心,则有

$d < 1$,当 k 足够大(显然越大的群体中 k 应越大),则无论式(4.9)还是式(4.10)两式左端都会趋向于 0,因此这两个条件要成立将非常困难,几乎不太可能。换言之,只要参与人有些许不耐心,足够大的群体都会瓦解合作关系。这一点,与我们的日常生活直观感受是相符的:越大的群体,合作程度越低,维持合作越难。

4.2.2　间接互惠理论

大群体合作的确可以存在于这样的情形中:群体中每个成员遵循同一个思维模式,即遇到在上一轮合作的成员自己就合作,遇到上一轮欺骗的成员自己就欺骗。此种情形中,个体会选择合作,以便为寻求合作树立起"声誉";当个体倾向与那些具有合作声誉的成员合作时,一种叫"间接互惠"的程序将使得合作得以维持。

"间接互惠"是这样发挥作用的。上一轮的合作者,我们可说他获得了"好名声",而上一轮的欺骗者则背上了"坏名声"。注意,背叛一个坏名声的人,并不会有损自己的好名声。在这种更一般化的环境设定下,"以牙还牙"策略已被如下"名声策略"取代:如果当前的交往对象具有好名声,自己就无条件选择合作,从而将自己列入"好名声"者的一员,除非你在上一期不小心选择了背叛。这正是萨格登(Sugden,1986)的名声模型(standing model),也是间接互惠理论的先驱模型。

以上的描述刻画了间接互惠的思想本质:第三方可以奖励那些具有合作声誉的个体,通过奖励,他们自己也可以获得一个良好的声誉从而得到别人的奖励。萨格登(Sugden,1986)并未提出"间接互惠"概念,这一概念是亚历山大(Alexander,1987)在其名著《道德体系生物学》中提出来的。助人者为受助者提供帮助,对这种恩惠的报答不一定来自受助者,而可能来源于被其他助人者帮助的其他受助者。除了提出间接互惠概念之外,亚历山大还从进化视角创造性地提出了他人在场所时的名誉形成机制。

　　与萨格登的"名声"类似,诺瓦克和西格蒙德(Nowak & Sigmund,1998)建立了基于"印象分"(imaging score)的间接互惠演化仿真模型。他们的模型抓住了间接互惠理论中最重要的因素——声誉。模型设定的仿真环境为 100 个主体(相当于古代人类社会群体人数大致规模),他们分为三种策略类型:合作者(cooperator)、背叛者(defector)和区别对待者(discriminator)。每个个体在一生中被随机指定为助人者和受助者。模型排除了任意两个个体重复相遇的可能性,以保证直接互惠不会发生。每个个体都有量化的印象分 s,在生命开始时 $s = 0$;一旦与其他主体交往,助人者提供救助,则自己的 s 将增加 1 单位,但赢利会减少 c,而受助者的赢利将增加 $b > c$;若助人者拒绝提供救助,则自己的 s 将减少 1 单位,但助人者和受助者的赢利都不变化。区别对待者按照印象分策略决定是否提供帮助:每个个体都设置一个门槛分数 k,当对方印象分不低于门槛($s \geqslant k$)时才给予救助,否则就不救助。这里,每个区别对待者的 k 可以是不同的:合作者总是无条件地帮助他人,其 k 值很小;背叛者总是拒绝帮助别人,其 k 值很大。当生命结束时,个体将留下继承有自己策略的后代,后代数量与其赢利(适存性)成正比,它们继续展开博弈。模型发现,经过一百多代(166 代)演化之后,合作者和背叛者策略都消失了,而印象分策略胜出并稳定演化!但是,当引入突变(mutation)这一演化因素之后,则出现了合作者取代区别对待者,随后背叛者取代合作者,尔后区别对待者取代了背叛者。①如果把突变看成是行为失误,那么这意味着印象分模型中一旦出现失误,间接互惠策略就无法得到演进(Panchanathan & Boyd,2003)。

　　潘查纳坦和博伊德(Panchanathan & Boyd,2004)对间接互惠

_____

　　①　其中的道理应不难理解,与 2.3.3 小节对"强对等性的演化"的讨论有相似之处,可参阅。

理论进行了精心的修订。他们基于社会中的间接互惠信息和激励结构设定了一个结对救助博弈（dyadic helping game）以及一个 n 人公共品博弈。在结对救助博弈中，一对个体中的一方可以自己承担成本 c 使另一方获得利益 b，任何一个个体只要不背叛具有好名声的伙伴，他就会维持自己的好名声。配对是随机的，重复配对的概率是 δ，贴现因子为 d。在公共品博弈中，个体独自付出成本 c_g，但产出的利益 b_g 将被所有成员平均分享。公共品博弈中的背叛者，将被贴上坏名声的标签进入随后的救助博弈中。从而，只要下列条件得到满足，合作便可在公共品博弈和结对救助博弈中得到维持：

$$c_g \leqslant \frac{b(1-\varepsilon)-c}{1-\delta d} \tag{4.11}$$

其中，ε 是合作者非故意的合作失败概率。即合作生产也是有风险的，合作者有 ε 的可能性不能产出合作收益。式（4.11）得到满足的条件主要是：公共品博弈中合作的代价 c_g 足够小，贴现因子 δd 接近 1（譬如参与人有足够长远的眼光），以及在建立声誉的互惠博弈中合作的净收益 $b(1-\varepsilon)-c$ 比较大。

毫无疑问，上述结论的确抓住了合作行为得以持续的一些根本重要的因素，但间接互惠理论的缺陷也是显而易见的：它要求获得个体名声好坏的信息。换言之，随机匹配的大群体中，每个成员需要充分知悉自己的对手是否背叛过其合作伙伴——但任意两人之间的合作既然常常是在私下进行的，这种信息便很可能是私有信息。除非，存在一种沟通机制将这些私有信息披露为公开信息，否则依靠名声的间接互惠就可能遭遇障碍。[①]在现实中，不能说间接互惠完全不可能，但确实也并没有什么机制可以确保将名声的私人信息完全披露

---

① 在二人博弈中，名声是私有信息或公共信息是无关紧要的，因为一方参与人即使不能观察到另一方的品质信息，也可以从博弈结果中推断出对方的品质信息。

为公开信息，因此间接互惠理论面临的挑战也是实实在在的。

4.2.3 代价信号理论

在　　　中，充当好人是有代价的，那么我们为什么还要充当好人？基于信　　递思想可以提出一种理论上的解释：人们具有的合作品质是私有　　　为了获得合作的收益，承担一定的代价发送合作品质信号是可行　　根据这种代价信号（costly signal）理论，在信息不对称条件下，人　　可以通过利他行为传递一种良好品质的信号，从而为自己建立　　　的声誉资本，为获得长期利益打下基础。

与标准的信号传递理论一　　述理论蕴含这样一个假设：具有良好品质的个体相对来说拥有更　　边际信号成本。这种更低的边际信号成本使得不具有良好品质的　体并不能模仿具有良好品质的个体，从而信号才是有效的。

桑塔费经济学家金迪斯、史密斯　鲍尔斯（Gintis，Smith & Bowles，2001）在一个多人公共品博弈　模型框架下讨论了信号传递与合作。他们证明，在没有信号收益的　况下，不合作是一种占优策略。存在信号收益时，通过提供公共品　传递自身品质的诚实信号这种行为可以达到进化稳定，在一个初　状态时诚实信号稀少的群体中扩散开来。

虽然代价信号理论原则上可以解决 n 人公共品捐献的问题，但是和间接互惠一样，它也有很多缺点和不足。费尔和菲施巴赫尔（Fehr & Fiscbacher，2003）认为最典型的缺点就是参与人不一定必须要通过利他行为来传递不易被观察到的品质信息，也可以采取其他形式。这样一来，就会产生多个均衡，在某些均衡上是通过利他行为传递信息，在另一些均衡上可能不需任何利他行为来传递信息。因此，除非有附加的机制作为补充，否则代价信号理论很难对利他行为做出令人满意的解释。

接下来,我们将介绍经济博弈论对于"合作何以可能"这一问题回答中最重要的贡献"无名氏定理"及其面临的诘难。

4.3 无名氏定理与利己主义合作模型的失败[①]

4.3.1 无名氏定理

前面提及的各种致力于研究"合作"行为的博弈论经济学理论,都不可避免地遭遇大规模人群重复交往中存在的种种问题。许多博弈论学者曾经认为,在大规模人群互动中,"合作"是可以达成的,但直到 20 世纪 50 年代这一论点才由博弈论专家奥曼(Aumann,1959)加以证明。谦虚的奥曼并不将此视为自己的功劳,认为这其实早已是人们所知晓的世俗智慧,故称之为"无名氏定理"(folk theorem)。无名氏定理是理解人类社会合作现象的最重要的理论之一。

我们先以例子直观地说明无名氏定理的核心思想。考虑图 4.1 的囚徒困境博弈,图 4.2 绘出该博弈设定下二人博弈时的可行赢利集(feasible payoff set)。在二人重复博弈时,存在一个子博弈完美纳什均衡,其中每个人的赢利都是 P(大家都欺骗时的赢利)。并且,不可能有人会被迫接受少于 P 的赢利,因为只要参与人选择"欺骗"便可保证至少得到 P。倘若允许参与人采取混合策略,那么图 4.2 中四边形 $OEABCF$ 中所有的点都可能成为博弈的结果。但是,只有四边形 $OABC$ 中的点,才会优于全都背叛的均衡点(P,P)。无名氏定理认为,在参与人可获得合作/欺骗信号的适当条件下,给定每个参与人的贴现因子充分接近 1,则四边形 $OABC$ 中的每一点都可作为子博弈完美均衡的各期平均赢利。换言之,"合作"结果是可以维持

---

① 桑塔费学派坚持无名氏定理并不能有效地解释人类社会的合作,他们认为基于纯粹利己主体的合作模型是不成功的。解释人类社会合作现象必须引入强对等性等顾他偏好,放弃纯粹的个体主义方法论。本节内容上主要参考了桑塔费学派代表人物之一金迪斯(Gintis,2009,chap.10)的著作,但在基本模型和表述上有较大差异。

的。图 4.2 的二人博弈情形也可以扩展到 n 人博弈情形,只不过我们可能难以用图形表示出来,但是会存在一个类似于 $OABC$ 区域的 n 维多面体(polytope),其中的每个点对应的每个参与人的赢利将不会低于 P(大家都选择欺骗时的赢利)。

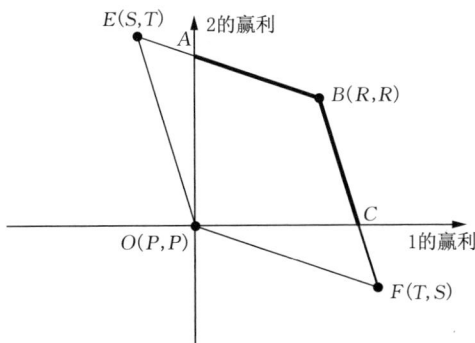

图 4.2 无名氏定理图示(二人博弈时)

更正式地,无名氏定理可描述如下。考虑一个 n 人博弈,任意参与人 i 的策略集为有限集 S_i,从而参与人赢利可记为 $\pi_i = \pi_i(s)$,$s \in \prod_{i=1}^{n} S_i$,$s = (s_i, s_{-i})$。 设若对某个 i,当其他参与人选择 m_{-i}^{i} 时,i 有最佳反应策略 m_i^i,但是 m_{-i}^{i} 恰好是使得 m_i^i 给 i 带来最低赢利的策略组合——通俗地说,m_{-i}^{i} 正是 $-i$(即除了 i 之外的其他人)"合伙欺负" i 的策略组合。从而 $\pi_i^* = \pi_i(m^i)$ 就是 $-i$ 合伙欺负 i 时 i 得到的赢利,我们称此为 i 面临惩罚时的极大赢利(简称极大惩罚赢利)。据此可定义博弈的极小极大点如下:

$$\pi^* = (\pi_1^*, \cdots, \pi_n^*) \tag{4.12}$$

重复博弈的每个阶段博弈中的策略组合集,可以定义如下:

$$\Pi = \{(\pi_1(s), \cdots, \pi_n(s)) \mid s \in S, \pi_i(s) \geqslant \pi_i^*, i = 1, \cdots, n\} \tag{4.13}$$

式(4.13)所表示的集合,实际上也是博弈的可行赢利集,它意味着在博弈的每个阶段,任一参与人 i 不可能被迫接受少于 π_i^* 的赢利。因为就算所有人联合起来整他一人,他也可确保得到极大惩罚赢利 π_i^*。

令参与人在每个阶段有相同的贴现因子 δ,每个时期 $t=0$,1, 2, $\cdots$,参与人使用策略组合序列为 $s(0)$,$s(1)$,$s(2)$,$\cdots$,则参与人 i 在整个重复博弈中的赢利可记为:

$$\widetilde{\pi}_i = \sum_{t=0}^{\infty} \delta^t \pi_i(s(t)) \tag{4.14}$$

假定所有参与人协定采取相同的策略,可以是相同的纯策略或相同的混合策略。并且假设信息是公开且完美的,即,倘若有某个 i 背离协议的行动,就立即会以 1 的概率被其他所有人获悉,然后其他人将对背离协定行动的人采取制裁措施——大家联手迫使这个背离协定的人从此只能得到其极大惩罚赢利 π_i^*。在这样的情形下,只要 δ 充分接近 1,则对于任意 $\pi=(\pi_1, \cdots, \pi_n) \in \Pi$,大群体重复博弈将存在一个纳什均衡,使得 π_i 是 $i=1, \cdots, n$ 在每一期的赢利。这就是所谓的"无名氏定理"[①]。

无名氏定理试图说明"合作"是一种可以持续的结果。但这一定理至少还有两点遗憾:其一,它要求信息公开且完美,这通常是不现实的;其二,即便信息公开且完美,"合作"也并非唯一的纳什均衡,人人选择不合作也是一个纳什均衡。第一个问题是信息问题,第二个问题是均衡的多重性问题。对于无名氏定理的后续研究,在处理信息问题上有较大进展,但多重均衡却始终是研究"合作"的人们的一个梦魇。

---

① 许多博弈论教材都会涉及重复博弈和无名氏定理,比如奥斯本和鲁宾斯坦(Osborne & Rubinstein, 1994)、维加·雷东多(Vega-Redondo, 2003)、拉斯马森(Rasmusen, 2007)、金迪斯(Gintis, 2009),读者可以参阅。

4.3.2 公开但不完美信息下的无名氏定理

最初的无名氏定理假设信息是公开且完美的,这显然是超越现实的假设。不过,由弗登博格、莱文和马斯金(Fudenberg,Levine & Maskin,1994)提出的一个模型,将无名氏定理扩展到了公开但不完美信息的情形,从而在一定程度上放宽了无名氏定理的成立条件。

为了方便说明,我们以一种简单的方式引入不完美的信息。假设参与人的行为选择与实际后果之间存在某些自然的不确定性——可以理解为一种行为失误,比如我本来要选择"合作",却鬼使神差选中了"欺骗"。具体地,我们假设,当参与人选择"欺骗"时,最后实际行动就必定是"欺骗";但当参与人选择合作时,最后的实际行动由自然(nature)来决定,自然会以概率 $1-\varepsilon$ 选定合作,以概率 ε 选定欺骗。但是,参与人观察不到自然的选择,因而信息是不完美的。

这样的信息结构下,一个选择欺骗的个体,必定传递给别人"欺骗"的信号;但是一个选择合作的个体,也有 ε 的概率以"欺骗"面貌出现。图 4.1 的博弈将有四种自然状态,如图 4.3 所示。

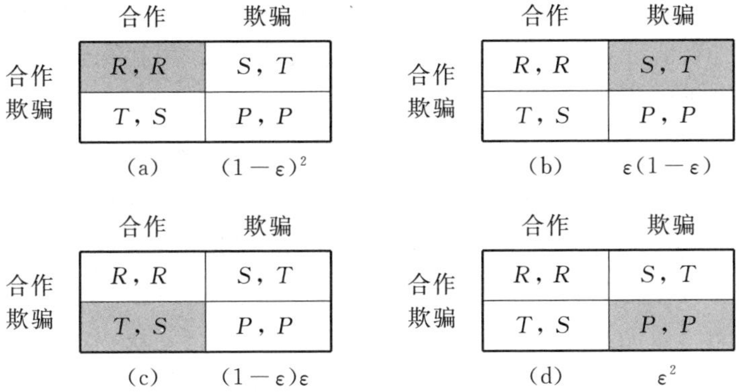

图 4.3 信息不完美的囚徒困境

为简单直观地说明理论,我们还是先借助最简化的二人博弈情形。如果彼此都选择欺骗,则彼此赢利均为确定的 P。如果一方欺骗,而另一方合作,则双方将分别获得期望赢利如下(设 1 采取欺骗而 2 采取合作):

$$U_1(\text{欺骗},\text{合作}) = T(1-\varepsilon) + P\varepsilon;$$
$$U_2(\text{欺骗},\text{合作}) = S(1-\varepsilon) + P\varepsilon$$

在完美信息时,(欺骗,合作)组合的赢利对应是(T, S),由于 $T > P > S$,因此可以发现,信息不完美在此时导致欺骗方赢利有所下降,而合作方赢利有所上升。其原因在于,自然的不确定性在一定程度上缓解了合作方被欺骗方利用。

如果双方都选择合作,则不确定性作用下真实出现的赢利将是图 4.3 中四个阴影标记的赢利组合之一,故可以计算出彼此都选择合作时的预期赢利如下:

$$U_i(\text{合作},\text{合作}) = R(1-\varepsilon)^2 + S\varepsilon(1-\varepsilon) + T(1-\varepsilon)\varepsilon + P\varepsilon^2$$

由于囚徒困境的模型结构假设了 $T > R > P > S$ 且 $R > (S+T)/2$ 且 $P < (S+T)/2$,故上式的取值范围为(P, R)。换言之,存在不完美信息后,彼此合作的预期收益有所下降,但还是比彼此欺骗的情况要好。

我们可以像图 4.2 那样,绘制出二人不完美信息博弈下无名氏定理所揭示的思想,见图 4.4。为了对照,我们将图 4.2 的完美信息情形,也用虚线表示在图 4.4 中。从图 4.4 可以看到,不完美公开信息下,只要"失误"概率 ε 并不是非常大,那么维持"合作"的区间(图中阴影部分)仍然是存在的。阴影部分的每个点,都优于全都欺骗的均衡(P, P)。图 4.4 虽然是二人博弈,但可以扩展到 n 人博弈,n 人博弈中将存在类似图中阴影部分的多面体,其中点均可作为博弈的完美公开均衡存在,优于全都欺骗的均衡。

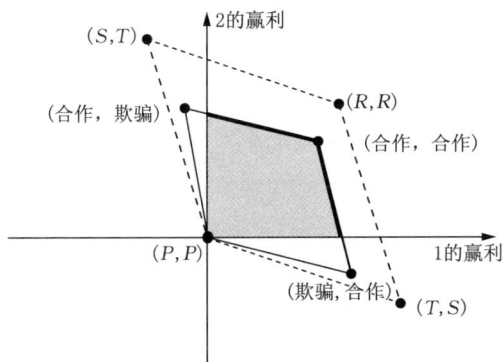

图 4.4　不完美公开信息下的无名氏定理图示（二人博弈）

更正式地讲，弗登博格、莱文和马斯金（Fudenberg，Levine & Maskin，1994）的阶段博弈有 $i=1$，…，n 个参与人，每人都有限纯行动集 a_1，…，$a_n \in A_i$。向量 $a \in A \equiv \prod_{j=1}^{n} A_i$ 称作纯行动组合。对于每个组合 $a \in A$，存在 m 个可能的公众信号 Y 之上的概率分布 $y \mid a$。参与人 i 的赢利取决于自己的行动和公开信号，给定行动组合 $a \in A$，若 $\Pr(y \mid a)$ 是 $y \in Y$ 的概率，则 i 从 a 得到的期望赢利可记为：

$$U_i(a) = \sum_{y \in Y} \Pr(y \mid a) u_i(a_i, y) \tag{4.15}$$

当然，如果参与人采取了混合行动，那么将 a 视为混合行动就可以了。

为了方便讨论，这里我们将不再使用囚徒困境博弈，而使用公共品博弈：每个人可以花费成本 c 为群体谋取福利 $b > c$；但个体行为存在失误率 ε，即 b 以概率 $1-\varepsilon$ 实现而以 ε 的概率什么都不会实现（或实现价值 0）。群体规模设为 n，各期贴现因子 δ 近乎 1。

现在我们把"背叛"行动记为 0，把"合作"行动记为 1。在前面的假设中，隐含着这样的信号结构：当个体参与人背叛（不做公共捐献）时，背叛的信号就会准备发出；但当个体参与人合作（捐献）时，也有 ε

的概率以背叛的面貌出现。从而,任意一个 $a_i=0$ 将产生公共信号 $y_i=0$;对于任意一个 $a_i=1$,将有 $1-\varepsilon$ 的概率产生信号 $y_i=1$,有 ε 的概率产生信号 $y_i=0$。然后,我们再设 $\tau(\cdot)=\text{sum}(\cdot)$ 为一个求和函数,显然 $\tau(a)$ 就测度了 $a\in A$ 中 1 的数目,而 $\tau(y)$ 就测度了 $y\in Y$ 中 1 的数目。

显然,在我们假设的信息结构下不可能有任何 i 会遭遇 $y_i>a_i$ 的情况,因为这种情况表明 i 选择了"欺骗"但传递出的公共信号却说他选择了"合作"。因此,当 $y_i>a_i$ 时我们就令 $\text{Pr}(y\mid a)=0$。一旦排除上述情况,我们便有:

$$\text{Pr}(y\mid a)=\varepsilon^{\tau(a)-\tau(y)}(1-\varepsilon)^{\tau(y)},\ \forall\,\tau(y)\leqslant\tau(a)\qquad(4.16)$$

选择 a_i 而接收到信号 y 的参与人 i 将获得预期赢利 $u_i(a_i,y\mid a)=b\tau(y)(1-\varepsilon)-a_ic$,从而根据式(4.15),参与人 i 的期望赢利为:

$$U_i(a)=\sum_{y\in Y}\pi(y\mid a)r_i(a_i,y)=b\tau(a)(1-\varepsilon)-a_ic\qquad(4.17)$$

不妨考虑只有二人博弈的情形,容易计算 $a=(1,1)$、$(0,1)$、$(0,0)$ 和 $(1,0)$ 时彼此的期望赢利,并做出类似图 4.1 或图 4.4 的图示,见图 4.5。

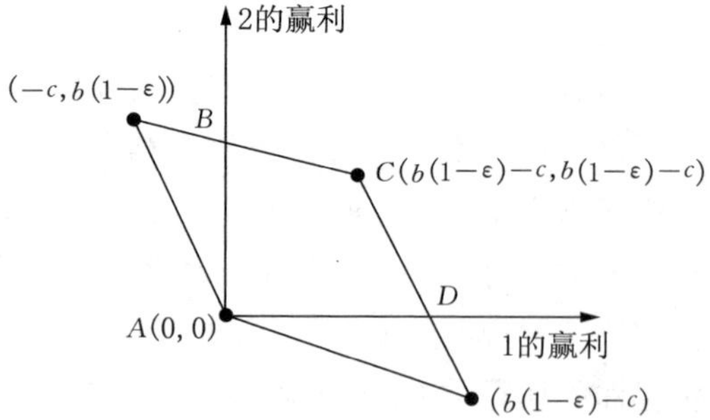

图 4.5　不完美公开信息二人公共品博弈(Gintis, 2009:190)

参与人 i 的极小极大赢利就是 0,这是所有人联合起来惩罚 i 时 i 能够得到的赢利。因此图 4.5 中凸集 $ABCD$ 中的点是可以使参与人 i 避免更糟糕的结果。在混合行动下,占优于(0, 0)点的凸集 $ABCD$ 中的各点是连续的。将此扩展到 n 人博弈情形,可得到类似 $ABCD$ 区域的多面体 V^*,V^* 是一个凸包,且其中每个点的赢利都占优于参与人极小极大赢利。

弗登博格等人的无名氏定理表明,如果 $W \subset V^*$ 是光滑的,则存在一个 $\underline{\delta} \in (0, 1)$ 使得存在一个贴现因子为 $\delta \in [\underline{\delta}, 1)$ 的严格完美公开均衡,其中每个时期参与人有纯行动组合 $a \in A$。特别地,我们可以选择 W 去获得一个尽量靠近我们希望达到的赢利 $b(1 - \varepsilon) - c$(图 4.5 中 C 点)的边界,此时,全面合作的赢利是可以逼近的。

在公共品博弈中,无名氏定理唯一需要检验的是在混合策略情形成立的条件。对此可作如下分析。设参与人 i 以概率 x_i 选择合作,则参与人的预期赢利就是:

$$v_i = b \sum_{i \in N} x_i - c x_i \tag{4.18}$$

假设存在策略组合 α 对于 $W \subset V^*$ 和 δ 是可实施的,并记 $w_i(y)$ 为信号 y 下参与人 i 在 W 中得到的赢利。则逼近合作的均衡条件是:

$$v_i = (1 - \delta) U_i(a_i, \alpha_{-i}) + \delta \sum_{y \in Y} \Pr(y \mid a_i, \alpha_{-i}) w_i(y),$$
$$\forall \text{ 所有 } \alpha_i(a_i) > 0 \text{ 的 } a_i,$$

$$\tag{4.19}$$

$$v_i \geqslant (1 - \delta) U_i(a_i, \alpha_{-i}) + \delta \sum_{y \in Y} \Pr(y \mid a_i, \alpha_{-i}) w_i(y),$$
$$\forall \text{ 所有 } \alpha_i(a_i) = 0 \text{ 的 } a_i$$

$$\tag{4.20}$$

第一个条件是说,如果一个参与人选择了合作,但是却以背叛的面貌出现,那么他的期望赢利,应该等于长期平均赢利。第二个条件是说,如果一个参与人选择合作,那么他的期望赢利,应该不低于(可以高于)长期平均赢利。这里,长期平均赢利思想体现在式子右边,i 若观察到信号 $y \in Y$(这个信号也会被其他人观察到),则每个参与人都会转向重复博弈中给参与人 i 带来长期平均赢利的 $w_i(y)$ 组合。

无名氏定理实际上是一个存在性定理,它表明在一定条件下可以逼近合作结局。但逼近合作的条件却是复杂而苛刻的。设想式(4.19)和(4.20)得到满足的情形,为了使惩罚的金额最小,假定观察到不止一个行为主体的信号显示背叛时大家就继续合作,只有一人显示背叛时,则他将被所有人背叛以示惩罚。当然,不能确保这是可能的,但如果这样,就会存在唯一的惩罚水平 γ,足以遏制自顾的(self-regarding)个体的蓄意背叛。利用式(4.16)、(4.17)解式(4.19)和(4.20),经过繁琐的计算,便可得到 γ 的水平如下:

$$\gamma = \frac{c(1-\delta)}{\delta(1-\varepsilon)^{n-1}(1-n\varepsilon)} \tag{4.21}$$

这里容易发现,γ 并不取决于 b,因此惩罚水平与捐献带来的公益大小无关。事实上,惩罚水平与 $n\varepsilon$ 关系颇深,式(4.21)只在 $n\varepsilon < 1$ 时成立。

我们还可以计算单期赢利 $v = v_i$,省略繁琐运算后有:

$$v = b(1-\varepsilon) - c - \frac{n\varepsilon c(1-\delta)}{1-n\varepsilon} \tag{4.22}$$

同样,上述解也只在 $n\varepsilon < 1$ 有意义。当 $n\varepsilon \to 1$ 时,合作的效率将骤然下降。扩展上述分析,规定如果恰好有 k 个信号发出时才给予惩罚,那么式(4.22)可变化为:

$$v = b(1-\varepsilon) - c - \frac{n\varepsilon c(1-\delta)}{k-n\varepsilon} \tag{4.23}$$

可见，当 δ 充分接近 1，便可能逼近意愿的帕累托效率。

审视式(4.19)、(4.20)和上述分析，可以获得一些洞见，理解到无名氏定理究竟讲了什么意思。当 $n\varepsilon$ 比较大，惩罚就会受到抑制（维持合作需要更高的惩罚水平），而惩罚的代价本身也是不菲的（实施惩罚需要选择背叛且持续多期）。δ 逼近 1 意味着式(4.19)和(4.20)右边的第一项近乎为 0，赢利主要取决于第二项。在大群体中，较小的 $n\varepsilon$ 和较大的 δ 实在太难满足了。按照金迪斯(Gintis，2009：193)的说法："显然，没有理由可以认为这就是大群体合作问题的解。"

4.3.3　具有私有信号的合作

弗登博格等(Fudenberg et al.，1994)假设信号 y_i 被每个参与人共同观察到。但事实上，当一个参与人接收到来自另一参与人的背叛信号时，只能表明坏信号产生了，但不能证明另一参与人是蓄意背叛，很有可能其他成员并未收到这一参与人的背叛信号，结果其他成员将没有人会对背叛信号作出背叛反应。若这是事实，那就会导致背叛的策略比总是合作的策略有更高的回报。如此，参与人可能会在更大的范围内蓄意选择背叛，包括所有参与人在博弈的第一阶段即以正概率选择背叛。

倘若考虑混合策略，我们知道：参与人任意两个以正概率选择的策略中，必然是两个策略有相同的期望赢利。如果参与人在第一阶段即以正概率选择背叛，那就意味着在第一阶段参与人选择背叛与选择合作是感觉无差异的。巴斯卡尔和小原(Bhaskar & Obara，2002)以此为出发点，假设参与人在第一阶段随机选择，并在随后各阶段采用冷酷触发策略：只要收到对手合作信号，自己就在下一阶段合作；一旦收到背叛信号，就在以后各阶段都背叛。这样策略下，采取背叛信号的人有可能是真的背叛，因为他的背叛完全有可能是对上一阶段收到背叛信号的反应。

当参与人较少,比如 $n=2$ 时,这个模型是比较合理的。但是当参与人规模扩大,模型有可能失效,因为足够多人的情形中,至少有一个人获得背叛信号的概率几近于 1,重复博弈的好处消失了。并且,私有信息质量随群体规模增加而恶化,这是很常见的情况。合作最终可能停止。正如巴斯卡尔和小原(Bhaskar & Obara,2002)所证明,每一个合作停止之后的阶段,可以以正概率重新启动合作,但这只是效率的边际改善,因为这一过程并不能激励参与人在任何给定阶段中选择合作。

皮乔内(Piccione,2002)则证明,私有信息重复博弈中,无须运用巴斯卡尔和小原所用的冷酷触发策略和一定程度的信念更新,也可实现协调。埃利和瓦力玛奇(Ely & Välimäki,2002)沿着皮乔内的路线,构建了一个均衡,其中每一个阶段每个参与人在合作与背叛之间都感觉无差异,而无论其同类成员如何做。于是,此类个体成员愿意在每期选择任意混合策略。作者证明,给定各方充分耐心且失误很小,则对每个参与人,存在着一个可以确保接近完美合作的策略。

但是,上述方法的问题也是明显的:它在每一期都是用混合策略,除非博弈可以纯化,否则参与人就没有理由选择这样的策略,或者认为对手会采用这样的策略(Gintis,2009:194)。而巴斯卡尔等(Bhaskar et al.,2004)也证明了,在埃利和瓦力玛奇对囚徒困境的分析中,如果信号是公开的,则纯化通常是不可能的。至于私有信号的情形,更为困难,至今未曾听说此类情形可以纯化的例子。

4.3.4　利己主义合作模型的失败:桑塔费经济学家的批评

为了解释大群体合作现象而发展起来的无名氏定理及其各种扩展,被视为行为科学中最有前途、分析缜密的人类合作理论。的确,这一理论看上去非常优美,它把经济学鼻祖亚当·斯密的"看不见的手"思想转换成了优雅的模型,试图证明无需中央协调或集体决策,就可以在极端追求自私自利的自顾个体之间自发地形成合作。

但桑塔费学派经济学家却指出,基于重复博弈理论的无名氏定理不能完美地解释人类社会的合作现象,并非成功解析人类社会的理论。无名氏定理的关键缺陷在于,它只是一个存在性定理,没有考虑其证明存在的纳什均衡在社会过程中如何可以实实在在地现实化(Gintis,2009:195)。无名氏定理刻画了合作均衡存在的条件,但却面临着均衡的多重性问题。合作固然是均衡,但不合作也可以是均衡;甚至奇奇怪怪的策略和结局也可以是均衡。均衡的多重性一方面固然帮助我们解释制度的多样性,但另一方面也让我们难以理解为何会出现这个均衡而不是那个均衡。鲍尔斯和金迪斯等桑塔费学派经济学家认为,面临多重均衡的选择问题,需要添加一个"设计者"来协调人们的行为。当然,这个设计者并非指某个具体的人,他们认为社会规范通常担任了这种设计者的任务(Bowles & Gintis,2008;Gintis,2009)。金迪斯(Gintis,2009:195)指出,意识到合作的社会规范维度还将有额外的好处,它可解释重复博弈模型为何与我们人类之外的物种毫不相干(Clements & Stephens,1995;Stephens et al.,2002;Hammerstein,2003),原因在于,对于非人类物种来说,规范性行为充其量也是极端原始的。

重复博弈理论的第二个缺陷,是对于合作均衡的条件要求非常的复杂苛刻。它必须坚持这样的一些假设:人们有长远的眼光,注重未来(即贴现因子接近 1);行为的噪声,比如信号随机性或当事人失误,要非常小。换言之,当人们急功近利,或者信号不完美,或者某些行为失误,都会使得无名氏定理失效。金迪斯(Gintis,2009)指出,对上述缺陷的正确回应是:(1)观察现实社会中合作实际上是如何发生的,以及(2)改变重复博弈的特性以纳入参与人已经发现的东西。生物学的研究表明,有机体的合作存在着巨大的收益,但协调行为并将背叛限制在可控水平下的挑战也非常大,且只能由罕见的遗传变异来加以克服(Smith & Szathmáry,1997)。桑塔费经济学家认为,应当承认人类合作具有很强的生物学因素,这一看法与上述一般的生物学观点是一致的。

此外,无名氏定理所要求的重复博弈条件,也难以解释非重复博弈情形的合作行为。这里至少有两点理由值得注意(Bowles & Gintis,2004b):首先,存在许多有关人类行为合作性的实验证据来自非重复互动,或者来自重复互动的最后一轮。我们也很难认为这些实验对象是因为没有发现那是一次性博弈场景,或者在实验室进行实验时不能脱离真实世界重复互动的经历。用重复博弈理论解释这些证据是不可信的。其次,早期人类的环境可能会使得重复报复机制不能有效支持合作。游猎的成员可以通过加入其他族群而逃避报复。而且在人类演化的许多关键情形中,冲突或困厄导致族群面临解散,不太可能发生重复互动。第三,在大群体中,能够用重复互动和报复来解释的自顾者(self-regardings)何以合作的条件无法得到满足。

事实上,人们是顾他的(other-regarding)。受到特定文化环境滋养的人们倾向于以亲社会方式采取行动(Gintis,2003)。人们会同情他人、接受合作规范、不惜代价惩罚违规者、操守美德,也包括看重自尊并且意识到自尊取决于与我们交往的人们如何评价我们。金迪斯(Gintis,2009:196)指出,若没有这些亲社会的、根深蒂固的生物性特性,人类不会发展出语言,因为维持真诚的信息传输没有任何意义;若没有高质量的信息,基于重复博弈纳什均衡的有效合作就是不可能的事。的确,信息具有充分质量来维持自顾行动者之间的合作,这种情况可能很罕见。最终,金迪斯认为基于自顾的利己主义来探究合作现象的模型是失败的,他写道:

> 要想为自顾主体之间的合作提供一个合理的博弈论模型,就要为方法论个人主义辩护,并使经济理论在根本上独立于其他行为科学,且作为其他行为科学的基础。事实上,这一方案并不成功。一条完全成功的途径很可能需要社会偏好和社会认知

的心理学模型,也需要对社会规范的分析。社会规范作为相关机制,将从多重纳什均衡中进行拣选,并指引异质行为主体的行动通往一个和谐运行的体制(Gintis,2009:200)。

4.4 桑塔费学派的看法

4.4.1 亲社会情感和强对等性作为人类社会合作的基石

我们回顾的几乎所有的模型,都假定行为主体是自顾的,并依此为出发点去解释合作现象,这些模型都存在各种各样的缺陷和问题,难以从根本上揭示人类社会大规模的合作行为。

为了解释人类合作之谜,桑塔费经济学家主张引入亲社会情感和强对等性等社会偏好。他们认为这是人类社会合作的基石,这一看法集中体现在鲍尔斯和金迪斯(Bowles & Gintis,2011)的《合作物种:人类对等性及其演进》(*A Cooperative Species: Human Reciprocity and Its Evolution*)和金迪斯等(Gintis et al.,2006)的《道德情操与物质利益》(*Moral Sentiments and Material Interests*)两本著作中,也体现在鲍尔斯和金迪斯(Bowles & Gintis,2008)为《新帕尔格雷夫经济学大辞典》撰写的"合作"(cooperation)辞条,以及鲍尔斯和金迪斯(Bowles & Gintis,2004b)探讨人类合作行为起源的论文中。

亲社会情感是导致合作行为的生理和心理反映(Bowles & Gintis,2004b)。羞耻、内疚、同情、担心社会制裁之类的情感,可以促使行为人采取建设性的社会交往行为;嫉恶、厌恶不公、惩罚违规者的愿望等,则有助于在亲社会情感不足以在社会群体中诱发足够的合作行为时,减少搭便车的行为(Frank,1987;Hirshleifer,1987)。

亲社会情感是产生善意和关爱行为的源泉,这些行为丰富人类的日常生活,使我们在与陌生人交往时感到舒适和愉快(Bowles & Gintis,2004b)。现代社会中的诸多制度,比如宪政、法律、政府、对少数民族和弱势群体的尊重,这些都是在人们的集体行动过程中产生的,它们让人们不仅追求个人目标,也关怀整个人类。如果没有亲社会情感,不管如何强化契约制度、政府法律和提高声誉,恐怕人人都只是极端的自顾者,从不考虑自己的行为会导致社会怎么样,而人类社会也将不复存在。

尽管亲社会情感对于解释人类合作至关重要,但目前并没有普遍认同的情感如何与认知过程相结合来影响行为的模型,对于如何描述亲社会情感如何支持合作行为也没有统一的意见。桑塔费经济学家在此方面已经做出了初步的但卓有成效的探索。在涉及诸多难以由自顾偏好解释的社会领域,比如投票、战斗、匿名行善等,经验证据纷纷指向了桑塔费经济学家所说的"强对等性"行为。

强对等性是这样一种倾向:先与他人合作,但在遭遇背叛后,会付出代价来惩罚背叛者,即便这惩罚令自己付出得不偿失的代价。具有强对等偏好的人,既是有条件的利他合作者,也是一个有条件的利他惩罚者。其行为在付出个人成本时会给族群其他成员带来利益,即存在正的外部性。之所以称其为"强对等性",是为了区别于其他如互惠利他主义、间接互惠以及由重复交往所维持的基于个体自利行为之交往的"弱互惠"(Bowles & Gintis,2003)。费尔(Fehr,2002)将个体强对等性作为控制变量的实验发现,当这种利他惩罚成为可能时,合作就会兴起,反之合作则很快破裂。这显示了对背叛者的利他惩罚是合作得以达成的关键。他据此建议,在研究人类合作的演化时,应该关注对利他惩罚(强对等性)的解释(Fehr,2003)。

引入亲社会情感和强对等性等社会偏好的模型可以解释大规模分散化的合作,即便存在着行为噪声的情况下,只要信息结构满足使背叛者预期的受罚水平超过合作的代价(Bowles & Gintis,2008)。若具有社会偏好的个体足够多,则大群体的合作并非难解的谜题。真正的谜题是,强对等性之类的利他行为何以如此普遍?毕竟"舍己为人"会降低个体的赢利,而无论基因进化还是文化进化都应该有利于那些能获得更高赢利的特质。既然惩罚对个体来说代价高昂,而个体也可以通过合作来逃避惩罚,同时通过不惩罚来回避施罚成本,很自然地,亲社会情感和强对等性将遭遇演化之谜这一问题。

目前学术界对亲社会情感的演化的研究似乎不多,但确有文献涉及。鲍尔斯和金迪斯(Bowles & Gintis, 2004b)曾论述过羞耻感可能会有利于提高个体竞争适存性。痛苦是一种亲社会情感,而羞耻将使人在违背社会价值观或违反社会规范时因他人的贬斥而感到痛苦。羞耻有助于个体的适存性可能源自两个方面的原因。其一,对于信息不完备、信息处理能力有限或不完善、倾向于低估未来再行动的成本与收益的行为主体,羞耻可能会增强其适存性。这三种条件,都会导致对社会危难的次优反应,羞耻可以使人们的反应接近最优。羞耻有警示消极后果的作用,这种作用是以社会对违规者进行惩罚为前提的,故羞耻可能是与促使对反社会行为进行惩罚的情感(如桑塔费学派所说的"强互惠")共同演化的。其二,羞耻的适存性优势有可能体现在群体竞争层面。有羞耻感的人们组成的群体,对反社会行为的惩罚将更有效,其结果是导致很少有真正实施的惩罚,于是普遍有羞耻感的群体将以更低的惩罚成本维持较高水平的合作并在群体竞争中获得优势。不过,迄今为止关于羞耻感在博弈中的作用的经验证据(比如实验结果)仍然较为稀缺。

相对而言,强互惠的经验证据和演化模型,比羞耻等亲社会情感的就丰富许多了。塞西和索曼纳森(Sethi & Somannathan, 2000)、金迪斯(Gintis, 2000)、博伊德等(Boyd et al., 2003)、金迪斯(Gintis, 2003)、鲍尔斯和金迪斯(Bowles & Gintis, 2004a)都深入涉及过。其他的利他合作演化的变体则在鲍尔斯、崔中奎和霍普芬茨(Bowles, Choi & Hopfensitz, 2003)、博伊德等(Boyd et al., 2003)、伯格斯特龙(Bergstrom, 1995)以及萨洛蒙森和威布尔(Salomonsson & Weibull, 2006)的论文中探讨过。本书第 2 章已有

大量的关于强对等性的实验证据和演化理由的介绍内容（读者可重
点参阅本书第 2 章 2.3 节），故此处不再赘述。

4.4.2　多层次选择与协同演化

桑塔费经济学家认为，人类群体文化中基于文化和遗传变异的
多层次选择在解释人类合作行为的分析中具有重要作用。

演化的过程可以分解为群内和群间选择效应（Price，1970）。在
特征复制频率取决于群体构成并且群体构成存在差异的情况下，群
体选择将对演化的速度和方向都产生影响。在传统的基于自顾主体
的合作模型中，无一例外地立足于个体选择，坚决排斥群体选择。这
可能与个人主义方法论的盛行有关，不过近年来，群体选择的方法论
大有复兴之势（Robson，2008）。

桑塔费经济学家在方法论上坚持个体选择与群体选择相结合。
在他们看来，社会中的实体总是不同层面的群体和个体。比如企业、
家庭、阶级和其他群体，构成了民族和国家等更大的群体；而企业、家
庭、阶级和其他群体，又是由个人组成；人本身又是细胞的集合体，如
此等等。一个社会结构的表征，可以简单地看成这些高、低水平实体
的分布以及他们交往的方式。而演化的过程就是通过这些实体的差
异性的复制，使得其中一些得以扩散和普及，而其他一些实体一起削
弱或者消失，同时还伴随着这些实体相互关系的持续变迁。多层次
选择实际上就是这样一个过程：个体水平和更高级的群体水平中的
竞争压力，将影响个体水平特征的演化（Bowles，2004：448）。

金迪斯（Gintis，2000）在论文中证明，给定可行条件，强对等性
可以通过群体选择在互惠利他主义中产生。他的模型基于公共品重
复博弈展开，如同无名氏定理断言的那样，通过冷酷触发策略合作可
以持续，但是当群体因为战争、瘟疫或者饥荒之类的原因而面临灭绝
或解散的威胁时，生存的压力使得合作变得更为重要且必需。当群
体面临重大威胁，个体对群体的贡献在将来得到回报的可能性会迅

速下降,从而个体的合作动机会急剧下降甚至不复存在。换言之,在群体最需要成员为之努力的时候,成员却最有动机抛弃群体,基于互惠利他主义的合作将会崩溃。这样的危机时刻,在人类演化的历史上是很常见的。在这样的时刻,那些不考虑未来回报的而对背叛者施以惩罚的少数强对等者,却能够显著地提高所在群体的生存机会。而且,群居的个体常常可以低成本但却严重地惩罚背叛者(力气单薄的弱者可以轻易杀死睡觉的强者),提高了惩罚的可信度和效力。

博伊德等(Boyd et al.,2003)的研究也显示,对于某些合作行为,比如严重惩罚违规者,基于文化传播特征的群体选择即便是在非常大的群体和存在大量移民的群体中也是具有决定意义的。这一结果有点出人意料,但却在情理之中:如果大多数成员坚持规则,背叛行为就并不常见,则事先确定的对违反者的惩罚所引发的成本将是非常小的,因此即便有反合作行为的群内选择存在,它在合作均衡附近也是非常脆弱的。可以这样考虑,一些群体内几乎完全是合作行为,只是流行的文化,而另一些群体内则全是自顾的行为主体组成,结果合作的群体将征服非合作的群体并随后产生群体融合并带来群体间的变化。

如果群体选择是对个体合作行为得以成功演化的部分解释,那么可以认为增强群体选择压力的群体特征与合作行为是协同演化的,群体特征和个体特征存在协同效果(Bowles & Gintis,2004b;Bowles,2004)。比如,相对较小的群体规模、有限比例的移民、频繁的群体间冲突,是有利于促进合作行为的。那么协同演化意味着群内的个体可以改造这些群体特征变量来促进合作。特别是对于具有理性思维和某些特殊能力的人类,就更可能构建某些制度环境来帮助代价高昂但有利于群体的个体行为通过群体间选择过程同那些支持性的环境共同演化。比如我们确实会看到很多组织刻意限制成员规模和成员流动频率,也会看到对于组织生存危机的强调,甚至国家还有可能通过战争威胁来凝聚人心。在人类社会发展的历史长河中，国家、资源共享机制、一夫一妻制度，等等，不但从无到有出现了，而且还不断得到巩固和强化，这是个体和制度协同演化的一些典型例子。

群体间的竞争压力，应该会促使有利于群体的行为得到发展，对群内的竞争行为反而会形成抑制。这种压制群内竞争会严重影响演化动力的观点在群居昆虫或其他物种已得到广泛证实，亚历山大（Alexander，1979）、贝姆（Boehm，1982）和艾布-艾贝斯费特（Eibl-Eibesfedt，1982）首先将这种推理用到了人类社会。贝姆（Boehm，1999：211）认为，对反社会行为的群体制裁是"旧石器时代人类经历的一场'政治革命'，它创造了群体选择能够强有力地支持利他基因的社会条件"。艾布-艾贝斯费特（Eibl-Eibesfedt，1982：177）也指出："灌输分辨价值、服从权威，而且……遵守道德等思想，……通过这些紧密联系的形式，群体的联系更紧密了，以致他们能够像选择单位一样行动。"

鲍尔斯（Bowles，2001）和鲍尔斯等（Bowles et al.，2004）等论文从多层次选择和协同演化角度建立了基因—文化演化动力学模型，表明通过文化、遗传传递的个人行为以及通过文化传递的群体层面的制度特征是受制于选择压力的，并且群体间竞争对群体层次的选择起到了决定作用。群体间的竞争至少可以解释如下两个成功演化：（1）由个人承担代价但有利于群体的人类社会活动形式如何转向非亲缘情形；（2）群体层面的制度结构何以有不同的演化路径。有利于群体的个体特征可以随制度共同演化，这并未否认没有制度时有利于群体的特征就不会得到演化。事实上鲍尔斯等人的研究表明，在缺乏群体层次的制度时，只有当群体间冲突非常频繁、群体规模较小且移民比例较低时，有利于群体的特征才能得到演化。对于人类早期有利于群体的特征是在制度下还是制度缺位状态下演化的，我们有太多不清楚，但对于现代社会的人们，有利于群体的个体特征常常是人类特有的建构社会制度能力的结果。

在基于自顾个体的各种合作模型中,从未考虑个人与制度的协同演化,因而那些模型中人们是否合作仅仅考量合作是否符合自己的利益(或提高了行为主体的适存性)。个体的利益或适存性与社会、社会结构、社会制度等毫无关系。这导致那些理论直接忽视了社会本身可以对某些有利于群体的行为进行奖赏和对有害于群体的行为进行惩罚,更未涉及制度对个人行为的塑造(shaping)。不能不说,相对于那些自顾主体的合作模型,桑塔费经济学家的认识更为深刻,也在解释人类合作行为方面走得更远。

4.4.3　人类的狭隘利他主义

个体表现合作的倾向通常依赖于对其交往对象的认同:“内部人”要优于“外部人”(Bowles & Gintis, 2004b)。在多层次选择模型中,群体间竞争压力会选择有利于群体的行为,但是有利于群体的行为对个体本身有可能是有致命危害的。正是群体间的竞争压力,为培育有利于群体的行为和提升群内合作水平提供了持续的动力。因此,似乎可以说,群内的合作与对外部人的敌意是共同演进的。的确,群体间的竞争即便只露出轻微的迹象,都可诱使个体表现出对内的忠诚和对外的仇视(Dawes, De Kragt & Orbell, 1988;Tajfel, 1970;Tajfel et al., 1971;Turner, 1984);即使竞争的基础对于群体构成无关紧要,群体成员也会对同伴表现出比对外人更为慷慨的对待(Yamagish, Jin & Kiyoynari, 1999;Rabbie, Schot & Visser, 1989)。

对内部人的友好和对外部人的敌意,被称作狭隘利他主义(parochial altruism)。这是一种非常普遍的人类情感。不妨想想我们的日常生活,是不是充满了对“自己人”的宽容和对竞争群体的苛刻。譬如,在一个组织中,我们常常不会为了引入一个能力很强的外部成员而赶走已经在组织中的能力相对较弱的内部成员,我们对内部成员会以更低更宽容的标准去评判,而对外部成员却又以更高更严格的标准去评判。①伯恩哈德（Bernhard，2006）在《自然》杂志上发表的成果，曾设计了一个由巴布亚新几内亚本土族群参与的实验，在实验中他允许"公正的"第三方来惩罚违规者。实验结果表明，惩罚者将会对自己族群的违背规则的受害者采取过度保护，并且对自己族群的违规者施以较轻的惩罚。这与基于狭隘主义的推测是完全一致的。阿宾克等（Abbink et al.，2007）也在诺丁汉大学的学生中进行了一个颇有戏剧性的实验，他们让学生配对，每个人给予 1 000 点可用于"军备"开支，他设计了相应的竞争函数（胜出的概率），通过博弈论可以算出每个小组的最优军备支出水平，但是实验结果表明，所有小组的支出水平都过度了。这个结果被解释为小组成员对"共同对外"作出了过度的反应。金迪斯（Gintis，2009）称此为"利他合作的阴暗面"。狭隘利他主义导致的对内友好和对外敌意固然加强了群体内的合作，但是也恶化了群体间的竞争，"看起来，同样的亲社会偏好既可以使得人们在非亲非故的大群体中达成合作，也可以轻易地将让人们引向同归于尽"（Gintis，2009：78）。

狭隘主义可以通过什么渠道来提升群内合作水平或促进群内合作的成功演化？在一篇较早的文献中，鲍尔斯和金迪斯（Bowles & Gintis，2004）将狭隘主义模型化为一个具有可互动的归属特征并排除相反特征的过滤器。群体内的成员可以通过两种方式从狭隘主义过滤器中获益：一是群体规模缩小，二是群体内成员差异程度降低。这两方面都有利于增强群体内的相互监督和建立有效的声誉，因而能够提升群体内的合作水平。换言之，狭隘的利他主义通过排斥外来者维持了群体边界而有助于合作行为成功演化。同时，狭隘的利

①　我曾注意到一个有趣的现象。在期刊审稿、职称论文代表作评审、课题结题评审等专业领域，学者们常常未能严格地保持中立，他们对自己熟悉的作者或报告人会给出比实际水平更高一点的评价，而对和自己没有什么交往的陌生作者或报告人给出比实际水平更低一点的评价。这可能就是因为熟悉的作者是"自己人"，而陌生的作者却是"外部人"。

他主义也解释了为什么群体成员的特征是决定合作关系范围的因素
(Bowles & Gintis，2004b)。

　　从演化视角来看，人类既然得以演化出狭隘利他主义，那么狭隘
利他主义应当具有适存性优势。但群内的利他行为本身对个体是不
利的，那么狭隘利他主义何以得到成功演化？对此，崔（Choi，2007）
认为，狭隘主义增加了群体之间的冲突，而狭隘利他主义则能使群体
在冲突中获益的几率大大增加，从而二者的结合在群体水平上得以
演进。同时，群体冲突的增加本身又会促进个体有利于群体的特征
得到拣选（参见上一节对多层次选择与协同演化的讨论），这意味着
群体间的冲突和狭隘利他主义将是相互促进协同演化的。崔通过博
弈理论分析和基于个体的模拟显示，在与后更新世和前全新世类似
条件下，狭隘主义和利他主义都具有演化劣势，但通过提升群体间的
冲突，它们的确可以协同演进。

　　鲍尔斯（Bowles，2008）进一步指出，利他性在一定程度上调和
了群内分配的矛盾，而狭隘性则增加了对群外人员的敌意。狭隘性
会抑制内部成员与外部人员的远程交易或政治联盟，也会制约在逆
境时获取帮助，故在进化中处于不利的地位，但群体间竞争的获胜方
可以获得更大地盘、更多繁衍机会并进行政治文化上入侵，这都足以
弥补孤立的利他性和狭隘性的选择性劣势。为了验证这一理论猜
想，他利用计算机仿真技术，使群体成员，不管是宽容的还是狭隘的，
利他的还是自私的，都在与后更新世和前全新世相似的环境下经过
上千代的互相作用。结果发现，具有狭隘利他倾向的群体最有可能
在冲突中获得胜利。气候上和考古上的证据也支持了狭隘的利他主
义的演化，大概在 126 000 到 10 000 年前，气候的不稳定加剧了资源
的稀缺，使得人们不得不进行大规模的迁徙和经常与其他部落接触，
在这个时期，群体间的冲突就会更加剧烈。

　　达尔文曾期望群体间的冲突能解释利他主义的演进，他预言，拥
有更多利他者的群体将会通过战胜其他群体而蔓延，故而"这种社会

和道德品质就会慢慢扩散到整个世界"。但是,他忽略了,这种品质也包括对外人的敌意。

4.4.4 缺位的"设计者"和规范的内化

桑塔费经济学家认为,基于自顾个体的合作模型,实际上是一般均衡理论方法的应用,这使得这些合作模型面临一般均衡理论中遭遇的同类问题(Bowles & Gintis,2008)。在一般均衡理论中,缺乏市场出清过程的理论,不得不假定存在一位"拍卖人"。拍卖人的任务是寻找并确定能使市场供求一致的均衡价格,其搜寻均衡价格的方法如下:随意报出一组价格,当某个市场的需求大于供给时,就提高该市场价格,反之,则降低该市场价格,反复上述过程,直到找到均衡价格为止。在自顾个体的合作模型中,虽然可以刻画出各种均衡的条件,但均衡的多重性始终是研究者们的一个困扰:它固然可以意味着制度和行为的多元性,但却使得人们难以明白为何特定的均衡会实现。为了排除其他的均衡,桑塔费经济学家认为需要引入一位"设计者"(choreographer),设计者的任务是发出特定信号来引导相关均衡,实现人们在均衡选择之间的协调。

我们用一个简单的例子来说明"设计者"问题,这个例子就是交通灯问题。交通是一个协调性的合作问题。假设两名司机在一个十字路口相遇,司机甲要从南往北行驶,司机乙要从东往西行驶。他们的行驶状态和赢利如图 4.6 所示。

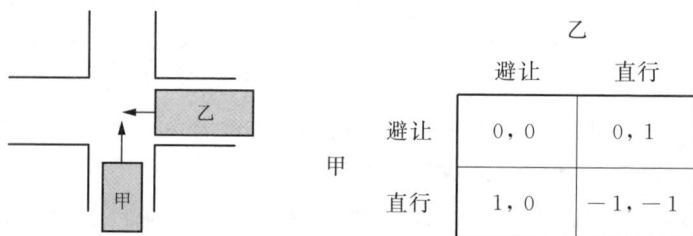

图 4.6　交通博弈

图 4.6 中,存在两个纯策略纳什均衡:(直行,避让)和(避让,直行)。还存在一个混合策略纳什均衡:(0.5, 0.5)。即,博弈存在多重均衡,要么甲避让乙,要么乙避让甲,要么两者都以概率 0.5 随机选择避让。在混合策略均衡中,车毁人亡(双方都直行)的概率是 1/4,无效等待(双方都避让)的概率也是 1/4,双方的期望赢利均为 0。此时,博弈将出现哪一个均衡,人们的行为将如何得到协调?但从博弈矩阵是得不到任何进一步消息的。

倘若存在一个"设计者",他要负责拣选特定的均衡,其拣选方式是发送信号,而每个参与人观察到设计者的信号来选择自己的行动。设计者可能只是发出了一个简单的信号"南北先行",甲乙都正确地理解了设计者的信号,于是就会出现乙避让甲的均衡;或者设计者可以发出"东西先行"的信号,于是就会出现甲避让乙的均衡。这些信号其实可以非常丰富,比如也可以是"大车先行小车后行",只要这些信号可以被博弈各方观察到。现实生活中,交通红绿灯就是这样的信号装置,或者说红绿灯充当了交通博弈的"设计者"。

上面所述的实际上正是博弈论中的"相关均衡"(Aumann,1974)概念。相关均衡提示了多重均衡时哪些均衡会被拣选。在研究合作的博弈模型中,存在多重均衡,因而也需要实施相关均衡的机制。换言之,需要引入"设计者"。桑塔费学派认为,社会规范(social norm)就充当了合作博弈的设计者。社会规范是法律、习俗等正式或非正式的行为约束的总称,它规定了什么行为在社会中是适当的,什么行为在社会中是不适当的。在面临多重均衡时,参与人会考虑社会规范,根据行为的社会适当性来选择自己的策略从而实现特定的均衡。

坚持人是自顾的那些经济学家和博弈理论家可能不会同意将社会规范视为设计者,因为他们坚持认为社会规范也是自顾的个体相互博弈的结果。从桑塔费经济学派的立场我们可作如下回应:首先,即便社会规范是个体博弈的结果,也不能否认社会规范对于个体具有影响和约束,社会规范和个体行为实际上是共同演化的。其次,将社会规范视为"设计者"，并不否认个体相互博弈会影响社会规范的演化。事实上，社会规范作为"设计者"本身并没有规定纳什均衡，而只是实施相关均衡的机制。要理解这一点，只需注意到：理性的参与人在相关均衡中没有动力偏离设计者的指引是因为设计者指引的策略是参与人的最优反应策略，倘若相关均衡具有多个同等赢利的策略，参与人就没有动机去遵循设计者的指引(Gintis，2009，chap.7)。

如果相关均衡能够被纯化(Gintis，2009，chap.6)，则每个参与人都会严格偏好于设计者的指引。遗憾的是，大多数复杂博弈的纯化都会失效(Gintis，2009，chap.7)。这就带来了另外一个问题：我们必须假设人们具有规范倾向(normative predisposition)，即人们有可能在遵循规范会损害自己利益时也坚持遵循规范。只有引入规范倾向，才能在无法纯化的复杂博弈中，面临具有多个同等赢利策略的相关均衡时，拣选出特定的均衡来。这里，也再一次反映出基于完全自顾主体的合作模型所面临的不可回避的缺陷，也反映出顾他偏好(规范倾向是顾他的社会偏好)对于合作模型的重要性。

当然，引入规范倾向不仅需要阐明理论上的必要性，也需要在经验上证明可行。在社会学中，人们有规范倾向是一个被广泛接受的观点。在经济学中，主流经济学家大多不太接受规范倾向假设。但常识和实验都表明，人们会在一定程度上遵循规范，即便遵循规范可能会损失一些利益；当然，遵守规范的行为不是绝对的，如果遵守规范的代价太高，人们就会更不遵循规范。比如，格尼兹(Gneezy，2005)用实验巧妙地揭示了，单次匿名交往中，很多受试者愿意牺牲物质利益以避免撒谎，但是他们撒谎的意愿随着讲真话的代价增加而增加，随着谎言给搭档带来的代价增加而降低。博而斯、克罗松和默宁翰(Boles，Croson & Murnighan，2000)以及查尼斯和杜文伯格(Charness & Dufwenberg，2004)也发现了类似的结果。另外，社会规范可能是演化的产物，可以从基因—文化共同演化的社会生物学模型得到解释(Gintis，2009，chap.10—12；Cavall-Sforza & Feldman，1973；Boyd & Richerson，1985）。

　　将社会规范视为设计者的思想，对于研究合作现象和社会规范只是万里长征迈出的第一步。规范是部分地通过内心的制裁来强制实施的一种行为模式，将规则内化为偏好的一部分这种能力在人类中是常见的，这是人的社会化过程的一部分。绝大多数文化都促进合作的行为，如果我们接受社会学中关于个体内在规范是通过父母师长或其他有影响力的长辈来传递的观点，解释人类合作这项工作就会变得很简单。但接下来的问题是：人们为什么要将规范内化？为什么文化能促进合作行为？

　　金迪斯（Gintis，2003）曾提供一个演化模型，其中内化能力可以获得发展，因为这种能力可以在一个社会行为非常复杂和多面以至于难以通过理性评估获得成功评判的世界中增加个体适存度。内化规范，从个人实现福利最大化的手段，变成了最终目的。①

---

　　① 有一个关于猴子的故事，或许可以形象地说明规范如何从手段变为目的。［该故事的简单版本见潘天群（2003）的通俗著作，由于笔者未查证到原始出处，无法考证是否是真实的实验，因此不在正文中引用。但这个故事本身是有助于我们思考道德的起源及其如何变成行为的目的的。］实验者在笼子里关上几只猴子，在笼子上方悬挂着一只香蕉。有猴子发现了这只香蕉，便去抓这香蕉，但是香蕉连接着触发机关，拿走香蕉便会有大水倾盆而下，淋湿所有的猴子。取香蕉的猴子吃到了香蕉，其他猴子却只有跟着受罪，经过一段时间，猴子们开始集体行动起来，谁去取香蕉，其他猴子就会揍这只猴子，阻止其取香蕉。久而久之，猴子们产生了合作，再也没有猴子去取香蕉了。"道德"规范产生了。

　　然后，实验者将一只新猴子放进笼子，取走一只老猴子。新猴子见到香蕉，便去摘取，但其他老猴子狠狠揍他阻碍新猴子。新猴子最终未能得逞，他不知道为什么挨揍，只知道每次去摘取香蕉就会被揍，久而久之，新猴子形成了信念，不能去动那只香蕉，至于为什么不能动，它不知道。

　　后来实验者又取走一只老猴子，换进一只新猴子。这只新猴子遭遇了与上一只新猴子同样的经历，而且上一只新猴子也加入了阻击这只新猴子的队伍，尽管它不知道为什么不能去摘取那只香蕉。最后，新进来的猴子也接受了不能摘取香蕉的"道德"规范。

　　每隔一段时间，实验者就以新猴子换走老猴子。最后笼子里剩下的全是新猴子了，它们仍严格保护着香蕉不被摘取，谁要摘取香蕉就会被阻击，但它们谁也不知道为什么要保护香蕉了。过去，保护香蕉是一种避免猴子们被淋湿的手段，现在保护香蕉成了目的——即使实验人员不再将香蕉连着触发机关，摘取香蕉已经是一件相当安全的事，但猴子们仍维护着它们不明所以的"道德"规范。

本章的最后,我们想强调桑塔费学派学者对于人类合作的解释一直贯穿着两个基本点:(1)人类演化中群体的重要性和多层次选择的力量;(2)潜在动态的基因—文化共同演化。基于自顾主体假设和个体主义方法论的合作模型,隐含地将自利行为定义成了具有最高平均赢利(适存性)的行为,从而自利原则就成为演化的基本原则。但是,基于这种原则来解释合作是不成功的,因为合作最终被当做是有长远眼光的人们的迂回利己,这种迂回利己合作一方面在合作均衡条件上很难得到满足,另一方面存在着均衡的多重性问题。破解这些问题的道路在于放弃自顾假设和个人主义方法论,引入顾他社会偏好和整体主义方法论。人类的演化事实上存在着诸多层面的群体竞争,一旦考虑群体间竞争,最后胜出必须是在个体和群体层面都具有更高适存性的行为。群体和个体是共同演化的,群体竞争压力会拣选有利于群体的个体特征,此时完全自利的行为常常不再是最具有适存性的行为。特别地,人类社会中,群体间竞争会导致群体发展出有利于群体的个体特征得到发展的制度和规范,从而给具有顾他偏好的个体提供更好的生态位,使得他们在生存竞争中不至被纯粹自利的个体消灭。事实上,不同的作者,比如马克思和一些当代社会生物学家,在其论述中都强调文化是遗传和自然环境相互作用的结果,同时文化又会反作用于遗传和自然环境。主流经济学在考虑人类的合作时忽视了这些重要方面,是非常令人遗憾的。

第5章　权力、财富与社会结构

马克思是伟大的经济学家,也是一个文笔辛辣的作家。他在1867年写道:

> 劳动力之买卖是在流通领域或商品领域内进行的,这个领域的确是天赋人权的真正乐园。那里占统治地位的只是自由、平等、所有权和边沁。所谓自由,因为商品如劳动力的买卖,仅取决于自己的意志……所谓平等,因为他们彼此之间仅作为商品所有者发生关系,用等价物交换等价物。所谓所有权,因为他们都只支配自己的东西。所谓边沁,因为双方都只顾自己。使他们连在一起并发生关系的唯一力量,是他们的利己心,是他们的特殊利益,是他们的私人利益。正因为人人只顾自己,谁也不管别人,所以大家都是在事物的预定的和谐下,或者说在上帝保佑下,完成了互惠互利、共同获益、全体有利的事业。(但是)一离开这个简单的流通领域或商品交换领域(进入工厂),就会看到我们的剧中人面貌大变。原来的货币所有者成了资本家,昂首前行;劳动力所有者成了他的工人,尾随于后。一个笑容满面,雄心勃勃;一个战战兢兢,畏缩不前,像在市场上出卖了自己的皮一样,只剩下一个前途——让人家来鞣。(Marx,1967:176)[①]

马克思这段话,刻画了一个人们司空见惯但又令人困惑的现象:一方面,劳动力市场上工人和雇主是自由谈判缔约的,但另一方面,缔约之后工人和雇主的地位出现了极大的反差,前者必须服从后者。而且,资本雇佣劳动是普遍的事实,但劳动雇佣资本却只存在于臆想

---

① 中文版见《马克思恩格斯全集》,第23卷,人民出版社1976年版,第199—200页。

之中,尽管在马克思写下这段话九十年之后,号称经济学界最后一个通才的保罗·萨缪尔森(Paul Samuelson,1957:894)曾这样说:"在完全竞争市场中,实在无所谓谁雇佣谁;即使劳动雇佣资本也是可以的。"

不能怪萨缪尔森,因为新古典经济学对马克思所说的问题向来视而不见。在瓦尔拉斯经济学体系中,没有权力、没有阶级,任何人无法强迫其他人进行交易。现在,瓦尔拉斯经济学体系正受到日渐深层的批判。桑塔费经济学家鲍尔斯和金迪斯(Bowles & Gintis,2000)在《经济学季刊》(QJE)发表的《瓦尔拉斯经济学回顾》一文中全面细致地批评了瓦尔拉斯经济学的缺陷,并描绘了经济学应有的新变化。鲍尔斯和金迪斯(Bowles & Gintis,1992,2004,2008)的研究也表明,一旦放弃瓦尔拉斯经济学体系的完备合约假设,策略性的交易行为就会产生"权力"(power)——即交易中短边的一方可以通过提供激励(本质上也就是构造有效制裁威胁)来影响长边的另一方。"权力"这一概念,将是解开马克思所描述现象的钥匙。具体而言,个体的财富水平将个体配置到权力体系中不同的位置,因而社会会形成层级结构,会有阶级。交易的双方并非自由平等的,财富水平确定了他们在交易中的"权力"。

5.1 福利经济学定理及其缺陷

5.1.1 自由市场的"无形之手"

很多大学微观经济学教材,从局部市场的供给和需求分析开始,最后落脚到全部市场的一般均衡结果。这一过程一气呵成,所用的数学证明精致优雅,近乎"完美"地证明了自由市场何其美好!这是亚当·斯密"看不见的手"思想的胜利:在竞争的市场上,自私自利的个人,为了谋求私人利益而采取行动,但他们就像得到一只看不见的手的指引,达成了社会公益。

那只看不见的手,实际上是可见的,因为市场价格就是那只看不见的手。经济学有相当一段时间都在试图证明:每个人无需关心经济中其他人的偏好,只需要知道自己的偏好,根据市场价格选择最大化自身效用的交换量就行了,市场将会自动实现最有效率的结果。

这一切是如何发生的? 微观经济学的消费者理论就可以提供解释。假设消费者消费两种物品 x 和 y,根据大学一年级就会学习到的经济学原理可知道,消费者实现效用最大化的均衡条件是:

$$\frac{u_x}{u_y} = \frac{p_x}{p_y} \tag{5.1}$$

其中 (u_x, u_y) 是物品 x 和 y 的边际效用,(p_x, p_y) 是物品 x 和 y 的市场价格。式(5.1)的经济意义是,消费者在两种物品消费中得到最大效用时,消费者对两种物品的边际(效用)替代率刚好等于两种物品的市场价格之比。

这时假设有另一个人,其效用函数记为 $v(x, y)$,同理可得到其效用最大化时的均衡条件为:

$$\frac{v_x}{v_y} = \frac{p_x}{p_y} \tag{5.2}$$

由式(5.1)和(5.2)可得到:

$$\frac{u_x}{u_y} = \frac{v_x}{v_y} = \frac{p_x}{p_y} \tag{5.3}$$

由式(5.3)可见,在同一市场上交换产品的人,在彼此并不清楚对方偏好的情况下,仅仅根据价格采取最大化自身效用的行动,就实现了帕累托有效的交换。因为如果用几何方法来解释式(5.3),就正好是我们所熟悉的二人交换的艾奇沃斯盒图(Edgeworth's Box)。鉴于艾奇沃斯图可以在任何一本微观经济学教材中见到,我这里就不再重复把它绘制出来了。

如果把生产的成本也追加进来,那么不同的企业生产均衡与消

费者均衡类似,生产者均衡时必然有每家企业两种投入要素的边际
(产品)替代率与两种要素的市场价格之比相等。由于一种要素的边
际产出对另一种要素的边际产出的替代,刚好衡量的是另一种要素
边际产出的机会成本,因此竞争市场均衡时,意味着每家企业都以同
样的机会成本在进行生产。

竞争市场甚至还会使得物品的价格与其机会成本是相等的。因
为对于物品 x,如果消费者要消费它,企业就无法用它来生产,反之
企业用它来生产则消费者就不可能消费它。但是,消费者和企业之
间也可以就 x 是用于消费还是用于生产进行交换。允许这种交换的
结果是,生产任何物品 x 的边际成本,应该等于 x 对任何消费者的边
际价值。

上述道理,可以扩展到成千上万种物品和成千上万个人。

综合以上讨论,竞争市场的最后结果是,通过价格指引和交换活
动,使得消费和生产都达到了帕累托有效,资源也得到了有效率的配
置。这一观点,就是赫赫有名的福利经济学第一定理蕴含的核心思
想:自由竞争市场是有效率的。

5.1.2　通往有效配置的途径

自由竞争市场可以通向资源的有效配置,很自然地引出另一个
问题:任何一种资源有效配置,能否一定可以得到竞争性均衡的
支持?

这个问题实在是太重要了! 福利经济学第一定理虽然表明了自
由竞争市场的结果可以是有效的,但其结果并不一定是我们所想要
的。因为自由竞争的结果可以让一些人富得流油,也可让另一些人
走投无路,这种贫富悬差极大的结果可能并不是我们想要的结果。
我们也许想要一种特定的帕累托有效资源配置状态,那么这个状态
是否可以由自发的、分散化决策的市场机制来实现呢? 如果答案是
肯定的,那就意味着我们将可以实现任何一种我们想要的帕累托有

效配置。

　　主流经济学对这个问题的回答的确是肯定的,这个答案来自福
利经济学第二定理:给定凸性和市场完备假设,对于任何的初始禀
赋,任何一个帕累托有效的配置都可以得到竞争性均衡的支持。我
们可以想象一下经济学原理教材中的艾奇沃斯盒图,图中有一条合
约曲线,这条曲线上的每一点都是帕累托有效的。福利经济学第二
定理相当于说,通过改变禀赋,就可在合约曲线上选择我们所希望的
点作为均衡结果。这是很容易直观理解的。在此我们不赘述福利经
济学第二定理的证明(其证明可参加许多中高级微观经济学教材),
而要着重讨论其背后的意义。

　　首先,福利经济学第二定理是一个分配定理。因为它对获取我
们想要的资源配置提出的解决之道就是,对禀赋进行再分配。其政
策含义就是将政府干预与市场交换结合起来,就可实现我们想要的
(比如公平的)结果。但是,我们很快会发现,事实未必如此。

　　其次,福利经济学第二定理隐含了价格功能。因为要满足特定
的有效配置结果成为均衡,必须要有对应的一组瓦尔拉斯价格对此
进行支持。换言之,必须找到相应的价格组合,才能实现特定的有效
配置。但是,有谁知道这个价格组合呢? 主流经济学家也找不出来
这样一个人,于是他们虚构了一个人:瓦尔拉斯拍卖者。神奇的瓦尔
拉斯拍卖者可以获悉特定的价格组合。

5.1.3　桑塔费经济学家对福利经济学定理的批评

　　桑塔费经济学家对福利经济学的两条定理进行了批评。首先的
一点批评意见是:"除了福利分配以外,它们(福利经济学定理)只给
关于竞争性市场系统的运行的伦理考量留下很小的空间;而事实上
福利之分配也并不是由市场而是由初始禀赋的分配决定的。"
(Bowles,2004:214)

　　这一点批评让我想起微观经济理论大家鲁宾斯坦对福利经济学

定理的沉重一击。在一篇名为《丛林中的均衡》的论文中,皮乔尼和鲁宾斯坦(Piccione & Rubinstein,2007)提出了一个丛林经济模型。这个经济遵循弱肉强食的丛林法则,资源的配置并不通过自由市场交换而是取决于武力强弱。作者证明,丛林经济模型中也有稳定的帕累托有效均衡,也有福利经济学第一定理和第二定理。鲁宾斯坦等人的研究,似乎在说明福利经济学定理不过是在玩数学把戏,同样的数学语言体系可以证明,与市场经济遥遥相望、反差强烈的丛林经济,竟然存在与市场经济同样的福利经济学定理。更重要的是,丛林经济模型对主流经济学"阿罗—汉恩—德布鲁"市场经济的辩护提出了足够的挑战:其一,它表明帕累托有效并非特别有说服力的道德标准;其二,它表明,只有在初始资产得到平均分配的情形下,自由市场结果才是合意的。皮乔尼和鲁宾斯坦(Piccione & Rubinstein,2007)写道:丛林机制和市场机制的相对比较,取决于我们对进入模型的经济主体的特性之评定。如果市场中初始财产的分配体现了我们希望促进的社会价值观,我们会认为市场的结果是可以接受的。但是,如果初始财产的配置是不公正的、非诚实的或武断随意的,那我们可能不会喜欢市场体制。同样,如果权力是合意的,我们会接受丛林体制;不过,若权力的分配体现的是威胁我们生命的残忍暴力,我们显然就不会喜欢丛林经济。

鲍尔斯(Bowles,2004)进一步从四个方面批评了福利经济学定理,其中前三点批评考虑模型本身的缺点而不是定理本身。第一,瓦尔拉斯交换缺乏对资本主义或其他市场体制的市场过程的考虑。前面的分析我们已经见到,福利经济学第二定理的成立,有赖于存在一个瓦尔拉斯拍卖者来提供一个支持定理成立的价格体系,这与现实是不吻合的。现实的自由分散决策的市场经济中,没有这么一个神奇的拍卖人,价格是在千千万万交易者的交换行为中自发产生的。换言之,一般均衡理论和福利经济学定理排除了对市场动态理论的需要,问题是,这种排除尽管使得理论可行,但却无助于解析现实问题。

　　正如有一个经济学笑话。一个物理学家、一个工程学家和一个经济学家漂流到一个荒岛,财物尽损,只剩下一盒罐头,却又打不开。物理学家说,我们可以将罐头在太阳下曝晒,高温可能会使罐头盒爆开。工程学家说,我们可以将罐头从高处扔下,撞击力可能会爆开它。这时,一脸高深莫测的经济学家说,假设我们有一把小刀,我们就可以撬它。福利经济学定理,说的就是小刀可以撬开罐头,而价格就是那把小刀。在能够食用罐头之前,我们还得找到那把小刀。

　　问题是,我们能否找到那把小刀,这是福利经济学定理面临的第二个难题。福利经济学第二定理需要一个瓦尔拉斯均衡价格体系。换言之,我们需要一个理论,这个理论能够解释交易过程如何将一个任意初始禀赋转化成一个在没有外生冲击时是稳定的配置和价格向量。这要求均衡是全局稳定性的,即从任意初始状态开始,经济都收敛于特定的均衡。但这个要求很难得到满足。索南夏因(Sonnenschein, 1973a, 1973b)及后续研究者(Mantel, 1974; Debreu, 1974; Kiman & Koch, 1986)的研究表明,通常的关于消费者偏好和行为的假设并未对超额需求函数施加限制,结果在通常的消费者行为假设下,全局稳定性甚至拟全局稳定性是得不到保证的。由此,瓦尔拉斯拍卖者是一个必要的虚构。

　　第三,瓦尔拉斯一般均衡模型是不完备的。要获得唯一的竞争均衡,就不能随意假设给定任意一组偏好、禀赋和技术,而是必须对他们做出相对极端的假设。比如,要求消费者效用函数连续且严格递增且拟凹。此外,瓦尔拉斯均衡模型中,谈判是无成本的,市场竞争是充分的,所有的外部性都得到内化,这些假设与现实经济都相距甚远。

　　第四,即便是对瓦尔拉斯一般均衡理论作出重要贡献的经济学家,大多也认识到了市场完备性假设是不当的。过去,市场不完备性被视为例外现象,比如当物品具有公共物品属性(比如灯塔)或者经济行为具有外部性(比如环境污染)时才会出现市场失灵。而且,新古典自由主义经济学家认为,通过解决公共品收费问题或者建立针对外部性的交易市场,这些问题将不是问题,都可在自由市场框架内解决,政府干预不是必须的。但现在,越来越多的经济学家认同了市场不完备是普遍的,市场中的协调失灵广泛存在于人们的"交往"(interaction)中,并非所有的"交换"都能被完备合约所覆盖。缔约是一种复杂的经济行为,存在着缔约的成本,而合约也具有复杂的形式和结构。结果,竞争均衡中的边际替代率相等的关键条件,常常不能得到满足。

因此,要回应真实世界的挑战,不能困于理想假设下的瓦尔拉斯均衡模型,有必要观察分析真实世界的合约与社会结构。

5.2 科斯定理"誉"与"诽"

5.2.1 "科斯定理"与自由缔约

瓦尔拉斯一般均衡模型中,不需要考虑合约和社会结构。当然,瓦尔拉斯本人对交换中的策略行为也毫无兴趣,他假设产品和服务可以直接和其他东西交换[Walras,1954(1874):225]。开新古典经济学之先的马歇尔及其同时代的经济学家,均采用了经典的合约理论。经典合约理论的特征是:个体或团体的任何交换必然服从合约,因为不服从合约的行为将受到第三方惩罚或制裁,而这种惩罚或制裁被视为是可免费获得的;市场是完备的,因此不存在外部性,即便有外部性(马歇尔和庇古讨论过环境和火车的外部性问题),也可通过合约法加以补偿——这一观点影响了后来的新自由主义经济学家,他们认为,解决外部性问题只需围绕外部性建立一个可交易的市场即可。

著名的"科斯定理"(Coase theorem)长期以来被视为对上述观点的一个证明(但这可能违背了科斯的本意)。科斯(Coase,1960)

重新审视了庇古关于铁路的例子。火车在铁道上行驶,迸溅出的火星可能点燃铁道经过的农田,造成农户的损失。庇古认为,从效率出发,应该规定铁路对农户的损失负责,这样就可以将铁路的外部性内化,迫使铁路在经营中考虑到它对其他经济主体产生的不利影响。在科斯的论文出现之前的一个世纪,英国法律确实对类似的案例做出了规定,支持庇古的立场。科斯的论文质疑了这种状况,他提笔写道:

> 若市场交易毫无代价,则全部的关键问题(暂不讨论平等)就是,应良好地界定各方当事人的权利,并且法律的行动结果应易于预测(Coase,1960:19)。

这段话后来被视尊为科斯定理,其思想可简要总结为:追求经济效率,只需良好的产权界定。换言之,好篱笆造就好邻居。这一令人震惊的论断,源于如下的思想实验:铁路公司为了防止火星迸溅可重新设计列车引擎或采取其他措施,但采取这些行动的代价若超过了因火星而带给农户的损失,那么铁路公司完全可以选择对农户的损失进行赔付,而不是花费更高的代价改进列车。

科斯定理还表明,权利的初始界定对于经济效率是无关紧要的(初始权利界定仅影响福利分配)。为了说明这一点,不妨再来进行思想实验。假设列车行驶的火星给农户造成的损失为 10 元,改进列车技术(无火星迸出)的成本是 4 元,因此从社会的经济效率来说,改进列车技术是最佳选择。假设法律规定,铁路公司要对农户的损失负责,铁路公司将有动力改进列车技术,因为花 4 元升级列车比花 10 元赔偿农户更合算,这一权利界定模式导致了社会最佳效率结果。现在,假设法律反过来,规定铁路公司无需为农户的损失负责,此时农户会发现,如果自己愿意付出 4 元去帮助铁路公司改进列车,则自己就不会有 10 元的损失,而铁路公司也没有理由不答应改进列车。从而,即便法律对铁路公司和农户的权利进行了相反的界定,也同样可实现社会最优效率的结果:以 4 元代价改进列车,节约下 10 元的潜在庄稼损失。两种相反的权利界定的后果之不同在于：当铁路需对农户损失负责时，改进列车的代价由铁路公司承担了；当铁路无需对农户损失负责时，改进列车的代价由农户承担了。

鉴于市场中的私人讨价还价可以产生有效率的结果，因此许多自由主义经济学家认为科斯定理是反对政府规制的理由。的确，无需政府规制也可达到的经济效率，何必还要规制？何况规制有可能催生腐败！他们认为，只要权利得到明晰界定，然后私人自由缔约得到保护，便可实现最有效率的结果。

但是，我们很可能误解了科斯先生。

5.2.2　协调失灵与"科斯谬误"

科斯本人在 1991 年获得诺贝尔经济学奖。十年之后，另一位叫J.斯蒂格利兹（J.Stigliz）的经济学家也获得了诺贝尔经济学奖。正是后者对科斯定理进行了激烈的批评，甚至称之为"科斯谬见"（Stigliz，1998：66）。

科斯定理难以成立的主要原因在于协调失灵。协调失灵是一个宽泛的术语，它是指在两人或多人之间的互动过程中，每个人追求各自的利益，结果却导致了非帕累托最优结果。常见的市场失灵是一种协调失灵，但协调失灵并非专用于市场失灵，所有的制度结构都和市场一样，有实现帕累托非有效结果的倾向。

在科斯谈判中，协调失灵的一个重要原因是集体行动问题。仍以列车的火星和农户的损失为例子，我们对此加以扩展来说明科斯谈判为何难以达成科斯定理所描述的结果。假设有 n 个农户的土地均匀分布在铁道的两旁，这意味着列车进出的火星给每个农户带来的损失为 $10/n$ 元。假设法律界定铁路公司无需为农户的损失负责，那么 n 个农户需要自发与铁路公司谈判，支付 4 元给铁路公司改进列车设计。如果 $n < 2$，任何一个农户即便单独与铁路公司谈判并支付 4 元，对农户也是划算的，故此时集体采取行动只是解决问题的

充分条件而非必要条件。但若 $n > 3$，则任何单个农户会发现，单独采取行动是不划算的，此时解决问题必须依赖集体行动。但集体行动通常并非是无成本的，一方面，每个人都希望别人去承担成本而自己享受好处，另一方面，群体越大协调成本越高。若以一种简化的方式来假设这个成本，比如每个农户需要支付 0.5 元的协调和谈判成本，这就意味着当 $n > 8$ 的时候（协调成本超过了 4 元），对于社会来说，界定铁路公司无权损害农户利益而自行支付 4 元列车改进费用是更有效率的。

即便协调和谈判没有成本，由于搭便车行为的存在也可以使得协调失灵。不妨假设谈判没有成本，但农户需要集体筹集 4 元帮助铁路公司改进列车设计。而每个农户选择混合策略 $(x, 1-x)$ 选择捐钱或不捐钱。一个农户决定捐钱，他有望遇到 $(n-1)x$ 个其他农户也捐了钱，从而自己期望分担的成本为 $4/[1+(n-1)x]$ 元，分享的收益为 $10/n$ 元；若他决定不捐钱，则有 $(1-x)^{n-1}$ 的概率遭遇其他所有人皆不捐钱而获得 0，有 $[1-(1-x)^{n-1}]$ 的概率遇到其他人中至少 1 人捐钱而获得收益 $10/n$。任何一个农户，选择混合策略 $(x^*, 1-x^*)$ 的条件是，无论捐钱或不捐钱的预期收益是相等的，即：

$$\frac{10}{n} - \frac{4}{1+(n-1)x^*} = \frac{10}{n}[1-(1-x^*)^{n-1}] \qquad (5.4)$$

当 $n = 1$，式(5.4)左边始终大于右边，这意味着农户应该始终选择捐钱，即 $x^* = 1$。

当 $n = 2$，式(5.4)有内点解 $x^* = 1/\sqrt{5} \approx 0.45$，即每个农户以 0.45 的概率捐钱（若对方也捐钱，自己就捐 2 元；若对方不捐钱，自己就捐 4 元），以 0.55 的概率不捐钱。此时，双方都不捐钱的概率约 $0.45 \times 0.45 = 0.2025$。换言之，科斯定理描述的帕累托有效结果有逾 20% 的概率不能达成。

当 $n \geqslant 3$，式(5.4)右边始终大于左边，这意味着每个农户的最佳选择都是不捐钱，$x^* = 0$。这似乎令人费解，为什么明明存在 $10 - 4 = 6$ 元的利益，而任何人都要选择不捐钱损失这笔利益呢？原因在于，给定其他人不捐钱，自己不捐献得到利益 0，如果捐献，则自己捐出 4 元但得到的好处仅 10/3 元(不足以抵消成本)。这就是每个人都有一点搭便车的动机，尽管他们也愿意偶尔被别人搭便车，但搭便车的动机导致对公共品进行捐献的少数个体无法平衡成本和收益，于是没人提供公共品。

如果改变一下收益和成本参数，仍取 $n = 3$，若列车给农户带来的损失升至 15 元，则农户的最佳选择将是 $x^* \approx 0.3$；或者将改进列车的成本降至 3 元，则农户的最佳选择将是 $x^* \approx 0.2$。这说明，当农户面临损失更大或改进列车成本更低的时候，农户才越有动机以正概率捐献。

总之，我们上述分析说明了，即便没有交易费用和谈判成本，群体的搭便车动机或者责任分散也会导致科斯谈判的有效结果不能发生。这一分析也可从公共品提供博弈的视角来看待，事实上前面的分析也与公共品提供博弈的分析是类似的。

科斯定理在现实中难以成立还有一个简单的，但又重要且经常被经济学家忽视的潜在原因：财富约束。如果铁路两边的农户，受制于财富约束，拿不出 4 元钱来帮助铁路公司改进引擎设计，那么科斯定理的理想结果也不会发生。现实中财富约束是经常存在的，而且许多时候正是这种约束导致了帕累托效率难以达成，因为财富约束限制了有效的谈判空间。

5.2.3 科斯定理再评价

现在我们要再来评价一下科斯定理。无论是科斯定理抑或科斯谬见，对科斯贡献的争议本质上是对其重要的结论——市场交易成本为零的世界中，帕累托有效结果与产权的初始界定状态无关——

的不同理解。有的经济学家认为,这一命题从根本上扩大了分散配置机制可以实现有效解的情形,从而限制了国家干预的范围。比如布坎南和塔洛克(Buchanan & Tullock,1962:47—48)就宣称:若组织决策成本为零,所有外部性都可通过资源的私人行为来消除,而与初始产权结构无关,此时除了对个人的资源处置权的初始最小刻画之外,并不存在国家和集体行动的理性基础。

有些推论更令人惊奇,比如德姆塞茨(Demsetz,1966:348)将社会系统的变迁也视为科斯谈判,他论述说,奴隶没有谈判权利,奴隶主在使用奴隶时就不会考虑奴隶承受的代价,若奴隶有自主谈判权,则奴隶主使用奴隶的外部性代价就会被内化,发生在欧洲封建社会的从奴隶向自由人的转变就是这样的例子。

德姆塞茨的推论可能太过于激进了。如果社会系统的变迁是科斯谈判的结果,那就不会有暴力起义、革命和战争了。新政治经济学家阿西莫格鲁(Acemoglu,2003)曾详细论证为什么没有政治的科斯定理,因为事前的政治承诺在事后多不可信,独裁者放弃独裁进行补偿的承诺也是不可信的,结果政治交易通常难以达成,这也是政治问题常常以社会冲突作为解决手段的原因。

科斯定理,当我们需要它的时候它却失效了,因此才被称作科斯谬见。这可能是对科斯太苛求并违背了其本意。科斯在描述了交易成本为零的世界的结果之后,又继续写了如下的句子:

> 但是……当交易成本很高,以至于法律规定的权利安排难以变更时,情形就迥异了(Coase,1962:19)。

在 1991 年获得诺贝尔经济学奖之后的颁奖典礼演讲中,科斯讲道:

> 我在那篇文章中①想说明的是,在一个交易费用为零的体制中,标准的经济理论假设下,各方之间的谈判会导致财富最大

---

① 指科斯(Coase,1960)的《社会成本问题》。

化的配置,而不论初始的权利如何界定。这由斯蒂格勒命名并表述为科斯定理,尽管它以我的工作为基础。斯蒂格勒认为科斯定理来自标准的经济理论假设。它的推理没有问题,只是它的领域有问题。我并非不同意斯蒂格勒,但我倾向于把科斯定理当作一块垫脚石,以便进一步分析具有正的交易成本的经济。科斯定理对于我的论文之意义,在于它削弱了庇古体系。因为标准的经济理论假设交易费用为零,科斯定理指出在这些情形中庇古的解并非必要。当然,它也并非意味着当交易成本为正时,政府行动(例如政府经营、管制或征税以及补贴)不可能产生比依靠市场上个人之见的谈判更好的结果(Coase,1992:717)。

这段话我们至少可以读出两重含义:其一,科斯定理并非科斯(而是另有其人)提出来,它只不过是以科斯的工作为基础,而且科斯本人宁愿将科斯定理和自己的论文区别对待(因为他提到"科斯定理对于我的论文之意义");其二,科斯并没有表态自由市场的个人谈判会比政府行动更优,这从引文的最后一句话可以看出,而且他真正的表态则是在这最后一句引文之后接着说的话语之中(p.717):"要对这一点(即政府行动是否优于个人谈判)有所发现,不是靠研究想像中的政府,而要靠研究真实的政府实际上应该做什么。"

桑塔费学派经济学家鲍尔斯(Bowles,2004:229)认为,科斯定理不应被解释为反对庇古体系的情形,而是刻画出在特定条件下产权的私人配置可以减少协调失灵,这些失灵是市场和政府都无法解决的。从这一角度看,科斯定理的真正贡献在于两点。第一,通过揭示有效谈判的必要条件,科斯定理澄清了如下事实:私人分散配置未必是帕累托最优的。在这一方面它类似于福利经济学基本定理:既不提倡也不反对分散式解,而是阐明了获得帕累托有效结果所需的条件。第二,科斯定理正确地指出,消除私人谈判在配置初始产权方面的障碍,它就可以成为一种对付协调失灵的手段。

因此,科斯定理的真正意义不在于否定政府行动,而在于探索交易成本为正的世界中会发生什么。而在科斯看来,真实世界中生产的诸多制度结构,正是对于正交易成本的反应。

5.3 权力与社会结构

桑塔费学派经济学家秉承科斯"研究交易成本为正的世界"这一理念,对影响自由合约的现实因素进行了探析,强调了权力(power)和财富(wealth)在产品市场、劳动力市场、信贷市场等市场上合约行为的影响。他们认为,由于权力的行使有可能改变价格以及交易的其他方面,把权力抽象出来有可能会遗漏经济状况的重要方面,考虑权力和财富约束的经济影响有助于认识市场行为与政府行为的恰当角色。

5.3.1 不完备合约与市场结构

如果合约是完备的,就如瓦尔拉斯体系中,或者科斯定理可以成立的零交易成本世界中,一切交易都可以通过市场交换来完成,许多的生产制度结构(比如企业)可能就是不必要的。

科斯(Coase,1937)显然不认同完备合约观点,相反,他认为不完备合约是经济学的核心,指出当合约可以低成本地通过登记命令执行时,经济交易可以发生在企业内部,通过雇员执行老板的行政命令而不是市场交换来完成。科斯强调了企业的合约关系中权威的作用:"请注意合约的性质,企业使用的要素进入合约,……基于一定的补偿,(要素)服从企业家的指挥。"他对企业的定义实际上是政治结构式的:"假设一个工人从部门 Y 去到部门 X,他并不是因为价格变动才这么做的,而是因为他被要求这么做……企业的明显标志就是价格机制的萎缩"(Coase, 1937:387, 389)。

但科斯并非第一个注意到权威在企业中发挥着关键作用的人。在科斯(Coase,1937)发表《企业的本质》的八十年前,一个德国人早就强调了如下事实:雇佣合同并未涉及诸如工作质量等问题(因而合同并不完备),相反,它规定的是雇员同意服从雇主的权威的时间;雇员对生产过程时间提供的劳动并不由合约保证,而是通过"资本对劳动的占有"来保证——而这种"占有",我们常常误以为是某种"交换"(Marx,1993:275)。这个德国人就是马克思。

科斯的分析,在某种程度上不及马克思,因为马克思更明确地提出了资本雇佣劳动这一问题。西蒙(Simon,1951)曾分析马克思和科斯在言语上的分歧,因而突出了科斯分析中的两个空白:谁是雇主? 为什么雇员必须服从雇主? 这两个问题,实际上也可以归结为一个问题:为什么是资本雇佣劳动?

这个问题主流经济学家曾经是有说法的。萨缪尔森(Samuelson,1957:894)曾经写道:"记住,在一个完全竞争的市场中,谁雇佣谁并不要紧,因此会有劳动雇佣资本的现象。"萨缪尔森的观点在瓦尔拉斯模型中是对的,因为合约是完备的,"雇佣"仅仅意味着"购买",谁"购买"谁都可以。但是,"这有什么意义呢?"奥利弗·哈特(Oliver Hart,1995)提出了质疑。作为一个经验问题,人们常常认为公司是一个行政机构,公司里部分成员惯于发号施令,而另一部分成员则为了避免受罚而遵守命令,员工和经理之间也不会为了每一件工作讨价还价。

阿尔钦和德姆塞茨(Alchian & Demsetz,1972)回答了"谁是雇主"这个问题。他们认为,企业的所有者就是企业收入剩余索取权的所有者,这些拥有剩余索取权的人有动机来监督雇员的行为,因此必须担任高层人员。不过,他们仅迈出了一小步,走得不够远,因此未能触及第二个问题。他们写道:"公司……没有命令的权力,没有权威,没有惩戒行动,公司与雇员之间签订的雇佣合同与任意两个人所订立的普通的市场合同没有丝毫区别……,那么,一个杂货商和他的雇员之间的关系和该杂货商与他的顾客之间的关系的区别在哪里呢?"(p.777)

金迪斯（Gintis，1976）、夏皮罗和斯蒂格利兹（Shapiro ＆ Stigliz，1984）以及鲍尔斯（Bowles，1985）回答了第二个问题：倘若劳动力市场不能出清，雇主就可以威胁雇员。反过来，倘若劳动合约采取长期合约的形式，那么即使是完全竞争的情况下也可能出现失业。哈特则针对阿尔钦和德姆塞茨的质疑更明确地写道："与杂货商对顾客要求的反应相比，雇员对雇主的要求更为遵从的原因在于，雇主可以剥夺雇员的工作资产，聘请另一名员工以这些资产来工作，而顾客只能使杂货商失去客户，只要单个客户对杂货商的影响不大，杂货商要找到另外一个顾客可能并不太困难。"（Hart，1989：1771）

资本雇佣劳动，是合约不完备导致的一种特定的市场结构。市场中并非只有这样一种市场结构，声誉机制、团队生产、信贷合约、长期关系，等等，都与合约的不完备性有关。当合约不完备时，交易网网络、企业和其他制度都会发生演化，以对付由合约不完备引发的激励问题，结果就是合约的不完备性和市场结构的对应（Bowles，2004）。

有诸多原因表明，合约不完备性乃是一种普遍的规律，而非例外的情况（Bowles，2004）。首先，合约常常无法穷尽可能的状态并规定每种状态下交易双方应采取的行为，比如劳动合同无法写明员工每天应该做什么、不做什么以及遇到突发随机事件应作出何种反应，夫妻之间也不可能就家务劳动、孩子养育、财产管理和分配订立一个相当具体的可实施的协议。其次，即便能约定某些条款，但倘若这些条款的行为不具有第三方可观察性或可验证性，它们就名存实亡，无法确保其实施，比如保险合同虽然规定了被保险人应该行为谨慎，但这一条款通常无法实施（因为被保险人行为是否谨慎无法观察），劳动合同也可要求员工努力，但员工技术性地偷懒（貌似努力工作实际上磨洋工）也无法获得证据实施惩罚。第三，交换过程中许多服务和产品天然难以符合合约中的度量描述，理发、中式菜品、饮料等产品和服务我们几乎无法约定具体细致的品质。第四,有些交易没有法律机构能够确保合约能够得到执行,比如许多国际贸易中的违约。最后,有些情形,即便可以有更完备的合同,但人们也处于激励或其他原因倾向于选择不完备的合同,比如朋友之间借债可能并不签署借条,本来有利于解决离婚财产争议的婚前财产公证也常常被视为对婚姻没有信心的信号,而不被结婚的情侣所接受。

与完备合约市场相比,不完备合约市场具有更丰富多彩的合约形式和完全不同的行为模式。比如,当合约不完备,交易者会有区别地选择交易伙伴,仅仅与忠诚的"内部人"交易;治理交换过程的制度发生演化,比如基于长期关系合约来治理交易行为。更重要的是,当不存在外生的(第三方)合约执行机制时,一方当事人对另一方行使权力常常能够促进交换。重返前面引用的哈特的观点,哈特实际上说明了,雇主与杂货商之间的区别在于:雇员不仅需要一份工作(从而与资本结合),而且必须与某些特定的雇主拥有的资本相结合。雇员的劳动力和雇主的资本具有互补性。排斥一个雇员,他就无法与特定的资本结合,就会失业或重新找工作,其家庭和友谊也可能遭到破坏。换言之,雇主因其资本而获得"权力",并且能够向雇员行使这种权力。

雇主能向雇员行使权力这一事实表明,交易在很多情形下不仅是经济过程,也是政治过程。最初,经济学被称为政治经济学,很可惜后来的主流经济学摒弃了政治过程。桑塔费学派主张,要重拾经济交易的政治过程分析,经济学应重返古典政治经济学的轨道。因此,"权力"成为他们主张的经济分析中的一个重要术语。事实上,"权力"的确并非可有可无,它正在经济学中越来越广泛地得到运用。

5.3.2 竞争交易中的短边权力

首先要定义什么是"权力"(power)。

毫无疑问,这个词语在哲学家和政治家那里充满了争议

(Nozick，1969；Lukes，1974；Bachrach & Baratz，1962；Barry，1976；Taylor，1982)。但日常生活已告诉我们一些关于权力的特征。首先，权力绝非单独个人的特征，它必定发生在人与人之间，是人与人关系的一方面；其次，权力的行使包括威吓和实施制裁；[1]第三，权力概念在规范意义上是模棱两可的，一方面权力可以造就秩序，带来帕累托改进，另一方面权力可能偏离道德准则，滥用权力伤害他人；最后，从经济学角度看，权力须是在恰当定义的博弈中可以得到维持的纳什均衡，如果权力不在纳什均衡结果中，它就不可能得到尊重(Bowles，2004：253；Bowles & Gintis，2008，1992)。当然，权力可以在非均衡状态下行使，但作为市场结构中持续存在的一个方面，它必须体现最优反应行为。

　　行使权力的充分条件体现了上述四个特征(Bowles & Gintis，1992，2008)：若 B 对 A 拥有权力，则意味着 B 可以通过威胁或实施制裁而影响 A 的行动，使 A 的行动朝着有利于 B 的利益的方向发展，但反过来 A 对于 B 却没有这种能力。

　　在鲍尔斯和金迪斯(Bowles & Gintis，1992，2008)的观念中，制裁威胁是行使权力的关键，因而也是定义权力的重要要素。B 对 A 的影响，在市场中可以是很宽泛的，比如 B 购买一个产品，将会通过经济体系中的一系列反应最终影响到 A(尽管个人行为对市场的影响是可以忽略的微乎其微)，但 B 对 A 这种宽泛的影响(如果有的话)并不能算作 B 对 A 动用了权力，因为 B 对 A 的影响没有通过威胁或实施制裁来实现。通过把制裁威胁作为权力的一个必要成分，我们还可以把诱导、提供信息之类的人际间的相互作用排除在权力这一概念之外。

----

　　[1]　的确，有许多政治理论家把制裁视为权力的一个定义特征。拉斯韦尔和卡普兰(Lasswell & Kaplan，1950：75)把实施"严厉制裁以维持政策的执行，防止反抗"作为权力关系的一个定义特征。帕森斯(Parsons，1967：308)把"在遇到反抗的情况下进行负面制裁的假定"视为行使权力的必要条件。

　　某个经济主体能否行使权力，与其在社会体制中的地位有关。具体到竞争市场上，若供给和需求不能出清，则短边的一方（shortside）将获得权力。譬如，存在着失业的劳动力市场上，雇主拥有权力；面临信贷约束的信贷市场上，借款人拥有权力。

　　"短边方权力"解释了在哈特对阿尔钦和德姆塞茨的回答中，雇主和食品杂货商之间的区别。雇主对雇员可动用权力，因为他可以威胁雇员，不听话就滚出企业，施加在雇员身上的制裁将剥夺雇员接近工作资本的机会。这种制裁甚为严厉，因为在劳动长期过度供应的劳动市场，找到另一份工作十分困难；这种制裁也是可信的，因为在过度供给的劳动市场上，雇主要找到一名新人来替代原来的雇员是很容易的。相反，杂货商对顾客无法动用权力，倘若他威胁顾客不听话就不卖杂货给他，这就太可笑了，因为顾客几乎可以无成本地转向另一家杂货店来规避这家杂货店老板的制裁。当然，顾客也难以制裁杂货店老板，因为杂货商将选择边际成本等于价格来最大化利润，一个顾客的离去可以有另一个顾客来填充，直到满足边际成本等于价格时为止。

　　按照前面的定义，权力的行使是单向的而不是双向的，B可以对A行使权力意味着A不可以对B行使权力。在雇佣的例子中，雇员对雇主的确没有权力，如果雇员威胁雇主提高工资，否则自己将采取制裁措施（比如破坏雇主的机器、痛打雇主一顿或者纵火烧毁工厂），这种威胁是不可置信的。雇主只会拒绝回应，因为他知道雇员不会将这些威胁付诸行动。

　　在著名的劳动纪律和效率工资模型中（Gintis，1976；Shapiro & Stiglitz，1984；Bowles，1985），在博弈均衡中雇主将提供高于市场均衡的工资给雇员，而这导致非自愿失业的扩大而迫使雇员努力工作，从而也给雇主带来了更大的产出。这表明，雇主通过解雇威胁行使了权力，使得雇员按照雇主的利益行动。这种改进本身也是有效率的。因为，若雇主不行使权力，雇员就只能得到保留效用工资水平

$\overline{w}$，并付出保留的努力水平 $\bar{e}$，从而雇员效用水平为 $u(\overline{w},\bar{e})$，企业得到利润 $\pi(\overline{w},\bar{e})$；当雇主行使权力时，雇员得到工资 $w > \overline{w}$ 并付出努力 $e > \bar{e}$，但总体上其效用水平为 $u(w,e) \geqslant u(\overline{w},\bar{e})$，企业的利润为 $\pi(w,e) > \pi(\overline{w},\bar{e})$。这是行使权力有助于帕累托有效改进的例子。

下面是另外一个有关权力行使有助于治理协调失灵的例子（Bowles，2004），尽管有时伴随着某些不尽人意的分配结果。若雇主除了可以调整工资之外，还可调整工作的其他方面，比如更舒适的工作环境。更舒适的工作环境包括悦耳的音乐等，也包括更尊重员工的管理方式，例如使员工不受种族歧视、性别歧视或其他工作中常见歧视的影响。若公司采用这些措施来最大化公司利润，雇主就可以稍微降低工作舒适程度或工资水平，但让员工不受歧视，在维持员工效用水平的同时增进了自己的利润。这样，雇佣关系中的竞争均衡不仅使雇主可以行使权力、减少协调方面的问题，而且使雇主可以任意行使权力，即：增加他人成本的同时，自己实际上不须承担实质性的成本。当这种权力在非道德情况下行使时，也可以称之为强制。

从而，雇主和雇员之间的策略互动使得权力可以遵循先前提出的四个特征加以行使：在纳什均衡中，制裁是可置信的威胁，其结果是权力的行使，这既可能是一种帕累托有效改进，也可以是权力的滥用。

权力的定义也很容易在信贷市场上得到验证。在信贷市场上，至少有两个原因使得偿还贷款的承诺一般是不可执行的。其一，借款人可能没有足够的资金偿还贷款；其二，存在道德风险问题，借款人有动机采取更具风险的项目经营策略，最后更有可能血本无归。为了激励借款人采取稳健的经营策略和积极还贷，贷款人提供给借款人的条件会优于借款人的退路。结果，比起没有租金或者被限制在单期交往的情形，借款人会采取风险更低的经营策略。在这里，贷款人是通过使借款人的参与约束严格取大于符号而获得行使权力的机会,因为这使得贷款人对借款人的制裁是切实可置信的。如果贷款人仅使得借款人的参与约束取等号,那么贷款人就无法行使权力,因为借款人在向贷款人借钱和他的下一个最优选择之间没有差异,贷款人的制裁就会变得没有强制力。这与雇主提供效率工资给工人造成有效制裁而可以行使权力的情况是类似的。这也可以看出,在瓦尔拉斯模型中,是不会有权力存在的,因为均衡时经济主体的所有选择都具有相同的机会成本,这使得自由经济唯一允许的制裁——修订或终止合同——完全失效了。

消费者也可行使权力,但局限于有时候,而且看起来不那么明显。当然,这里说的消费者行使的"权力"跟我们日常生活所讲的消费者权利或权益是不同的。如果发现产品质量问题,我们可以要求厂商退货或维修,可以向消协投诉,这是我们日常生活中的消费者权利,跟我们这里要讲的消费者"权力"完全是两回事。我们所说的权力,其行使是以当事人自身能实施的有效制裁威胁为条件的。

不妨考虑克莱因和莱弗勒(Klein & Leffler,1981)的产品质量难以衡量的产品质量委托代理模型。在均衡时,买家付给卖家高于其次优选择的价格,并承诺在卖家提供高质量商品的前提下,以后会继续购买其产品。卖家为了不损失由此从买家处所得到的租金,将有动力提供质量更好的产品;否则,买家就会拒绝购买卖家的产品,这将是一道有力的制裁。这样,买家就对卖家行使了我们刚才所定义的权力。

下面一个例子也反映消费者的短边权力,但相对不是那么明显。考虑两家垄断竞争企业,也就是说,两家企业均面临向下倾斜的需求函数;它们需要争夺一个消费者。对该消费者而言,购买哪一家企业的产品都是感觉无差异的。两家企业都选择了使自己利润最大化的产出水平,即边际成本等于边际收益。注意,此时边际收益将低于价格,因为需求曲线是向下倾斜的。对两个企业而言,价格高于边际成本,结果消费者的选择将会增加所选企业的租金,同时剥夺另外一家未选企业的租金。可能读者会有疑问,若两家企业都选择了使自己利润最大化的产出水平,每一家企业都使自己与销售有关的超额利润等于零,那么租金又是如何产生的呢?其中的奥妙在于,消费者从一家企业转移到另一家企业并不是沿着需求曲线(企业选择其产出水平的基础)运动的,而是需求函数发生了平移(被选中的企业需求曲线向外平移,被拒绝的企业需求曲线向内平移)。消费者转移的结果是,对于被选中的企业来说,在当前的价格水平上再多卖一单位产品可增进其利润。

有意思的是,在瓦尔拉斯模型或者完全竞争的经济中,消费者是不会拥有权力的。但一旦背离完全竞争假设,就创造出来消费者可以行使权力的环境。不过,消费者是单个企业的众多买家之一,这样一个策略位置,与雇主面临众多潜在雇员和贷款人面临众多潜在借款人这样的策略位置,是相差甚远的。这就是为什么雇主有权力指挥雇员、贷款人有权力干涉借款人,而消费者却难以命令供应商改进产品质量的原因。

短缺方权力堪与奥利弗・威廉姆森(Oliver Williamson,1985)开创的"市场和等级"方法媲美。罗伯逊(Robertson,1923:85)曾形容各个公司宛如"有意识的权力岛屿在无意识的合作的海洋中",他用不完备合约方法追踪了权力在市场体系和在公司体系中的行使。的确,公司是权力行使的重要场所,但是,如同信贷市场模型的解释,权力也可以在公司甚至其他任何组织体系缺失的情况下行使。短缺方权力是在市场中行使的,而不是局限在市场之外或是常常毫不相关的地方行使。

5.3.3　对权力理论的评论

笔者认为,鲍尔斯和金迪斯(Bowles & Gintis,1992,2008)提出的权力理论,对于理解社会结构及其运行具有重要的意义。

首先,基于权力概念,有望发展出一套解释社会层级结构的理论。经济主体在社会经济体制中的位置,与其权力密切相关,处于非出清市场的短边方可以对他人行使权力,而短边方权力的配置形成了社会的层级结构。雇佣员工需要资本,要有充足的资本就必须融资,就需要贷款人有足够的财富去投资该项目或提供担保。结果,经济主体的财富多寡决定了个体在短边方权力配置中的位置:有钱人可以对那些向他们借了钱的人行使权力,而那些借款人相应地会对他们所雇佣的人(经理或其他雇员)拥有权力。结果是,权力一层层地传递下去,从信贷市场到经理人员劳动市场到非经理人员劳动力市场。沿着这一财富链条,形成了社会的层级结构。

其次,短边权力可以带来帕累托改进,也可能带来权力滥用,可以为现实中某些看似"自由交换"的问题提供思考。如同一个手持匕首的歹徒询问被劫的过路人:"要钱还是要命,你自由选择。"问题是,路人选择要命是"自由"选择吗?霍布豪斯(1998)举到的一个例子:一个人掉下山崖无法逃生,这时你跟他讨价还价,"你若将全部家产给我,我就给你扔根救命的绳子下来"。看起来,这是"自由交换",实际上,不如说是赤裸裸的威胁,也正是这种威胁让你拥有了权力。

回到资本是否剥削劳动这个问题,权力理论将有助于回答这一问题。主流经济学曾提供一套完整的理论来阐释不存在剥削,大致的逻辑如下:完全竞争市场上,企业的生产在长期会停留在有效规模(efficient scale),即规模报酬不变的阶段,此时耗竭性分配定理成立,每种要素将按其边际贡献取得回报,而产出也刚好分配完,从而既不存在资本剥削劳动,也不存在劳动剥削资本。但问题是,这一逻辑的起点是完全竞争的市场。完全竞争的市场上不会有人行使权力。这不是事实。资本拥有权力而劳动没有权力,这才是事实。权力优势导致剥削的确会存在,因为雇员对生产过程实际提供的劳动是通过马克思所说的"资本对劳动的占有"来保证的,而我们却常常将这种占有错误地当成了"某种交换"。

5.4　财富与阶级

5.4.1　财富分配与合约分布

权力理论仅仅说明了雇主和雇员、贷款人和借款人的相对位置，并没有解释特定的个人是如何进入这些位置的。前面我们也曾提及，基于权力概念可以构造一套关于社会层级结构的理论。接下来，将要介绍的就是鲍尔斯（Bowles，2004）所建立的一个简单模型，这个模型揭示了个体的财富如何决定了个体在权力体系中的位置，换言之，个体的财富如何决定了个体成为资本家、雇主或雇员。

模型是在穆克什·埃斯瓦兰和阿肖克·科特维尔（Mukesh Eswaran & Ashok Kotwal，1986）的现代资本主义经济模型上改进的，两位作者的研究受到农业经济的启发：农业经济中，人们往往在各种合约中分配时间，既耕种自己的土地，也受雇于人耕种别人的土地，也可能雇佣他人来耕种自己的土地。而经验研究表明，一个农户进入的合约组合与其拥有的土地数量有关。鲍尔斯模型根据个体选择雇佣的合约，将人们分为六类：纯雇佣工人、半独立生产半雇佣工资工人、独立生产者、小资本家、纯资本家和借贷资本家，并证明个人的财富水平决定了个体进入哪一类人群。

模型假定，雇员有偷懒动机，因此对其行动必须加以监督，为简便起见[1]，假设只有剩余索取者（雇主）可以进行监督。只有生产性劳动会进入生产函数，监督性劳动不会进入生产函数。假定所有人均以相同的利率 r 放贷或借款，但最大借款额取决于一个人的总财富（不论其用于何处）。在每一期初，人们可能借款以便雇佣劳动或租用别人的资本品，在期初支付工资或租金，在生产时期结束时必须

---

① 引入中间监督者（如雇佣的经理）只会增加模型复杂性却得不到更多的洞见。

偿还贷款本息。人们也可以在期初将自己的要素租给别人或者从事雇佣劳动,并在期初获得支付。

生产函数被假定为齐次函数:

$$q = f(k, n) \tag{5.5}$$

其中,q 是其自变量的凹的生产函数,k 是资本投入,n 是生产性劳动投入(包括自有的和雇佣的)。产出价格被规范化为 1,即 q 也是产出价值。生产经营需要启动资本 K(非自主经营而是给别人打工的人不需要启动资本)。个体将其总时间(规范化为 1 单位)划分为自我雇佣时间 l、受他人雇佣时间 t、监督雇员时间 s 和闲暇时间 R。监督劳动数量应与雇佣劳动数量 L 呈正相关,即 $s = s(L)$,$s' > 0$,$s'' > 0$,$s(0) = 0$ 且 $s'(0) < 1$。总的生产性劳动 $n = l + L$。

个人信贷额度 B 受其财富(以其拥有的资本品 k 衡量)约束,$B = B(k)$,$B(0) = 0$,$B' > 0$,即无资产者不能借贷,资产越多可借贷额度越高。$\underline{k}$ 为个体期初的资产。令 w 和 v 分别表示劳动和资本的价格,该价格是外生给定的。则,个人从事生产经营的约束是:

$$B(\underline{k}) \geqslant w(L - t) + v(k - \underline{k}) + K \tag{5.6}$$

式(5.6)左边是借贷的最高额度,右边分别是个人开业需要支付出去的工资(除去了自己受雇得到的工资)、融资成本和启动资本。

假设个体风险中立,其效用函数为收入和闲暇效用之和:$U = Y + u(R)$,$u' > 0$,$u'' < 0$。为保证 $R > 0$,假设 $u'(0)$ 无穷大。若个人选择生产经营,则生产期末他的效用将是:

$$\begin{aligned} w_1 = {} & f(k, (l + L)) - (1 + r)[w(L - t) \\ & + v(k - \underline{k}) + K] + u(R) \end{aligned} \tag{5.7}$$

其中,右边第二项是期末偿还期初贷款的成本,它实际上是式(5.6)右边乘上了 $(1 + r)$ 表示本和息支出。

相反,如果个体出租劳动(当雇佣工人)和资本品,期末效用将为:

$$w_0 = (1+r)(wt + vk) + u(R) \tag{5.8}$$

式子中出现了利息因子,是因为工资和租金在期初就支付了,因此在生产期产生了利息回报。

若个体以式(5.7)为决策目标,则选择 k、R、t、L 和 l 最大化该式,面临的约束是式(5.6),以及如下一系列约束:

$$l \geqslant 0 \tag{5.9}$$

$$k \geqslant 0 \tag{5.10}$$

$$L \geqslant 0 \tag{5.11}$$

$$t \geqslant 0 \tag{5.12}$$

由于时间的总量为1,故所有时间分配之和为1,即,

$$1 = l + s(L) + t + R \tag{5.13}$$

根据式(5.13),式(5.9)的约束条件可写为:

$$1 - s(L) - t - R \geqslant 0 \tag{5.14}$$

以式(5.7)为目标式,令 μ 和 λ 分别为约束式(5.14)和式(5.6)的拉格朗日系数,用式(5.13)消去目标式右边的 l,定义 Γ_i 为拉格朗日表达式关于变量 i 的导数,则有一阶条件:

$$\Gamma_k = f_k - (1+r+\lambda)v = 0 \tag{5.15}$$

$$\Gamma_L = f_n[1 - s'(L)] - (1+r+\lambda)w - \mu s'(L) \leqslant 0 \tag{5.16}$$

$$\Gamma_R = -f_n + w(1+r+\lambda) - \mu = 0 \tag{5.17}$$

$$\Gamma_t = -f_n + w(1+r+\lambda) - \mu \leqslant 0 \tag{5.18}$$

其中,式(5.15)和式(5.17)取等号,因为我们假定 $k > 0$ 和 $0 < R < 1$;

式(5.16)和式(5.18)分别在 $L > 0$ 和 $t > 0$ 处取等号。

人们在各阶层中的地位,将取决于哪些是紧约束以及哪些是松弛的约束。给定外生变量 v、w、r、$\underline{k}$,利用 Kuhn-Tucker 定理,规划问题将有唯一解。这意味着,给定财富水平,我们就能确定个体将进入的合约。图 5.1 给出了对应于不同人群的 5 个不同财富区间。

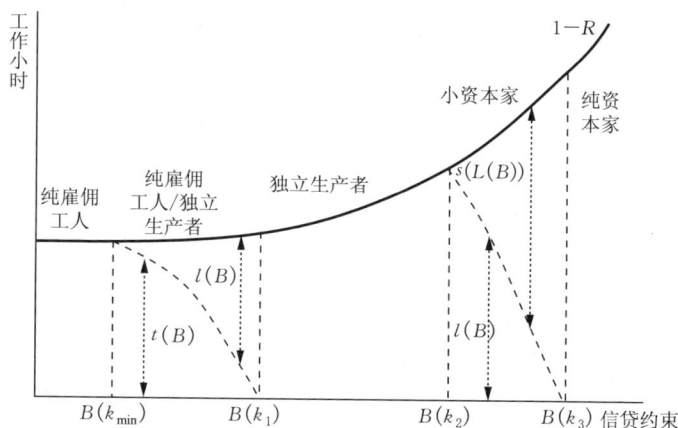

注:图中黑实线表示工作时间(自雇或受雇或监督的时间),根据不同的财富水平,个体将自己的时间在不同用途之间进行分配。

资料来源:Bowles(2004:354)。

图 5.1　财富水平与合约分布

从图中可以看出,财富越多的个体,工作时间($1-R$)越长,闲暇(R)自然就越少。在时间分配上,财富极少的个体充当纯雇佣工人;财富次之的则充当纯雇佣工人和独立生产者,将时间在自雇和受雇之间进行分配,而且这一区间财富越多则配置给独立生产(自雇)时间越多;中间财务水平的个体充当独立生产者;财富较多的个体充当小资本家,一方面独立生产,一方面放贷;财富最多的个体充当纯资本家,其劳动是完全的监督性劳动,不从事生产。

表 5.1 给出了财富—合约对应的解。

表 5.1　财富—合约的对应

位　　置	合　　　约	财　富
纯雇佣工人	$t>0, l=k=s(L)=0, \mu=0, \lambda=0$	$[0, k_{\min})$
雇佣工人/独立生产者	$t>0, l>0, k>0, s(L)=0, \mu=0, \lambda>0$	$[k_{\min}, k_1)$
独立生产者	$t=0, l>0, k>0, s(L)=0, \mu=0, \lambda>0$	$[k_1, k_2]$
小资本家	$t=0, l>0, k>0, s(L)>0, \mu=0, \lambda>0$	$[k_2, k_3]$
纯资本家	$t=l=0, k>0, s(L)=1-R, \mu>0, \lambda>0$	$[k_3, k_4]$
借贷资本家	$t=l=0, k>0, s(L)=1-R, k<\underline{k}, \mu>0,$ $\lambda=0$	$>k_4$

资料来源:Bowles(2004:355)。

表 5.1 还反映出,在某一财富水平上,信贷约束不再是紧的,财富的增加伴随着借入款项的减少,直至最后变为贷出。个体的财富水平超过 k_4 之后,他就成为一个贷款人,也就是金融资本家。

鲍尔斯这个模型,抓住了财富与个体进入权力体系位置的重要关系,论证了财富如何影响个人在社会中的位置。当然,这个模型并未考虑风险厌恶程度、受教育水平、时间偏好、个体的家世背景等重要因素,因此模型还是初步的、不完整的。但其结论和揭示的机制,意义却是很重大的。

5.4.2　财富不平等与阶级

阶级(class)是古典政治经济学中一个常见的术语,它不仅为马克思经常使用,也频繁出现在李嘉图和斯密的经济学中。但是,随着瓦尔拉斯范式的兴起,这个术语就被废弃了。这可能是出于意识形态上的原因,自马克思使用阶级以来,阶级始终和阶级斗争(class struggle)联系在一起,而主流经济学是回避阶级斗争的。

鲍尔斯等人的权力概念再加上财富不平等与合约分布模型,实际上隐含了一种关于阶级结构的理论。这一理论抓住了阶级结构的两个本质特征。首先,同一个阶级的成员,不仅仅在财富水平上是相近的,他们和其他阶级之间的关系是相同的。换言之,不同阶级成员之间的关系,并非独特的个体与个体之间的关系,而是具有共性的一个群体与另一个群体之间的关系。比如,所有的雇佣工人,每天都是和雇主打交道;而所有的独立生产者,仅仅在购买要素和销售产品时才与别人打交道。其次,阶级关系的一个重要方面是一些人对另一些人拥有权力。比如,纯粹资本家意味着成为一群雇员的老板,借贷资本家(金融资本家)可能拥有对借款人的短边权力(依据契约性质而定)。

倘若没有前面关于财富与合约分布的分析,那么即使知道一个人拥有的财富,也不能断定这个人在其谋生过程中将进入社会权力体系中何种位置。阶级的引入,揭示了财富对个人在社会权力体系中所处位置的影响。因此,鲍尔斯等人的权力概念和阶级分析,对于经济学家、社会学家乃至历史学家可能都会颇有启示。

财富水平与权力行使之间存在紧密对应,因此雇主可以对雇员行使权力。但财富对于行使短边权力既非充分也非必要,并不富有的经理人也可以对雇员行使权力,而拥有较多财富的独立生产者(自雇者)却没有权力(假设市场完全竞争)。在市场交易中,权力是被授予给短边一方的,而短边方为了有效威胁长边方就必须使价格偏离竞争均衡价格从而使长边方遭受到数量约束。比如,雇主支付效率工资,导致劳动力这一长边方存在非自愿失业;贷款人提供一个低于均衡利率的利率,让借款人这一长边方面临信贷配给。可以发现,那些长边方的人将被分作两类:一类是按照其希望数量进行交易的人,一类是受到数量约束的人(并非是受到市场排斥,而是他们能得到的交易量比其所希望的要少)。正是这样,短边方的权力才得到了维持。

鲍尔斯甚至基于此提出了资本主义经济的阶级结构的不完备合约模型。图 5.2 表示了这一模型。其中,短边方 B 对与之交往的长边方 A 行使权力。资本市场的贷款人和成功的借款人以所有者身份在经理市场上出现,所有者和那些在经理市场上成功获得稳定职业的人又以雇主身份出现在劳动力市场。阶级结构的政治维度是一个向下传递的短边权力阶梯,始于富有的贷款人,他们对借款人行使权力。富人和成功的借款人(通常也是富人,不然借款很困难),对经理人行使权力,经理和所有者(雇主)一起对雇员行使短边权力。

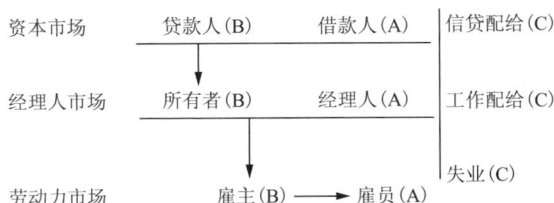

资本市场　　贷款人(B)　　借款人(A)　信贷配给(C)

经理人市场　　所有者(B)　　经理人(A)　工作配给(C)

劳动力市场　　雇主(B)　→　雇员(A)　失业(C)

注:B 是短边方,A 是成功的长边方,C 是受到数量限制的长边方。
资料来源:Bowles(2004:359)。

图 5.2　阶级结构的不完备契约模型

最后,我们简要总结一下本章内容。福利经济学基本定理表明,完全竞争的市场是有效率的,而任何有效率的结果也可以通过完全竞争市场去达到,只要特定的财富初始界定可以得到满足。然后科斯定理表明,在交易成本为零的世界,其实初始的权利界定并不重要,有效率的结果与权利的初始界定无关。但问题是,现实世界不是零交易成本世界,市场也并非完全竞争,而是经常会面临不能出清的结果。市场不能出清的一个重要原因,就是在不完备合约情形,短边方出于对长边方提供激励(也是构造有效的制裁威胁)的考虑会选择偏离均衡的价格,从而形成数量配给,比如资本市场上存在信贷配给、经理人市场存在工作配给、劳动力市场上存在失业。通过有效的制裁威胁,短边方获得相对于长边方的权力优势,并可对长边方行使权力。由此,社会结构和阶级形成将可以得到解释。为什么这个社会形成的体系中是劳动雇佣资本,而不是相反?为什么劳动力愿意受资本所有者的命令和指挥?答案在于,个体的财富水平,是决定个体进入社会权力体系何种位置的关键。

政治经济学从马歇尔时代开始取消了最前面的"政治"两个字，从此忽略了对政治过程的考察，但要更深刻地理解社会关系和经济运行的基础，我们必须重返古典政治经济学，深入考察经济交易的政治过程以及由此形成的社会结构。

第6章 制度及其演化

当代的经济学家大概都同意:制度很重要。但是,要完整地理解制度,就必须理解制度演化。有些经济学家(如 Hodgson,1999:16)甚至主张,制度经济学就是演化的经济学。从演化主义者凡勃伦以来,人们对于制度及其演化的认识不断深化,尤其是近年来基于博弈论的制度及其演化分析更是取得了深刻的洞见。本章试图综述这些新的理论成就。篇幅所限,我把注意力仅集中在一般理论上,而不会涉及任何经验研究;尽管制度的经验研究对于制度演化分析是不可缺少的重要一环。桑塔费学派关于制度演化的分析将一并介绍,实际上我们也希望能够在一个宏大的比较视角来认识桑塔费学派的制度演化分析及其重要意义。

需要说明,制度演化文献已经很多,我选择其中我认为重要的并按照我自己的方式予以介绍,难免带有强烈的个人偏好和倾向。我同意汪丁丁(1992:69)的观点:成功的转述比不成功的创造更有价值;读者会同意,有时只是将不同作者的成果放在一起就会产生"剩余价值"。在本书之前,国内亦有一些优秀的制度演化理论的介绍和总结文献,比如:张旭昆(2001;2007:1—18)对较早时期各学派的制度演化思想进行了很好的总结;韦森(2001)花了相当的篇幅评介演进理性主义和建构理性主义的制度演化思想,还基于萨格登、扬等人的成果详细介绍了习俗和惯例的演化,并探索了制度化的过程;此外,韦森(2003)基于肖特(Schotter,1981)的著作评介了制度演化的博弈论观点;周业安(2004),周业安、杨祐忻和毕新华(2001),周业安和赖步连(2005)则对晚近的关于认知心理和行为与制度(及其演化)的文献进行了综述,并期望由此发展出行为制度(及其演化)的理论。尽管如此,我相信读者仍能从本章读到大量新内容,因为我在内容选择上有意与它们保持互补而不是替代。那些文献与本章一起阅读，将可以更全面地了解制度演化分析的过去和当代进展。

6.1 制度及其演化：思想简史

6.1.1 什么是制度：各派观点

制度是什么？这个问题的答案很多（各流派观点见表 6.1），但大致可分为三类：一类强调制度与精神观念联系，如最早的凡勃伦和最近的青木昌彦、格雷夫等人；另一类强调演进而来的稳定行为和秩序，如哈耶克为代表的奥地利学派和尼尔森与温特为代表的新熊彼特派；第三类则强调制度乃人为的行为规则，基于新古典理性分析方法的新制度主义（NIE）学派，基本上都持此类观点。

众多有差异的定义并不意味着谁对谁错，这取决于分析的目的（Acemoglu，2006；Aoki，2001）。譬如，大多数人认为经济政策是正式的制度，但是阿西莫格鲁却认为某些经济政策（比如税收）不是制度，因为它们太容易被调整；他显然非常强调制度是有惰性的，短时间不易调整。又如，速水在 20 世纪 70 年代末研究了爪哇岛的收割制度的诱致性变迁，但姚洋教授却认为那根本谈不上制度变迁（汪丁丁等，2004），因为姚洋继承了康芒斯的思路认为制度必然与集体行动相联系，地主单方面改变收割分成不涉及集体行动也就不是制度变迁。再如，科斯（Coase，1994）所研究的生产的制度结构其实是生产的组织方式，诺斯（North，1990，2005）则明确地将组织排斥在制度概念之外，而格雷夫（Greif，2006）的制度概念却又明确地将组织囊括其中。

所以我们可看到（见表 6.1），不同学派和学者对制度的不同定义，对应着他们所关注的不同的制度内容，甚至不同的方法论（个体主义与群体主义；演进主义与理性主义）。事实上，当我们把研究定位于不同层面，试图强调制度不同层面或不同方向的特征之时，我们

表 6.1　各学派的制度经济学观点

新与旧	学派与开创性代表	制度定义	关注的制度	方法论选择单位	制度演化机制
旧制度主义	老制度学派（凡勃伦）	一般的、确定的思想习惯，流行的精神态度	产权或金钱关系的制度；生产技术或生活所供给的物质生活制度	偏重个体选择	重演进主义
	老制度学派（康芒斯）	集体行动控制个体行动	工会和政府，尤其是司法制度	整体主义	演进与设计相互作用
广义的新制度主义	狭义的新制度主义学派　产权学派（科斯、德姆塞茨和阿尔钦、波斯纳）	行为规则	产权，普通法	个体主义	理性主义
	组织/交易费用学派（詹森和麦克林/科斯、威廉姆森）	规则、契约、激励机制、建制结构	企业组织，契约安排	个体主义	理性主义
	制度经济史学派（诺斯）	制度是博弈规则；组织是博弈参与人	产权，国家，意识形态	重个体主义	重理性主义
	新政治经济学派　集体行动（奥尔森）	行为规则	集体行动，利益集团	个体主义	理性主义
	公共选择学派（布坎南、塔洛克、唐斯）	行为规则	政治活动，选举制度	个体主义	理性主义
	宪政经济学（布坎南）	行为规则	政治规则、制度规则的规则	个体主义	理性主义

续表

新与旧	学派与开创性代表	制度定义	关注的制度	方法论选择单位	制度演化机制
	奥地利学派（哈耶克）	扩展秩序与自由传统	自发秩序，立法，宪政	个体主义	重演进主义
	后制度主义学派（加尔布雷斯）	制度的根本因素是权力和权力的分配	资本主义制度结构的演变	重整体主义	演进主义
	新熊彼特派（尼尔森，温特）	持久的、规范化的行为类型和社会组织	创新与组织	个体主义	演进主义
广义的新制度主义	博弈论制度学派（肖特，青木昌彦，格雷夫等）	制度即共享信念（青木）；制度是规范、信念的集合，组织等系列集合（格雷夫）	制度的纯粹理论；比较制度分析；历史制度分析	个体主义	重演进主义
	桑塔费学派（行为与演化学派/复杂学派）（鲍尔斯，金迪斯）	赋予个体互动以稳定结构的法律、非正式规则和习俗。	一般化的制度、规范、经济制度	个体选择＋组群选择	演进主义

注：科斯等为代表的 New Institutionalism 和加尔布雷斯为代表的 Neoinstitutionalism 都可译新制度主义，为区别两者，此处将前者译新制度主义，后者译后制度主义。
资料来源：作者根据相关资料整理。

就可能关注于不同的制度之涵义。我们也可根据不同的分析维度对制度作出不同的分类。比如,从结构上而言可分为"建制的制度"(organic institution)和"认知的制度"(epistemic institution)。①前者是指人类组织,如国家、央行、企业、财团等;后者是指被所有行为主体认同的精神观念,如货币、信任、共享信念或者分配规范等。从影响的深远程度,可分为"创立性制度"(constitutive institution)和"调节性制度"(regulative institution)。前者使新的社会行为成为可能,比如新货币、新金融市场或者原创技术语言;后者只是既存行为之间的调停者,如专利、商业合同、交通规则等。或者,也可细化不同层次的制度类型以便对制度进行分层次研究,如威廉姆森(Williamson,2000)就建议将制度划分为非正式制度(如宗教、习俗和社会标准)、正式制度(宪法、法律等)、交易治理模式(即组织作为节约交易费用的制度安排)以及日常行为规则(生产、雇佣、市场均衡等日常经济活动的制度安排)。在任何科学研究中,对象的定义和分类,都是服务于相应的研究目的,对制度的研究也不例外。

6.1.2　作为精神(心智)现象的制度

各种制度的定义中,是否存在某种共同的、最根本的性质? 就个人阅读而言,我愈来愈感到制度经济分析从凡勃伦发轫,经过漫长的跋涉之后,正在重返凡勃伦。凡勃伦(1964:139)认为,制度实质上就是个人或社会对有关某些关系或某些作用的一般的、确定的思想习惯,是一种流行的精神态度。现在方兴未艾的基于博弈论的制度(演化)分析,强调制度实际上是一个共享信念体系,或者基于共享信念的规则和组织。没有共享信念,就没有制度。无论是流行的精神态

①　格雷夫分别称之为"概念性制度"(conceptual institution)和"组织性制度"(organizational institution)。这两种制度可以互相支持,组织制度可以强化概念制度,反过来概念制度也可以强化组织制度。比如,货币可以由央行支持,产权可由法院支持;反过来,企业可由层级观念支持,家庭则由婚姻和社会契约观念支持。

度,抑或共享信念,其实都意味着:制度是一种精神现象(或心智现象)。这可能就是各种制度最根本的性质。

肯定有人不同意把制度视为精神(心智)现象。他们可能这样批评:规则(比如一条法律)、组织(比如一家企业)都是以器物形式客观存在的,无论人们在精神观念上是否认同。但问题的关键也正在于此,规则、组织等器物层面的东西,只不过是作为精神现象的制度的实在表现,它们本身并不一定是制度。以规则而言,只有当规则的认知内容和协调内容成为人们的共同信念后,规则才能称得上制度;若规则的认知内容和协调内容并没有成为共同信念,那么这条规则就不会被人们有效遵循,它也就不是能真正型构个人行为的制度。青木(Aoki,2001:14)写道:"一种具体的(规则)表现形式只有当参与人相信它时才能成为制度……举例来说,政府根据某项法令进口某些物品,但如果人们相信贿赂海关官员可以绕开此项法令,而且这是普遍现象,那么与其把这项法令视为制度,还不如把贿赂现象视为制度更合适……如果参与人对它们的信念动摇了,它们就不再作为制度存在了。"晚年的诺斯显然也逐渐将制度视为精神现象,对个人的制度信念给予了高度重视,他认为信念是理解经济变迁过程之基础的关键(North,2005)。

可以这样说,制度就是维持共享信念的系统,它当然是行为规则,但强调共享信念则体现了人们对规则的认知——我认同那是行为的规则,是因为我相信其他人也会认同那是行为规则;我遵守一项规则,是因为我相信其他人会遵守这项规则,而给定其他人遵守规则我也最好要遵守这项规则。一旦共享信念得不到维持,那么制度就会坍塌。以货币制度为例,政府发行一种新的货币(货币的新规则)之所以能成为新的制度,那是因为得到了人们观念上的认同——每个人之所以接受新的货币是因为他相信其他人会接受新的货币。如果这个信念得不到维持,人们不相信其他人会接受新的货币,那么新货币制度就会失败;或者,即使政府发行新货币而禁止旧货币流通,但若每个人认为他人还会接受旧货币,那么旧货币制度将仍然存在。弗里德曼(2006:15)提及的美国独立战争时期的大陆币和俄国苏维埃政府时的沙皇纸币卢布就是两个很典型的例子。

对于组织——建制制度——它成为制度的必要条件仍是,组织的规范成为其成员的共同信念;否则建制的制度会因此而分崩离析。譬如,一个企业的各种合约安排不能为其成员接受,成员就会离开企业;一个国家的各种合约安排不能为其公民接受,公民就会试图改造国家(选举、改革或革命)或抛弃国家(偷渡或移民到他国);改革和革命,组织形式的变迁,政权的更迭,通常都是观念变革的结果。但是,由于受诺斯将制度视为规则而组织只是参与人的思想影响,组织长期被排斥在制度概念之外。事实上,认知制度(如规则和观念)和建制制度(如组织)都可以在博弈论的框架下展开分析[譬如奥尔林(Orléan)就提供了一个工会/辛迪加组织博弈演化的模型例子,见Lesourne, Orléan & Walliser, 2006, chap.8];而且,制度的概念中也有必要将组织纳入进来,组织只不过是制度的一种特例(Greif, 2000, 2006)。迪克西特(Dixit, 2004:6)对此则评论道:"我推断诺斯在概念上将规则和博弈本身做出区分,导致了制度和组织的二分法,这能帮助我们注意它们的不同功能。但这两个范畴之间的回应和反馈,逐渐使它们的边界变得模糊不清。"

在本章中,我们将制度视为人类的精神现象,始终从"共享信念"的产生和维持视角来理解制度概念以及制度的产生和演进。若以博弈论的术语表达,制度就是关于博弈如何进行的共享信念(shared beliefs)的一个自我维持的系统。至于规则、组织等,则是制度的具体表现形式;只有得到共同信念支持而被固化的规则和组织,才能被称为制度。

6.1.3 主流范式的制度选择和制度变迁

本章界定的经济学主流范式具有如下特征:均衡分析是占支配

地位的分析范式；个人决策被假定为在给定预期下是最优的；而预期在给定的证据下也被假定为是合理的。这样，主流范式经济学将不仅包括新古典（及其综合）经济学，也包括新制度主义中的产权学派、新政治经济学派、组织／交易费用学派，以及（部分的）制度经济史学派。

主流范式经济学日益主张制度是经济绩效的第一决定力量。但总的说来它对制度仍知之甚少；尤其是，它一直忽略了对制度起源和演进过程的考察，制度变迁似乎是理性选择下瞬间完成的。正如扬（Young，1998）所说，主流经济学描述的是"一旦尘埃落定世界看上去会怎样，而我们却对尘埃如何落定感兴趣"。

制度如何得以产生？主流范式经济学的基本观点是，制度源于人们的理性选择。具体地，有几种不同的观点。其一是效率制度观（efficient institution view），它认为人们一定选择最大化社会总剩余的制度；总剩余如何在不同的行为主体（agent）之间进行分配不会影响制度的选择。这种观点背后的推理是科斯定理（Coase，1960）在政治市场的应用：如果当前的法律制度对某个集团有利而对另一个集团不利，在磋商成本低廉的情况下，两个集团可通过谈判来改变法律制度以最大化总剩余。其二是寻租制度观（rent-seeking institutions view），它与效率制度观不同，认为制度不一定是有效率的，因为制度通常并不是由全社会来选择的，而是由少数即时控制政治权力的集团来选择的（当然也有可能是集团与集团之间争斗的结果）。权力集团着眼于权力租金最大化而不是社会福利最大化来选择制度，结果制度只是对权力集团有益而不是对整个社会有益（North，1981）。其三是有代价的制度观（costly institutions view），它认为制度是为了解决经济问题（比如降低交易费用、实施协议等）而被构建出来的，因此存在逼近有效制度的趋势；不过，由于设计制度本身是有代价的，在代价高昂的时候好的制度也有可能不会出现（Demsetz，1967）。

从效率制度观出发,易得到结论:制度差异既不重要也没有意义,因为不同的制度一定都是其所处社会环境中最有效率的制度。但这个结论日益被与此相反的例证挑战,因为的确有诸多坏制度持续存在(Acemoglu, Johnson & Robinson, 2001; Bowles, 2004: 67);而且也有研究表明由于承诺问题的存在,政治市场的科斯定理是不成立的(Acemoglu, 2003)①;甚至当权者还可采取某些分化策略来巩固无效率制度使之持续长存(Acemolgu, Robinson & Verdier, 2004)。寻租制度观和有代价的制度观具有一定的现实基础,已可用于解释各国制度上的差异,以及某些制度(如政府治理、产权安排)的动态变化。

制度如何演化? 主流范式经济学一直缺乏相关的理论,它更多地使用了"制度变迁"概念。主流的制度变迁理论认为,当生产技术、资源的相对价格、外生交易费用、制度选择集等因素一旦发生变化,人们就会产生对新的制度服务的需求;原有的制度均衡被打破,出现制度失衡;当存在制度失衡时,新制度安排的获利机会就会出现;如果制度变迁的交易费用不至于过高,那么制度变迁甚至整个经济结构的变迁都可能发生。当然,在这里假定了制度供给者的存在。制度的供给者可以是经济行为主体本身,他们可通过集体选择来确立一项新的制度;不过,由于信息和交易费用,支持新制度通常也会付出代价,因此集体选择的制度变革有时会遭遇集体(不)行动问题;可以克服这一问题的手段是意识形态,或者通过政府间接集体行动。制度的供给者也可以是政府,尤其是政府具有强大的实施力量的时候;一个反映选民意愿的政府可能只是选民借以间接集体行动的工

---

① 一个现时的当权者并不能确保将来是否还可以当权,也就不能确保将来的权力租金。于是,当权者会建立起寻租性制度作为一种确保其未来租金的承诺机制。尽管改革者可以许诺,若当权者愿放弃权力实现制度变革,则将对其放弃的权力进行补偿,但问题是,当权者难以相信改革者,因为改革者一旦获得权力就可能拒绝对原掌权者进行补偿。这些问题导致科斯式的谈判难以出现。

具，但是一个独立于选民意愿而有强大实施能力的政府也可以强行
实施某些违背民意的制度——许多制度变革的失败，固然有可能源
于意识形态僵化、官僚问题、利益集团冲突以及社会科学知识的局
限，但是也完全有可能来自统治者自行其是的权力。对制度变迁理
论更详细的介绍可参见林和纽金特（Lin & Nugent，1994）、诺斯
（North，1994）和林毅夫（2000:25—54）。

主流范式经济学对于制度经济的研究近年来在两个方向上取得
了重要成就。一是制度的国际比较研究，比如舒拉发（Shleifer）和他
的合作者（LLS，1998，1999；Djankov & LLS，2002，2003；Glaeser
& Shleifer，2002）从法律渊源不同来理解各国经济制度的差异。二
是考察政治和经济的制度互动，比如阿西莫格鲁等（Acemoglu et
al.，2005）发展的政治制度与经济制度互动分析框架:本期的政治制
度和资源分配分别决定了本期的法定政治权力和事实的政治权力，
而本期法定和事实的政治权力决定了本期的经济制度和下一期的政
治制度，本期的经济制度又决定了本期的经济绩效和下一期的资源
分配；然后下一期的政治制度和下一期资源分配又开始决定下一期
的法定的和事实的政治权力……如此循环。他们用这一框架在一定
程度上解释了各国经济制度的差异；而且这一框架也刻画了政治制
度与经济制度是如何互动演化的。但是，这些工作对于理解制度的
演进和差异显然仍是不够的，正如阿西莫格鲁（Acemoglu，2005）本
人所称:"我们离一个解释制度如何被决定以及为什么各国的理论框
架不同还差太远。"

6.1.4　博弈论的均衡制度观

自肖特（Schotter，1981）以来，博弈论开始应用于制度分析，这
可能是制度经济分析在最近 30 年所取得的最重要的进步之一。博
弈论视有效的制度为博弈均衡，这很好地体现了"共享信念"，因为有
限信息下的博弈，不仅要求人们的行动选择（或策略）达到均衡，也要

求参与人的信念具有一致性。青木（Aoki，2001）就将制度定义为均衡博弈路径上固有显著特征的一种浓缩性表征，该表征被相关域内全部参与人所感知，认为是与他们策略决策相关的。这个定义还可追溯到肖特（Schotter，1981），在本质上也与汪丁丁和韦森强调的制度作为"共享的意义"（share meanings）是等价的（汪丁丁等，2004）。

　　基于博弈论的均衡制度观大致有三种。其一是 2007 年诺贝尔经济学奖得主赫维兹（Hurwicz，1993，1996）等主张的机制设计观点，它将制度视为博弈规则，关注于"设计"一项实现既定社会目标的制度的可能性，其基本的思路是将设定的目标当作一种博弈均衡结果，然后试图寻找到能够实现这一均衡结果的一系列（规则约束）条件。在博弈论中这对应于"实施理论"。其二是重复博弈观点，它将制度看作是不断重复的社会环境中的博弈规则。迄今已有不少基于重复博弈来解释惯例和规范的文献，如刘易斯（Lewis，1969）、厄尔曼-玛格利特（Ullmann-Margalit，1977）、泰勒（Taylor，1982）、阿克塞尔罗德（Axcelrod，1984）、肖特（Schotter，1981）则将其推广到了更一般的制度分析；后来的米尔格罗姆、诺斯和温格斯特（Milgrom，North & Weingast，1990）对中世纪"法商"（law merchant）制度进行的研究，成为这种理论用于经验研究的经典例子；格雷夫、米尔格罗姆和温格斯特（Greif，Milgrom & Weingast，1994）和卡尔弗特（Calvert，1995）也持此类观点；格雷夫（Greif，2006）更是基于重复博弈框架发展出了内生制度变迁理论。其三是演化博弈观点，它放弃了前两种观点所坚持的行为主体完全理性假设，研究在个体有限理性状态下制度如何产生并演进；其代表性论著来自萨格登（Sugden，1986，1989）、扬（Young，1998）、青木（Aoki，2001）和鲍尔斯（Bowles，2004）；较早时，霍奇逊（Hodgson，1993）曾回顾过制度经济学的演化理论，但他并未明确使用博弈论框架。

将制度视为博弈均衡的思路也曾遭遇一些学者的批评（如 Hall & Taylor，1996；汪丁丁等，2005）。制度究竟是不是博弈均衡，学术界对此的争论也许还会继续。我个人很赞同以博弈均衡来处理制度。但限于篇幅，我并不打算介绍那些批评的观点以及对批评观点的回应，读者可参阅青木（Aoki，2001）、鲍尔斯（Bowles，2004）和格雷夫（Greif，2006），他们论述了将制度处理为博弈均衡的好处。而本章接下来予以详细介绍的制度起源和制度演进的理论，都是建立在博弈理论以及作为博弈均衡的制度概念之上的。

6.2　制度的起源：来自演化博弈的洞见

6.2.1　演化博弈制度分析的重点

在所有类型的制度中，演化博弈文献最青睐"惯例"（conventions）。在经济理论中，不同学派从不同角度强调了制度的基本功能：制度主义者（凡勃伦，1964；康芒斯，1962）指出制度是影响主体行为以及帮助其形成预期的习俗（habits and customs）；认知主义者（Hayek，1973）认为制度（比如市场）产生了信号（比如价格），这些信号是行为主体所需信息的最好概括；交易费用理论（Williamson，1975）解释了在市场和科层（hierarchy）两种不同协调方式之间的选择，其中关键的考量是降低交易费用；产权理论（Coase，1937；Alchain & Demsetz，1973）强调，在评估一个经济体制的效率时，良好界定的产权非常重要。演化博弈在分析制度时则强调，从大群体的行为协调入手，关注于缺乏第三方实施力量下制度如何在分散决策的个体群之间生成和演化。这不是说所有的制度都无需第三方实施力量，也不是说所有的制度都可由自发生成得到解释，而是理解了自我实施的秩序就可以很容易地理解第三方力量实施的秩序（如果我们追问第三方实施制度的激励和动力来自何方，那么在根本上就需要回溯到自我实施的秩序），理解了自发生成秩序也就可以很容易地理解某些人为设计的制度（有效运行的法律不过是对现成做法加以批准而已）。而"惯例"，显然是自发秩序的最佳代表，它受到演化博弈的青睐就是很自然的事。

所谓的惯例，仍然是以观念固化在个人大脑中的行为规则。行为规则就是将情景状态与行动联系起来的行动计划。典型的行为规则可这样表达：若处于情况 C，则选择行动 A。A 就是绑定在情景 C 中的行动。这里要求情景 C 一定是可观察的，或者具有可观察的信号。人们的行动即通过这些情景或信号加以协调的。对于建模者而言，规则可被实证地解释为给定环境下个人将自然而然地选择某些行为，或者也可以被规范地解释为在社会压力下个人不得不采取某种行为。

制度是在协调行为冲突过程中产生和演化的（Schotter，1981；Bowles，2004）。一个特定的惯例常常与某种协调失灵联系在一起，是作为协调失灵的制度回应出现的。经典博弈论提供了如下五种协调失灵：厄尔曼-玛格利特（Ullman-Magalit，1977）讨论了囚徒困境、协调、保持不平等三类协调失灵，肖特（Schotter，1981）又加入了合作博弈类型问题，除此之外还有一种印第安纵队博弈（Indian file game）。①这五种基本博弈都可用与汽车有关的例子加以说明（Lesourne，Orléan & Walliser，2006），如图 6.1 所示。

在图 6.1 博弈（1）（2）（3）中，每个博弈都存在两个纯策略均衡；（4）其实是囚徒困境的翻版，有一个纯策略均衡；（5）没有纯策略均

---

① 该博弈中，两个司机排成单列纵队前进，后一个司机自主选择其速度，而前一个司机试图戏弄后一个司机。美国印第安战士行军时常常一人紧跟一人列成纵队（file）鱼贯前进，这样，无论十多人还是千多人走过，留下的都是同一样的足迹，让敌人摸不清虚实，这是"Indian file"的来历。后来民间发展出印第安纵队游戏，参与者排成一个纵队前行，在行进途中，凡落在队伍最后的一个参与者需要跑到队伍前头充当第一人，如此循环前进；这个游戏与本章所涉及的博弈有所差别。

1\2	停	行
停	(2, 2)	(**2**, **3**)
行	(**3**, **2**)	(0, 0)

（1）十字路口博弈

1\2	左	右
左	(**1**, **1**)	(0, 0)
右	(0, 0)	(**1**, **1**)

（2）靠边行驶博弈

1\2	电气	燃油
电气	(**3**, **3**)	(0, 1)
燃油	(1, 0)	(**1**, **1**)

（3）技术博弈

1\2	大灯	小灯
大灯	(**1**, **1**)	(**3**, 0)
小灯	(0, **3**)	(2, 2)

（4）亮车灯博弈

1\2	高速	低速
高速	(1, **3**)	(**3**, 1)
低速	(**2**, 0)	(0, **2**)

（5）印第安纵队博弈

图 6.1　基本的博弈协调类型

衡。制度如何对这些博弈的参与人之间可能的协调失灵作出回应？在长期的博弈中，参与人之间可能形成许多种惯例来协调他们的行为，每一个惯例将明确规定参与人被引向哪一个均衡。在十字路口博弈中，很可能形成"优先权惯例"，将先行的优先权让给特定的参与人（比如右边来的车，或者主干道来的车，或者大车优先等）。在技术博弈中，"标准化惯例"将明确该选择的技术。在靠边行驶博弈中，"方向惯例"将明确规定人们有权行驶哪一边。亮车灯博弈是一个合作问题，在单次博弈情形只有唯一的囚徒困境式均衡，但一旦考虑重复博弈则均衡集可以扩大，很可能出现"互惠惯例"将参与人引向一个帕累托最优状态而不是一个囚徒困境均衡状态；比如表示"自己将采取对手在上一期所采取的招数"的以牙还牙的"威胁惯例"就可以达到这样的结果。

6.2.2　惯例制度的生成

　　制度如何在无序的社群中生成和扩散,已有不少演化博弈角度
的研究,比如塞西(Sethi,1999)研究了货币制度的自发产生,扬
(Young,1993,1996)为分配规范的演化提供了模型,等等。在这里
我们以萨格登(Sugden,1986,1989)的十字路口博弈中惯例生成为
例进行介绍。考虑在一个司机社群中,所有的司机都是"近视的"并
且没有标签识别彼此的身份。此时的演化是单一种群(population)
演化。图 6.1(1)的十字路口博弈的动态过程将收敛到唯一的稳定状
态(2/3,2/3),即每个司机在十字路口都每三次中停两次行一次。
这个结果当然是比较糟糕的,因为撞车的频率基本上是每九次相遇
就会有一次撞车。每个司机的平均效用是 2。为了兴起一种惯例,一
个司机至少要知道司机们所处的两种位置和角色即司机应有身份标
签(且标记为 A 和 B)。[①]标签很可能根据车型大小而定,也可能根据
行驶方向而定,或者根据行驶速度而定,当然也可以根据道路大小而
定。总之,在司机之间需要创造(或发现)某种非对称情形来强加给
司机某些概念上的回应。

　　然后考虑经过长期的演化,有些司机变得"聪明"起来,他们之
所以聪明是因为他们识别出了某些标签而"近视的"司机对此却一
无所知。聪明的司机遵循规则"如果 A 就前行,如果 B 就等停",而
近视的司机仍然以一定的概率 p 随机地选择等停。此时的演化是
考虑了聪明司机和"近视的"司机的两个子种群(subpopulation)的
演化。给定聪明司机占据的比例 x,"近视的"司机最优的等停概
率 p^* 是存在的,并且 p^* 随 x 递增,当 $x=2/3$ 时 $p^*=1$。 但是,

---

　　①　请回忆本章第一节(6.1)已指出制度的本质是对均衡博弈路径的固有显著特征
的一种浓缩性表征,该表征被相关领域内所有有参与人所感知。即是说,人们对他人行为的
预期一定要建立在某些可以感知的标签上,一个人没有任何标签,人们就难以预期其
行为。

可以证明，对于任何的 $x > 0$，近视眼司机的效用将低于聪明司机的效用。[①]"近视的"司机可能会逐渐意识到，聪明司机之所以境况更好是因为他们所采取的惯例，向聪明司机学习会导致聪明司机子种群扩张而"近视的"司机子种群萎缩；如果允许直接沟通，"近视的"司机就更容易意识到惯例并尝试遵循惯例，惯例就更容易建立起来。

但是，车型、行驶方向……等标签可能有很多种，究竟哪种标签会被惯例所选择？而且同一标签也存在两种竞争的惯例，比如以车型为标签，既可以是大车让小车的惯例，也可以是小车让大车的惯例，究竟哪一种惯例会胜出？对此，分析具体制度的时候可能需要结合具体的种群背景加以分析。一般来说，某些非对称的要素可能促成了某些标签和惯例更容易选择。比如，对方向的感知往往比对车型的感知更敏捷，因此行驶方向而不是车型大小更容易被选为惯例的标签；而在方向标签中，对左右的感知往往比对东南西北的感知敏锐，左行或右行优先就比南北行或东西行优先更可能成为惯例。当然，完全有可能出现诸多不同的子群体选择了不同的惯例，那么最大

---

① 要证明这一结论可这样考虑：假设聪明司机的规则是"自己在主干道就前行，自己在支路上就等停"。假设每个司机位于主干道和支路的概率各 1/2。那么，聪明司机的预期效用为：

$$\bar{u}_1 = 0.5[3x + 2p(1-x)] + 0.5 \times 2 = 2 + 0.5x - (1-p)(1-x)$$

上式左端第一项是聪明司机位于主干道选择前行的预期效用，第二项是位于支路上选择等停的预期效用。"近视的"司机的最适等停概率 p^* 应满足选前行或等停的效用相同（注意，近视眼司机并不知道自己处于主干道还是支路，因为他不能识别标签），即：

前行预期效用：$u_{21} = 0.5[3(1-x)p] + 0.5[3x + 3(1-x)p] = 3p(1-x) + 1.5x$
等停预期效用：$u_{22} = 2$

令 $u_{21} = u_{22}$ 可解得：$p^* = (4-3x)/[6(1-x)]$ 易知 $dp^*/dx > 0$；当 $x = 0$ 有 $p^* = 2/3$，正是全部司机都"近视"的情况；当 $x > 2/3$，$p^* = 1$（这里还需用到概率最大为 1 的原则），即若有 2/3 的司机变聪明，那么"近视的"司机将始终选择等停。将 p^* 代入 $\bar{u}_1$，可得 $(\bar{u}_1 = 7/3) > (\bar{u}_2 = 2)$，则结论得到证明。

群体将获得最高的赢利,诱使其他的小群体改变其惯例以追求更高的绩效。

6.2.3　多重均衡与制度的分离

演化博弈虽然常常排除了诸多不符合演化理性的纳什均衡,但仍然存在多重均衡问题。由于每一个演化稳定均衡都可以成为一个惯例,那么人们如何才能够从潜在的均衡中将制度分离出来并将其标准化或规范化呢? 韦森(2001)曾详细讨论过社会秩序中"习俗→惯例→法律制度"的制度化过程。与此类似,演化分析框架强调了四个步骤来分析制度分离和标准化:(1)"识别步骤"(recognition step)要求参与人观察到某些规则,规则是任何人可观察到的;(2)"分化步骤"(polarization step)则让参与人将观察到的规则视为制度,参与人将直接针对制度作出反应而不是针对对手作出反应;(3)"合理化步骤"(legitimation step),将制度改造为由参与人的互惠预期来维持的道德约束(精神约束),即便制度早已是自我实施的;(4)"合法化步骤"(legalization step),将制度强制为类似法律的约束,通过激励和制裁予以维持。其中,前两个步骤旨在分离制度,后两个步骤则是通过标准化将制度更加固化下来。对于人为设计的制度变迁而言,后两个步骤特别重要,因为人们对于所设计的制度之合理性和合法性的判断常常决定着制度是否具有自我实施的基础,因而对制度变迁的成败和方向影响深重。

6.3　制度演进:几种分析思路

制度生成之后,将如何演进? 这里有必要区分两种不同性质的制度演进:一是博弈参与人的策略集并未发生变化,制度演进只表现为在原有博弈的多重均衡中从一个均衡漂移到另一个均衡,即制度漂移;二是博弈参与人策略集发生了变化,从而潜在的均衡集合也发生改变,制度从现有均衡变化到一个新的(不存在于原博弈中的)均衡上,即制度创新。①制度变迁,或制度演进,是制度漂移和制度创新的总括。之所以作此概念区分,是因为读者随后会发现,演化博弈只可以处理制度漂移却不能处理制度创新,这也是一些学者(如黄少安,2007)认为演化与博弈在范式上不可通约因而不能用演化博弈研究长期制度演进的原因;为了解决制度创新的问题,青木(Aoki,2001)提出了主观博弈分析框架。然而,演化博弈和主观博弈都未能解决既有制度影响其本身的演化路径的(内生性变迁)问题,后来格雷夫(Greif,2006)基于重复博弈框架提出了内生性制度变迁理论。此外,来自桑塔费的经济学家还从行为和演化视角提出了基因—文化演化过程和制度与偏好的共生演化理论(Bowles,2004)。

　　无论是制度漂移还是制度创新,其方式都既可以是设计演进的,也可以是自发演进的。但有必要指出:尽管在一项具体制度演进的分析中确需考虑其是自发演进还是设计演进的背景(这样才能得到有意义的结论),但在纯粹的制度演进理论研究中关注的应是自发演进方式。因为理解了自发演进也就不难理解设计演进。通过法令建立起来的一项规则,能够成为制度(属设计演进)的一个必要条件是:有足够数量的个体相信其他人会遵守这项规则,并且给定那么多人遵守规则的情况下他遵守规则对自己是更有利的。如果没有足够数量的个体相信规则的认知内容和协调作用,那么就没有人会坚持规则(即使这个规则本来有潜力成为自我实施均衡),这个规则也就不能成为对人们行为形成有效引导和约束的制度。国王的权力不是来自军队,而是来自军队中每个成员都

---

　　① 汪丁丁(1992)认为,一切为降低交易费用的制度变迁都是制度创新。这是一种广义的制度创新。本章的制度创新特指伴随有突破旧策略集合的新策略被采纳的制度变迁,那些在既定旧策略集合中尝试不同策略而发生的制度变迁,可以叫作制度(均衡)漂移。显然,本章的制度创新不一定能节约交易费用,而能节约交易费用的制度变迁在本章也不一定属于制度创新。

坚持这样一个信念,即每个人都将服从国王的命令,以及对他来说最优的反应就是选择服从(Greif,2006:138)。在本质上,设计的规则要成为制度,或自发的规则要成为制度,都要求规则的认知内容和协调内容成为人们的共同信念。因此,立足自发制度演进来研究制度的演进有其现实的合理性①;只有在研究具体的一项制度的演进时,才有必要考虑其设计或自发的演进背景。正是基于此,下面提到的几种考察制度演进的思路,无一例外地都把自发制度演进作为最核心的分析对象。

6.3.1 演化博弈与外生的制度变迁

博弈演化(往往具有)的多重均衡性质,既是制度多样化的有利的理论证据(Aoki,2001),也为制度变迁提供了部分的原因。譬如,某些惯例制度的自发变迁过程可刻画为图 6.1(3)的技术博弈(Boyer & Oléan,1992)。如果司机遵循某些学习和演化过程,他们就会收敛到使用同种类型的汽车,最后的演化稳定均衡可以是电气车,也可以是燃油车;最终的状态取决于初始条件、动力(dynamic)和随机因素。若不考虑随机因素,最终状态就由某个频率阈值 p^* 来决定,它刻画了最初使用燃油或电气汽车的参与人所占的比例。使用电气车的司机频率超过 p^*,演化路径就收敛到全部使用电气车的稳态;否则就收敛到全部使用燃油车的稳态。尽管使用电气车更符合全部司机的利益,但这种变迁仍是很困难的,因为使用燃油车作为惯例具有演化稳定性质,会拒绝那些微小的对自身的修正(路径依赖和锁定),除非修正足够大使得一夜之间使用电气车的司机突然超过了 p^*。

---

① 青木昌彦(Aoki,2001:239)从另外一个角度也论述了两种变迁机制的本质可能是相同的。他认为两种制度变迁过程都必须满足一个共同条件:在初始的政治域,必须有超过临界规模的参与人修改对于域内部结构和外部环境的认知,并以分散化或相互协调的方式联合采取新策略,这样才能导致新均衡序列的出现。如果从这方面去理解,两种变迁机制之间的区分就会模糊不清。

关键是,这样的一夜骤变可能吗?

一旦将某个制度作为博弈均衡,则每一个人依制度采取行动是其最优反应,那么自我实施的制度要产生变化似乎就必须依赖于外生的变化起源(Greif,2006:158)。演化博弈框架下,惯例制度的变迁常常根植于几种外生变化。首先,某个外部因素的推动可以导致制度变迁。比如,电气车可能因突然发生的时髦效应而数量急增,超过频率阈值 p^*;或者燃油车被一场战争或社会运动大量损坏,新的形势中电气车将有机会取代燃油车;或者国家的汽车产业政策禁止再生产燃油车等。其次,制度变迁可能先是在局部产生,一小部分人先转向电气车,然后与他们密切接触的邻人也开始转变,最后通过网络扩散到全局。第三,惯例结构本身的结构发生变化也可导致变迁,比如技术进步使得电气车的效用大大提升,这就会使得阈值 p^* 变得更小,更容易被满足。

也许,还有一个外生因素是重要的,那就是人们可能因为犯错误或者试图尝试新策略而选择了不在当前制度均衡中的策略。只要犯错和好奇在人的行为中难以避免,那么就始终存在着零星的偏离当前制度均衡的行为。这有点类似于生物学中的"变异"。给定人们一定的策略"变异"概率,那么存在多重均衡时制度实际上是漂移的。因为哪怕给定极小的变异概率,当时间足够长的时候(比如成千上万年),制度均衡发生漂移的可能性也可以非常之大。

如果单从个体的(基因或策略)复制动态并考虑变异来研究不同制度均衡间的漂移现象,会存在两个问题:一是漂移均衡意味着无效率的制度可以变迁到更有效率的制度,而有效率的制度也可以变迁到更无效率的制度;二是制度变迁(均衡漂移)所需的时间可能太长了。对于第一个问题,我们并不排除现实中的确也存在一些制度由好转坏的情况(譬如民主社会也可能出现王权复辟),但是更多的现实也许是社群一旦处于好制度就难以再转入坏制度,为了符合这样的现实有必要加入人们的认知状况,或者考虑诺斯(North,2005)所谓的人类意识的意向性：当人们意识到制度有好坏之分时，就会有意抵制转向坏制度，即好制度下人们的策略和行为向坏制度的策略和行为"变异"的概率将非常小（远小于坏制度中策略向好制度中策略变异的概率），甚至趋于 0——试想民主观念深入人心的社会中有几人会同意独裁？这种加入人类意识有向性的考虑，也说明即使研究纯粹的自发制度演进可能也不宜彻底放弃主流经济学的理性人框架。

至于第二个问题，众所周知，现实中的制度变迁常常不需要成千上万年，有时在一夜之间就可以发生。鲍尔斯（Bowles，2004：434—435）提出的方法是考虑对制度演化的动态过程做出修正，比如他曾总结如下几点。（1）大多数社群是由小规模、内部成员交流频繁的组群构成，小组群增加了那些不可能偶然事件的相对重要性，从而在组群水平上提高了非最优反应博弈导致的习俗制度间多次转换的可能性。（2）偶然事件通常不仅影响社群成员的行为，也影响赢利结构，有时赢利环境的变化使得吸引域阈值 p^* 发生移动，大大缩小了现存习俗制度的吸引域，则习俗制度变迁极容易发生。（3）一般地，社群中并不止存在两种习俗，而且其中一些习俗可能很相似（即它们之间的诱致抵制系数很小），于是相近的习俗之间可能发生变迁，而经过一系列相似的习俗之间的转变，社群可以在制度状态空间内大范围地变动。（4）考虑观念对行为的影响，观念有可能导致不同规模子群体有意识地采取非最优反应行动（比如在恐怖政治下采取"革命"行动，革命的多次失败说明革命并非最优反应行动，但革命者为了理想仍前仆后继），社群中一个组群采取非最优反应的可能性越大，另外一个组群采取非最优反应的可能性也越大（革命的"星星之火，可以燎原"？），这在一定条件下可以加速转变进程（革命可能是最激荡的制度变迁）。（5）如果存在集体行动，也可极大地减少制度变迁的时间；假设一旦被号召，个体就会在下一期及随后的各期保持活跃，直到他们"失去积极性"——每一期这都以一定机会发生。这有点类似于"秘密革命"，革新者一直参与密谋，但是除非他们的人数足以推翻现行的制度，否则他们不参加任何集体行动。因为密谋不会影响其在现有制度下的收益，潜在的革新者数量会以一种类似于漂移过程的方式逐渐增加，直到密谋者数量超过域值，这会极大地缩短制度变迁时间。有时，我们可能是看到一夜之间从一种制度转向了另一种制度。此外，还有一种鲍尔斯未曾提到的动态过程，即（6）掌握着实施能力（比如掌握着忠诚的军队和司法等暴力机构）的个体或组群，他们可以宣布一个新的规则，并通过其实施能力将这个规则固化为制度，这就是所谓的"强制性制度变迁"；强制性制度变迁能够成功的原因，正在于宣布制度的一方有能力强制实施其宣布的规则，或者说，由于他们掌握的实施能力使足够多的人相信"其他人会遵守这个规则，并且当别人遵守时我自己最好不要背离规则"，从而强制者宣布的规则成为人们的共同信念，强制性制度变迁就成功了。否则，强制性制度变迁可能失败，许多的法律名存实亡在现实中并不鲜见，因为没有足够多的人认为别人会遵守那些法律，而且别人不遵守自己也就没有必要去遵守。上述对制度演化动态过程的修正，一定程度上可以帮助我们理解制度变迁为什么可以不那么缓慢，但是它是否能为历史上发生的制度变迁提供可信的解释，仍需要更多的经验研究来回答。

6.3.2　主观博弈与共享心智模型

演化博弈的制度分析，可很好地揭示参与人从既定策略集合中以分散化方式尝试新策略而自发产生的均衡变化；但它难以揭示引入某种新策略集合的（即包含着制度创新的）制度均衡变化。青木（Aoki，2001）的主观博弈模型一定程度上克服了这个问题。

主观博弈之所以冠以"主观"之名，是因为它假设人们对于自己正在从事的博弈结构仅有有限的主观认知（我相信大家会同意这个假设),这些认知来自于过去的经验,只有在环境发生重大变化和认知出现内部危机的时候才会被修改。特别地,有限的主观认知使得参与人在特定时间只是主观地启动其策略集合中的一部分子集或子集的某些组合作为备选策略,这就在分析上为参与人将来采取"新"的策略(或者说为参与人的制度创新)留下了空间。如果假定吸引域的环境(即外部条件,如技术、外部制度等)在一定时期是稳定的,那么主观博弈模型可描述如下:

存在一个参与人集合 $N = \{1, \cdots, n\}$。

参与人 $i \in N$ 的策略空间 A_i 为无限维空间,但在任何时点上,只有一个有限维的策略子集处于启用状态。一个子集被选择之后将被 i 维持 S_i 个时期。

存在一个参与人共享的信念体系 Σ^*,即制度。所有参与人的策略组合空间可记为直积 $\Pi_{i \in N} S_i$,博弈的一条路径(即一个策略组合)$s \in \Pi_{i \in N} S_i$。参与人除了掌握共享信念之外,还可以掌握某些私人信息 $I_i(s)$,它被定义为 $I_i(s) \equiv \Sigma_i^*(s) - \Sigma^*(s)$。

给定被认知的制度(即共享信念体系)Σ^*,参与人对博弈的后果有一个主观状态分布函数 $\phi_i(s_i, I_i(s) \mid \Sigma^*, e)$,其中 e 代表环境。这个函数的意思是说,给定制度 Σ^* 和环境 e,参与人在私有信息 $I_i(s)$ 下的每一项决策 s_i 都会在后果状态空间 Ω 上产生的结果分布。这个函数,可以看作是参与人对决策结果的主观推断函数。

参与人在给定制度、私人信息,以及对环境的主观推断的条件下,从其启用的策略(子)集合中选择 $s_i^* \in S_i$ 最大化其预期效用 $u(\phi_i(s_i, I_i(s) \mid \Sigma^*, e))$。

主观博弈的纳什均衡条件可以写成:

$$s_i^* = \arg\max_{s_i \in S_i} u_i(\phi_i(s_i, I_i(s_i, s_{-i}^*) \mid \Sigma^*, e)) \quad \forall i \in N$$

即,每个人在给定制度和外部环境的条件下,根据自身的私有信息选择了有望最大化自己效用的策略。而制度 Σ^*(作为共享信念体系)本身也是主观博弈的参与人策略决策总和的产物,因此它可以随着人们对博弈的认知变化而不断再生和自我实施。当现行规则对人们所希望的来说并不能产生满意结果时,就会出现认知危机,参与人就会较大幅度地修改或重设规则系统,尝试启动策略集的更大范围以搜寻新的决策规则,从而制度创新就可能产生。由于环境不断在变化,制度演化也将体现为不断的制度漂移和制度创新的过程。

落实到具体的制度演化层面,有哪些因素可能诱导环境发生较大的变化?青木(Aoki,2001)、柯武刚和史漫飞(2004)、斯密德(Schmid,2004)等都有过简要总结,比如:(1)新知识、新技术使得采取新的行动成为可能;(2)经济交换或市场的扩张;(3)战争等外部冲击;(4)临近社群发生巨大的制度变迁;(5)后果函数的政策参数发生变化;(6)某些外生规则或内生规则的累积性后果的合法性受到质疑并超过了临界规模;(7)现存制度中(中性的或次优的)变异者数量及其能力达到了显著程度。

就主观博弈模型的本质来说,它实际上是发展了这样一种博弈分析理论:人们对于所进行的博弈的结构并不完全知晓,参与人可启用的策略集始终只是其无限策略空间中的一个有限集合,同时对于各种策略组合在各种环境下的赢利也只能根据经验作出主观推断,在一个特定的时间段内,博弈均衡(要求策略和信念均达到均衡)中的信念体系就成为共享信念,即制度;而在另一个时间段,可启用的策略集合发生了变化,或者环境发生了变化,认知可能出现危机,于是参与人必须修正其信念,从而导致了制度的变化。制度演化的过程,就是这样的共享信念体系不断再生的过程。图 6.2 刻画了认知变化与制度变迁的机制。

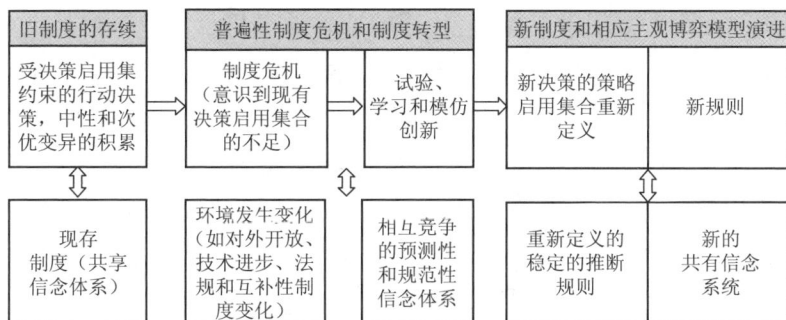

资料来源：Aoki(2001)：图 9.2。

图 6.2 制度变迁机制的认知方面

以主观博弈模型考察制度转型,转型期通常划分为两个阶段:一是相对短而混乱的制度危机阶段,其中急速的环境变化引发了超过临界规模的参与人认知危机,各种变异性策略以一定规模进行着试验;另一个是各种决策在"演化选择压力"作用下接受演化考验的阶段——即某些策略在演化过程中逐渐上升为主导地位,后一时期最终和制度稳定阶段汇合在一起(Aoki,2001)。这个视角或可用于理解中国的经济社会体制转型,为什么改革开放伊始政府就一再强调解放思想、统一认识,为什么随着改革深入各种矛盾纷纷呈现,以及为什么在现阶段要提出"和谐社会"共识。

主观博弈模型并非没有缺陷,它忽略了认知变化的过程,假定当事人已经存在某种认知模式,而面临认知危机的时候人们也总是有能力修正其认知模式。值得追问的一个问题也许是,人们为什么有能力修正其认知模式?在严重的有限理性约束下,人们何以能走出混乱,达成信念共享的规则?威廉姆森认为,考虑认知的分工和专业化也许可以解决这个问题;诺斯等人也看到了同类的问题,提出了制度演化的认知模型——共享心智模型。共享心智模型或许可以被看作是主观博弈模型的一个更微观的基础,当然诺斯更强调意识的意向性。该模型认为,当事人有某些认知能力禀赋,面临不确定环境时将通过预期和意识采取行动,环境的变化通过信息反馈影响当事人的认知,当事人通过心智对这些变化进行评价、精炼、接受或拒绝,从而形成新的预期。如此循环,构成当事人认知和环境的互动过程,这既是心智的调节过程,也是一个学习过程。一种心智模式若在环境反馈中被反复认可,那么这种模式就趋于稳定,这种心智模式就是"信念"。另外,心智模式具有内在的创造性力量。当事人启动某种心智模式是针对特定环境问题提出解决办法,如果成功则经验就会被积累,如果失败则当事人首先寻求替代性解决办法,如果仍不成功则会尝试新的办法,这就是心智模式内在的创造过程。这一过程不仅使心智模式能够适应环境的变化,而且会促进心智模式本身的演进,产生新的心智模式。虽然各个参与人的心智模式可能是异质的,但是若他们之间可以存在相互的模仿、学习乃至知识交流,则最为成功的心智模式就可以成为共享心智模式,在相互认同的过程中,这种共享模式可以稳定下来,成为共同的行为规范,即制度。一旦有新的认知改变了个体的心智模式,这种创新就会通过前面的机制反映到共享层面,从而可能导致制度的演变。

对于希望更细致了解心智模型的读者,可以阅读周业安(2004)、周业安和赖步连(2005)、诺斯(North,2005)。诺斯对心智何以能塑造文化、心智如何运行、个人如何基于感知作出决策等问题都作了深入论述。周业安认为,结合诺斯的共享心智模型、青木昌彦的演化博弈和主观博弈模型以及斯密德等行为视角的研究,考虑个体心理和行为与制度的关系,有望发展出"行为制度理论",或者行为制度演化理论。当然,这样的研究已经发轫,比如鲍尔斯(Bowles,2004)的著作,就是一本典型的从行为和演化视角研究制度的著作。甚至现在新兴的神经经济学,正不断为人类认知提供生物学基础,所以有些学者认为对制度及其演化的研究,最终有必要基于脑科学的研究——这对于目前的制度经济学来说似乎已经不算太遥远,当代神经经济学(Neuroconomics)的兴起,有望逐步打开认知的黑箱。

6.3.3　内生制度变迁理论与制度演化路径

演化博弈框架的制度演化分析中缺乏制度创新且制度变迁因素是外生的。"主观博弈＋心智模型"的制度演化分析包容了制度创新,但本质上仍然是一种外生演化模型,它强调的仍是制度针对外部环境变化如何作出适应性的反应、调整和变迁,只不过这个适应性变迁过程中,允许人们"创造"出新策略从而可能创新制度。

但制度的变迁可以是内生的,即一项制度可能导致该制度本身的变迁。应该说马克思就有这种内生制度变迁的思想,比如他认为资本主义生产制度本身将会导致资本主义制度的消亡。不过此一方面的理论成就,主要是格雷夫在近年做出的,在其新作《制度与经济现代化之路》中,格雷夫(Greif,2006)总结了内生制度变迁理论。

内生制度变迁理论考察的问题是,由自我实施的制度诱发的行为为什么以及将如何影响这些制度的长期稳定性。研究内生性制度变迁的必备条件是了解这样一种机制,即在环境不变时制度是如何得以维持的,以及在环境变化时,制度为什么会保持稳定(Greif,2006:157)。过去,人们基于社会学用行为的"惯性"(inertia)来解释;在新制度经济学中则以"路径依赖"加以解释。所谓路径依赖,其思想是假设现在和过去存在关联,历史会影响现在,现在会影响将来。这两种解释都并没有真正落实到人类行为的微观基础上。博弈论对于制度的分析,则提供了另一种洞见:制度之所以持续,因为它是博弈均衡,环境不变时维持既有制度是既定信念下每个人的最优行动;由于制度具有演化稳定性质,所以环境变化只要不超过一定的程度和范围,制度就能吸纳环境变化带来的扰动,只有当环境变化突破一定范围,制度变迁才会产生。但是,演化博弈或主观博弈分析思路中,制度变迁被视为外生参数变化所引起的动态变迁过程。

格雷夫(Greif,2006)则认为,均衡方法可以和内生制度变迁的研究结合起来。他提出了两个新的概念用于内生制度变迁的分析:

准参数和制度强化。准参数是指：博弈的有些方面在短期研究制度的自我实施性质时，可以被看作是参数，在长期则被看成是内生决定的变量；参数以这种方式内生的变化，根据这种效应称之为准参数。准参数的边际改变并不会导致行为以及与制度相联系的预期行为的变化。在分析中，准参数的选取并非固定不变；究竟哪些方面应作为准参数，应根据经验观察为基础，如果自我实施的结果影响到以某种方式支持已观察到的均衡的一个或多个参数值，进而可能导致长期行为的改变，那么这些参数最好被确定为准参数。或者说，某些参数影响短期的均衡结果，但又受到短期均衡结果的影响而可能在长期发生变化，这些参数就应当被确定为准参数。通过影响准参数，由制度诱导的行为和作用过程可能会增加参数值以及情形的范围，其中制度是自我实施的——换句话说，制度所导致的行为结果反过来导致了制度具有更大范围的适应性——那么制度就得到了强化。一旦制度得到强化，在越来越多的情况下，越来越多的人将会发现坚持与制度相关联的行为是最优的选择。自我强化的制度在既定情形下的外生变化不会导致制度变迁。但是，反过来，如果强化过程没有发生，一种制度自我实施的结果导致其参数值以及情形范围的缩小，那么这种制度本身的运行就会不断削弱与其自身相关的行为自我实施程度——制度所导致的行为可能为终结该制度自身埋下种子。但是这种变化是渐进的还是突然的，是边际的还是全面的，将取决于这些作用过程的性质。

　　格雷夫（Greif，2006）基于重复博弈框架建立了制度强化的正式分析模型，而且结合他对于中世纪地中海商业历史的研究寻找了一定的经验证据。他的这套分析思路也有助于考察制度的生命周期和建构形式的演变。譬如他基于热那亚的商业历史表明，制度最初趋向于自我强化，但是随着时间流逝，削弱过程变得明显起来。最初的强化反映了制度在提供有关行为的认知、协调和信息方面的基础作用。因为在制度初期，把自己的行为建立在对他人的信念基础上，终究是有不确定性的；但是事后的行为一旦验证了先前的信念，则信念就会不断强化，制度就进入持续时期。在制度不断强化的过程中，制度作为既存的行为规则会通过不断强化行为规范、权利感、身份、自我形象、思维模式以及意识形态，使得背离制度的行为会给当事人带来情感上或社会性的成本。行为秩序倾向于形成在规范上是适当的、公平的行为方式；进而获得合法性，使与其一致的个性得到发展，并融入人们的身份中去。一旦这种情况发生，则随后的社会就进一步强化了制度，制度所隐含的社会和心理上的强化过程导致了政治活动，以达到通过法律和规制来强化制度的目的。而那些从既有制度中获得好处的人们，往往会全力以赴以便使现有制度持续下去；最后，制度促进了强化该制度的组织的建立，以及使该制度得以强化的互补性能力、知识、人力和物质资本的获得。

在制度强化过程逐渐停顿之后，削弱过程就会开始起作用。一旦制度没有任何（微弱的）强化，那么它在随后的演进中将发生变化。但是，与强化过程相比，目前还没有一般性的理论可以说明导致削弱过程发生的制度特性。格雷夫（Greif，2006）在重复博弈框架下讨论了声誉制度的削弱过程：当声誉制度所隐含的行为有可能降低未来收入或者处罚的预期价值时，该制度就会自我削弱。即预期价值的降低使得激励与制度均衡中的行为之信念只能在一个更小的参数集上自我实施。在他的著作第四章、第八章、第十章分别从经验层面讨论了商人行会制度的演化、热那亚政治制度的削弱过程以及非人格化交易中提供合同执行的制度的衰落，但制度削弱过程的一般理论研究迄今仍是比较缺乏的。

格雷夫在第七章还探讨了过去的制度为什么以及怎样引导制度变迁并使社会沿着明显不同的制度路径演化。他的主要观点是，制度要素存在于人们的记忆中，形成了他们的认知模式，体现在他们的偏好中，并在组织中展现出来；当人们面临新的情形时，这些制度要素就是人们随身而来的，由过去传承下来的制度要素在新情形下为人们提供行为的微观基础时是被默认接受的,因此历史是重要的(不过,没有演绎分析框架施加的学科作支持,纯粹的制度动态变迁的历史分析有一定的风险)。制度变迁的方向,也会受到一些内生性的限制,格雷夫称之为"情景精炼",即面对制度的多重均衡,过去传承下来的制度要素的相关知识,将使得可接受的自我实施的制度集合也是有限的,从而有些可能与特定情景不相干的制度被排除了。因此制度变迁的方向可能常常与特定的情景联系在一起。而在每一条制度演化的微观路径上可以存在微观创新(microinnovation),这些微观创新会影响后来的制度和备选技术的集合,从而带来制度不同的演化路径;制度企业家在微观创新中可以起到很大的作用。但总的说来,格雷夫在他的著作第六至第七章的研究仍留下了大量的开放性问题。

6.3.4　基因—文化演化过程与制度和偏好的共生演化

演化博弈论因将博弈论应用于生物进化研究而产生。许多生物学演化模型在人类演化中的应用产生了很多深刻的见解,但却忽略了一个重要事实:人类往往是有意识地通过集体行动而不是简单凭借偶然性来创造新事物。而与之对立的坚持人类理性行为的(重复博弈)观点则可能犯下否定人类存在某些生物本性的错误。人类制度和行为的演化,既与基因演化有关,也与文化演化有关。基因分布会影响文化演化,同时群体中文化传播的特性也会影响基因演化。道金斯(Dawkins,1998)创造了觅母(meme)这个概念作为文化的传播单位,觅母在人与人的大脑之间进行复制,道金斯说它实际上就是人类社会的一种新的复制基因。这说明,即使是生物学家也并未拒绝人类社会存在文化演化过程。

近年来,在以复杂性研究著称的桑塔费研究院中,有一个经济学项目团队一直致力于从行为和演化的视角来重新审视经济学的一些基本命题。团队的领衔人物是经济学项目主任鲍尔斯教授。他们在人类行为的假设方面,既承认文化习得的方面,也承认基因的方面;在方法论选择单位上,既承认个体的选择,也承认群体选择。这使得他们关于制度及其演化的理论有别于其他流派,值得专门提及。表6.2 总结了他们所主张的行为演化的一些过程。

表 6.2　行为演化的一些过程(桑塔费学派观点)

复制子	选择层面	
	个　体	个体组群
习得行为	社会学习(因循守旧、强化学习、最优反应)	与其他组群惯例的竞争,不成功组群的文化同化
基因	特性复制成功,随机变化	不成功组群的生物学灭绝,被征服组群的适存性下降

资料来源:Bowles(2004:65,表 2.1)。

　　鲍尔斯及其长期合作者金迪斯以及桑塔费经济学家关于制度及其演化的理论,在鲍尔斯(Bowles,2004)一书中得到了集成式阐述。鲍尔斯(Bowles,2004,chap.11)研究了制度演化和个体演化,其基本观点与演化博弈观点一样,特别强调了外部因素(尤其是生产技术)的变化是导致制度演化的重要动力。在诸多潜在的制度均衡中,生产技术决定了制度均衡的选择。譬如,私有产权在农业社会而不是在狩猎社会出现,是因为农业使得所有权变得明晰:决定是否拥有一块土地或储藏的坚果很容易,但决定我们正在追捕却尚未到手的战利品的归属则比较困难。如果生产技术使得财产所有权难以识别,明晰和保护产权的制度不会是演化稳定的。某种意义上,鲍尔斯支持了马克思生产力决定生产关系的论断。但与一般的演化博弈模型中考虑赢利单调式更新不同,他扩展了随机演化模型,他通过引入一个一致性系数,使得演化的复制动态可以同时考虑基因和文化的复制。具体地,在演化中,个体将根据两方面信息加以更新:(1)和他人相比,自身的赢利水平;(2)组群中各类特征出现的频率,即个体也有意模仿最流行的行为或特征。一致性系数 $\lambda \in [0，1]$，实际上就是在上述两方面各自赋予权重 λ 和 $1-\lambda$。

在既有的演化博弈、主观博弈和重复博弈的制度演化模型中，都不曾将集体行动纳入模型考虑。而事实上制度创新和变革过程中，集体行动往往扮演着非常重要的角色。鲍尔斯（Bowles，2004，chap.12）改变了单群体博弈分析的思路，将多组群博弈纳入制度演化分析框架。多个组群之间的制度选择博弈，不正是多个集团为确立制度而斗争的模型么？通过考虑子群体的有意识非最优反应行动，鲍尔斯考察了集体行动和组群规模差异对于制度演化的影响，从而为解释无效率的制度为什么可以持续存在提供了部分原因的解释。

现实的制度演化可能还有更复杂的结构。在一个组群内部，个体之间存在竞争；在组群与组群之间，也存在着竞争。或者说，制度是在多个层面的竞争中演化的。为分析此类问题，鲍尔斯（Bowles，2004，chap.13）讨论了多层面（multi-level）选择的逻辑并建立相应的演化博弈模型考察了利他主义的演化。在过去很长一段时期，生物学界和经济学界基本上否定了利他主义，认为利他者必然降低自己的适存性，最终在长期演化中会被过滤掉。但是利用多层面演化模型，鲍尔斯等人发现，在一定的条件下利他主义是可以存在的。道理是这样的：在一个组群内部，利他者的确比非利他者的赢利水平要低，这对利他者是不利的；但是，利他者的存在会提高组群整体的平均赢利，从而利他者频率越高的组群将获得竞争优势，而那些非利他者频率高的组群将失败而被瓦解。一旦考虑胜出组群对失败组群的文化同化，那么利他主义就可能因此而在种群中得到传播。[①]不过，鲍尔斯这个理论存在两个重要的假设：一是组群内部存在资源共享

---

① 显然，鲍尔斯等认为利他主义的存续与文化传播有关。某些学者对此并不认同，他们认为利他主义很可能也是基因演化的产物，即他们认为很可能在人类早期利他主义增进了个体的适存性。但是，这些批评尚未形成真正的理论。

的制度,因此利他者会提高组群的赢利水平;二是种群被不同质的组群分割,即有些组群利他主义频率高,有些组利他主义频率低——如果每个组群是同质的,那么竞争实际上就退化到纯粹个体选择,利他主义者就不能存在于演化稳定状态;异质的程度越高,越有利于利他主义者的演化。鲍尔斯等通过仿真研究还表明,制度和偏好是共生演化的。在启动每一次仿真的初期,既没有利他主义者,也没有制度,他们只在演化中以很小的概率出现;结果在大量重复试验中都可观察到组群制度和个体行为存在相互作用。资源共享和分割制度提供了一个环境,有利于组群特征在该环境中演化;组群的扩大则促进了制度更为广泛的传播。虽然这只是仿真研究的结论,但是却反映了这样一个直观的事实:制度型构偏好,偏好型构制度。制度影响到流行的观念,流行的观念反过来影响未来的制度选择。

值得提及的是,近来有一些实验研究的确得到了制度影响个人偏好的证据。比如福尔克、费尔和策恩德(Falk,Fehr & Zehnder,2005)发现最低工资的实施改变了人们对于工资的公平程度的看法,而提高了工人的保留工资。格尼兹和拉切奇尼(Gneezy & Rustichini,2000)提到的海法日间托儿所对迟到父母的"罚款"方案也是很好的例子,罚款不经意间暗示了关于适当行为的信息,提高罚款反而导致了更多的迟到。既然制度会影响偏好,那么传统的在偏好既定下寻求最优激励机制的政策和制度设计思路就会存在问题;而寻求偏好随制度激励改变下的机制设计就是一个值得探索的课题,鲍尔斯和黄(Bowles & Hwang,2007)最近的未发表工作论文对此做了初步的探索。

6.4 值得继续探讨的问题

制度之所以重要并引人关注,是基于这样一种观念:人们自身组织社会的方式决定了他们所处社会的繁荣程度;这种观念可以上溯到斯密和穆勒(Acemolgu,2005)。制度是重要的,可惜迄今为止我们对制度知之不多,对制度演化则了解更少。若要深刻地理解制度是如何型构人类行为又为人类行为所型构、如何影响经济发展又在经济发展中不断变迁,那么一套关于制度演化的理论是非常必要的。进行制度变迁和演化分析的目的,不是为了发现不可逆转的历史规律,也不是为了寻找什么最佳制度,而是在于可以帮助我们更好地理解某些重要制度的选择,并学习到有关的知识,以便可以更好地从现有制度以及未来的制度变迁中受益。但是,在制度演化分析的研究道路上,还有许多的困难和挑战正等待着研究者的解决和回应。下面只是其中的一小部分。

6.4.1　制度演化:演进抑或建构?

制度演化分析一直存在两大阵营:演进理性主义阵营和建构理性主义阵营。两大阵营都可以列出一大串巨擘,前者比如曼德维尔、休谟、斯密、福克森、门格尔、米塞斯、哈耶克,以及当代的肖特、萨格登等,还有尼尔森(Nelson)、温特(Winter)、霍奇逊等为代表的演化学派经济学家;后者如笛卡尔、卢梭、伏尔泰、赫尔岑、马克思、凯恩斯以及绝大多数当代主流经济学家。当然,也有一些可以看作在两大阵营之间游离的经济学家,比如凡勃伦、康芒斯以及诸多的非主流的经济学家。韦森(2001)对制度分析的两大理性主义有深刻的分析和评论。

人们常常将演进理性主义对应于无意识制度演化,将建构理性主义对应于有意识制度演化。关于制度演化的争论也存在于无意识演化和有意识演化之间。但撇开争论,估计大多数经济学家会认同这样一个观点:不是所有的制度都是无意识演进而成,也不是所有的制度都是有意识的选择而成。人类的知识是在漫长的进化中逐渐积累起来的,从无到有,从有到多,而知识的增加同时也使得人类膨胀了征服世界的雄心,即哈耶克所谓人类"致命的自负"。是的,人类知识永远有局限,而认识不到这种局限对于社会来说是一种危险。但是,我相信知识的增加至少使得我们可以在某些层面上进行理性选择和制度设计。譬如,在图6.1(1)的十字路口博弈中,交通规则确实可以不经由人类设计而自发被演化出来,但是恐怕在现实中我们更多地是利用了集体选择直接投票,通过一个交通规则来加以协调。在这个例子中,有意识人为选择的秩序与自发演进的秩序达到的效果是一样的,但是人为秩序显然可以更快地结束无秩序的演进过程。至于某些更复杂的政治制度及其变迁,虽然也体现着演化的痕迹,但是人类的理性选择也总是掺杂其中。现代社会的许多政治制度,都是有意识选择的结果。

事实上,无论老制度主义者还是新制度主义者,都很难说他们绝对地属于演进主义或理性主义(卢瑟福,1999)。从博弈论角度看,无意识演化可以使得博弈的信念和行为收敛到演化稳定均衡;但有意识的集体选择也可以使博弈收敛到同样的演化稳定均衡,却可以比自发演化收敛得更快。这样的情况下,理性(的集体)选择下有意识演化显然并没有违背自发秩序,那么我们是否可以把这样的有意识演化也归入自发秩序呢? 或者说,自发秩序其实也可以包含某些建构理性呢? 国内几乎所有的学者都认为哈耶克是坚持演进理性主义,而与建构理性主义是完全针锋相对的,但是哈耶克的思想中本身却也包含建构理性成分。比如,认识到“理性是有局限的”本身就是一种有意识的理性;哈耶克本人承认理性不但承载着认知自身限度的使命,也承载着更多的建设性使命,理性的决策和设计能力实际上是我们日常生活中审慎行动的主要依据;而且理性可以引导人们对传统进行批判和改进。有学者认为,哈耶克一生所极力反对的是那种以计划经济和中央集权为特征的唯理主义,但对审慎的、渐进的、随时准备与其他因素相比较和择优的建构理性,哈耶克是不反对的。甚至布坎南更认为哈耶克的理论体现了演进理性与建构理性的内在和谐,他说:“哈耶克本人就是一个基础立宪改革的坚定倡导者,这种基础立宪改革体现在非常具体的改革建议中。因此,哈耶克实际上把进化论观点同建构主义——立宪主义观点结合起来了",而且"这种立场使得他的观点在其体系内保持一致,也同我们这些作为契约论者的,或者更容易归类为建构主义者的人的观点相符合"(布坎南,1989:85,117)。

所以,自发秩序并不排斥有意识的理性选择。一方面理性选择本身也是演化的产物,另一方面某些对制度的理性选择实际上与自发秩序精神并不违背,而且人类社会的制度演化方式本身可能也处于不断演化之中。人类诞生以后最早的制度生成和演化,可能完全是无意识的,纯粹是一个自然选择问题。那些未能演化出合理制度的群体,在物种竞争中将处于劣势,而演化出合理制度的群体,则在物种竞争中处于优势。这就是自然通过自然选择的方式,为人类社会确立秩序。之后的制度演化,则始终已具备先前的制度背景,并受先前的制度的影响。个人意识的出现使得基于有意识的个人利益的"社会"选择行动得以出现,此时人们的选择主要是基于个人的利益而不是集体的利益,此时的制度是单个主体的博弈的结果,是原子式的人们无意识社会选择的结果。当人类知识进一步积累,开始意识到社会秩序本身是可以选择的,于是有意识的社会选择开始出现,委员会开始成立,制度开始被设计。设计—选择的制度演化开始出现。韦默(Weimer,1995)详细讨论了理性选择对于制度设计的意义,以及引入惯例和规范等来进行制度设计的可能性。

总结一下,我认为制度演化方式的演化可能经历了这样几个阶段:无意识自然选择的制度演化→无意识社会选择的制度演化→有意识社会选择的制度演化→有意识设计—社会选择的制度演化。总之,制度演化的演化方式从无意识演化最终走向了有意识选择的道路上——尽管至今人类社会仍存在大量的无意识制度演化,因为人们总会有一些无意识行为,而且即便某些行为是有意识的,它也可能导致无意识后果;按照诺斯(North,2005)的观点,人们的选择同时包含了理性与非理性成分——人类对制度演化本身的知识积累,的确也反过来影响着制度演化本身。①

6.4.2　主流范式与演化范式：冲突抑或互补？

　　一直以来,人们倾向于将主流经济学范式基于极端理性的建构主义制度分析与演化分析范式基于有限理性的演进主义制度分析看作是对立和冲突的。但如读者在本文感受到的,就目前的文献来看,主流范式集中在正式制度分析中,演化博弈分析范式主要还是对非正式制度的研究。必须承认演化博弈分析范式对于理解制度的形成和演进确有其巨大的价值,因为它既然可以理解无意识演化中的秩序形成和演进,那么作为有意识的制度创立和变迁也就不难理解。事实上,利用演化博弈分析范式,经济学对于制度的研究已经取得了一些非常重要的成果。本章提及的萨格登、青木、鲍尔斯等人的研究就是例子。特别地,近年来桑塔费学派的经济学家利用演化分析框架结合计算机仿真实验,检验了制度与偏好共生演化的假说：偏好会影响可行的和可能持续的制度(毕竟制度只是一种共享信念？),而制度也会型构人们的偏好(想一想我们从小就开始接受各种道德教育和规则约束吧)。甚至他们也基于虚构的演化仿真探索了某些制度的起源,比如私有产权(Gintis,2007；Bowles,2004：84—87)；如果要纯粹从实证材料来研究私有制的起源可能会很麻烦,因为私有制产生时人类没有文字记载……以上这毫无疑问加深了我们对于某些制度起源的理解。甚至,金迪斯(Gintis,2004)还认为借助于演化分析范式和跨学科材料,社会科学有望建立起统一的人类行为科学。

　　但是,这是不是说基于演化社会科学的立场,主流经济学的范式就没有可取之处呢？显然不是。即便是主张以演化分析范式统一社

---

　　①　所以放眼人类历史,我们一定能看到人类在不同的成长时期有不同的制度形成和演进方式；这亦可从人类历史不同阶段不同的制度性质的事实中得到感受,譬如傅立叶就以不同的制度性质来划分人类进步的不同阶段：原始时期→蒙昧时期→宗法制度→野蛮制度→文明制度→保障制度→协作制度→和谐制度。

会科学的金迪斯(Gintis，2004)也承认"从经济学理论发展出的理性人模型是一个适用于所有人类行为的灵活工具"，只不过"它的应用范围也是要用经验来决定的"，这说明在某些情形下，主流经济分析范式仍值得肯定。桑塔费学者的主张是对主流经济学的理性人框架进行修订，而不是抛弃理性人框架。主流经济学的制度研究实际上也取得了卓越成就，譬如主流经济学在最近半个世纪尤其是最近十余年基于跨国数据对政治市场的研究，实际上极大地深化了我们对于"坏制度为何能够存在并且长期持续"的理解。目前的演化博弈模型中未能包含政治市场和政策斗争策略等因素，也不考虑人们可以建立政治联盟的事实，但这些显然是当代社会影响制度变迁和演化进程的最重要的因素。主流经济学对于政治市场的研究显然非常有助于深化我们对制度变迁和演化的理解。

6.4.3　正式制度与非正式制度的互动

总的说来，主流经济学以及主流范式的制度分析长期局限于正式制度的分析，而对非正式制度的分析不应该地忽视了。正式制度的研究无疑相当重要，但是非正式制度的研究同样重要。因为型构一个社会秩序的不仅包括正式制度，也包括非正式制度。诺斯(North，2004:13)曾指出："非正式规则——行为准则、习俗和行为规范——对于良好经济运行来说是必要的(但并不是充分的)条件之一……虽然正式规则可以一夜之间改变，但非正式规则的改变只能是渐进的。由于非正式规则给任何一套正式规则提供了根本的'合法性'，因此，激进的革命从来不会像它的支持者所要求的那样，而绩效也与预期不同。而且，采用另一个社会的正式规则的国家(例如，拉丁美洲国家采用的宪法与美国类似)会有与其起源国家不同的绩效特征，因为它们的非正式制度和执行特征都不相同。"埃格特森(2003)也曾指出，产权分析的弱点在于它对非正式制度理解的有限性，它们如何发展以及如何与正式制度发生联系。斯密德(Schmid，

2004：397)在评论为何要研究非正式制度和无意识的制度变迁时也说："第一,我们一直持续不断争论无计划的、自然的变化相对于有计划的、算计的变化有其各自的优点以及各自的相对范围……第二,由于存在有限理性,很多变迁是无意识的……"

正式制度和非正式制度的关系比人们想象的复杂。在同样尊重自发秩序的经济学家内部也存在立法思想上的部分分歧。比如青木(Aoki,2001)和鲍尔斯(Bowles,2004)都认为惯例或会通过法律条文加以固定,从而节约因变异和错误带来的失衡成本;另外,用文字清晰表述人们习惯化的行为准则也有助于给出具体环境下的行动指南。而萨格登却坚持休谟传统,认为将法律理解为政府限制公民的行动是误入歧途的,"法律反映的应是大多数人自愿施加的行为准则"(Sugden,1986),而且他认为"生活于放任国家(state of anarchy)的个人往往能衍生出惯例或行为规章来缩小人际冲突的范围"(Sugden,1989)。

目前的研究中,演化博弈对非正式制度的形成已有很好的研究。但是,演化博弈对非正式制度的研究以及主流经济学对正式制度的研究是分裂进行的,各自为政,更缺乏对非正式制度如何与正式制度进行互动所进行的研究。迪克西特(Dixit,2004)对法律缺失状态中替代性经济治理方式所进行的理论研究,可以被看作是主流分析范式对非正式制度研究的卓越成果,其间也涉及非正式制度与法律制度如何互动,譬如他对关系型社会向规则性社会转轨中的制度安排及其效率的研究就很好地体现了法律制度对非正式的关系型制度的影响。但如迪克西特(Dixit,2004)自己表明的,他的理论还缺乏动态分析框架。今后的研究若能结合演化博弈将迪克西特的有关理论模型动态化,也许我们对正式制度和非正式的互动和演化会理解得更深刻。在一些经验研究方面,埃里克森(2006)提供了非正式制度重要性的经验案例。

6.4.4 制度分析的时间尺度

制度是建构的抑或演进的,相关争论可能还涉及制度分析的时间尺度。在短时期看来,许多制度都带有建构色彩,但放到历史长河之中,它们可能又是演化的产物。譬如,通过革命建立一个新政权,新政权如何设计自己的国家机器,给我们的感觉明显是建构的制度;但是,政权的制度安排和国家机器的设计,显然取决于人们长期以来的观念及其更新,看来是本属设计的政权体系,其实也常常是观念演化的产物。这一点在一定程度上可与前面问题 6.4.1 即建构理性与演进理性主义呼应。

另外,制度究竟是作为博弈的规则,还是作为博弈的结果? 演化博弈可以兼容两种说法,因为在演化博弈中,制度的确是行为规则,而且作为有效约束个体行为的规则它应当是一个演化稳定均衡。但是一些针对演化博弈的批评意见认为,演化博弈只能解释制度稳定化过程的动力学机制,而不能解释其存在的前提,即博弈的结构,如参与人集合、策略集合、信息结构与支付函数等(张曙光,2007:12);另一些批评认为演化论和博弈论分别代表了"无知"和"知"的层面的分析,两者不可通约,因此博弈论更适合分析短期和微观层面,演化论更适合分析长期和宏观层面(黄少安,2007)。这些批评都有其道理,不过我并不完全认同。因为在演化中考虑博弈结构的变化在技术上完全可能,比如主观博弈;至于分析技术的成熟程度是另外一回事。但是,不管如何,这里隐含着将制度分析划分为长期和短期的思想,值得重视。在短期,博弈结构视作给定,即人们的行为不会改变博弈本身,制度只是在给定的博弈结构下产生;在长期,博弈结构可以变化,人们的行为不但会在给定博弈结构下进行,也会通过影响博弈结构本身来影响制度演化的进程。格雷夫(Greif, 2006)提出的准参数概念和内生变迁理论一定程度上是一个尝试,但是理论远未完善,比如我们还没有理论可以解释决定制度强化过程范围和速度的因素。在经验研究上,注意划分长期和短期显然也是一个重要的问题。

6.4.5 制度分层研究

制度分析是一个太过宏大的课题,制度的形成和演化本身也是一个复杂现象,所以制度分析既非常棘手,又因为缺乏统一的分析框架而显得凌乱不堪。我个人阅读老制度主义的著作时常有一种感受,那些论著中时有某些段落的分析让人深以为然,但是把所有段落联系起来却又让人一团雾水。科斯等为代表的新制度主义,虽然屡受(老)制度主义者和演化主义者的批评,但是他们所采取的新古典分析框架的确让我们在阅读时能更迅速地理解其研究。

对于复杂的现象,现代科学以及现代主流经济学所采取的理解方式就是将复杂现象分类,然后将同类现象纳入同一研究框架。制度和制度演化分析可能也有必要向现代科学和现代主流经济学学习。近年来也有制度分析学者建议对制度分类研究,比如威廉姆森(Williamson,2000)和斯密德(2004)。斯密德建议从宪法、日常工作和厂商(组织)内部三个层面来分析制度(包括正式的或非正式的制度),并在分类基础上研究各类制度的变迁过程、演化趋势和影响。由于不同层面的制度的确涉及不同性质的策略互动及理性深度,其经济后果、变迁动力和变化的难度也大不一样,因此分层或分类展开研究可能是一个比较恰当的选择。

对制度展开分层、分类研究,也有助于我们把研究的目光集中在一些重要的制度上。从表 6.1 中可见到,不同学派和学者,他们所关注的制度存在较大差异。一个时代的学术研究,总是与这个时代所感知的问题的重要性有关。当代中国学者对于制度的研究,也有必要将注意力更多地放在那些于当代和未来中国相当重要的制度上。回到古典政治经济学,制度分析就应当关注那些深刻影响国民财富的政治制度、习俗和惯例。

6.4.6　应用于中国经济发展中的制度演化分析

中国的制度经济学要取得长足的进步,必须立足于中国本土的问题,解释中国改革中的现象。已有学者对中国经济发展中的制度变迁和演化研究作出了努力,比如杨瑞龙(1998)提出了一个"中间扩散型制度变迁方式"的理论假说来解释中国从计划经济向市场经济过渡的方式;周业安(2000)在哈耶克的社会秩序二元观的基础上,提出了一个分析中国制度变迁的初步的演进论框架,解释了改革过程中政府选择的外部规则和社会成员选择的内部规则双重循序演化的过程。董志强(2001)从关系和法律作为相互竞争的制度的角度,以重复博弈来解释了中国关系与法律并存的社会体制。

但是,这一领域的研究仍有诸多开放问题,也需要不断深化。比如,主流经济学一般认为严格的私人产权保护是市场经济成功的基石,但是中国被西方称作"半法律体制"(semi-law system)国家,私人产权保护较西方国家薄弱;可是中国经济仍然表现出了良好的绩效,这究竟是为什么? 是某些非正式制度起到了产权保护法律类似的作用? 或者市场经济本来就可以不要求产权基础? 抑或某些促进增长的因素太过强劲抵消了弱产权保护的消极影响? 不单是这个问题,邹至庄(Chow,1997)曾总结了中国经济体制在四个方面对主流经济理论提出的挑战:资产的公有制与私有制,半法律体制与西方法律体制,集体主义与个人主义,一党制与多党制。十年过去了,我们还是没有找到可行的理论解释对这些挑战做出回应。

经济转轨也是制度变迁和演化的一个过程。在转轨进程中的一些现象也需要认真探索其原因。譬如,在向市场经济转轨的过程中,出现了日益增加的不诚信和不道德事件。对此,不少人提出的解释是国人道德滑坡、道德沦丧。但是,如果我们从一个制度变迁和演化的进程来看,其实这可能是转轨中的一个特有的现象。道理是这样的:中国计划经济时代经济交易的范围小,法律保护弱,由此形成主要以关系合同对经济交易进行治理的关系型社会；经济转轨过程，既是一个法律治理加强的过程，也是一个市场交易不断扩张的过程。而根据迪克西特（Dixit，2001，chap.2，chap.3）的理论模型，法律保护加强对关系社会是有破坏作用的，因为交易将更多地依赖法律而不是关系来进行，但是关系型社会被破坏而法治程度又不是足够高的时候，人们就既不重视声誉也不严格遵守法律，结果人们就更容易表现出不诚信行为；同时，小规模市场适合关系型治理，大规模市场适合法律治理，但中等规模市场则关系型治理难以有效而法律治理的成本又太高。结果也会导致转轨中体现出更多的不诚信，因为转轨过程中市场逐渐发育到中等规模，但又未能达到大规模的市场。从一个时间维度上来考察，我们容易发现给定从计划经济的关系型社会向市场经济的法治社会的转轨（制度变迁）过程中，常常会导致不诚信、不道德行为的增加，而这与道德水平本身无关。这里，对于转轨中制度演进过程及其社会后果的分析，现实意义是非常明确的：所谓的国人道德滑坡、道德沦丧问题，可能只是体制转轨的难以避免的现象；如果是这样，就意味着仅仅以教育作为解决之道显然是不够的，还应尤其注重努力建立健全法律及其实施机制并积极刺激市场交易范围的扩张。

总之，无论是制度演化的理论研究，或者应用于转轨中国的实际研究，空间都非常的广阔，同时也有足够的挑战。

6.4.7　自由和平等对于制度演化的重要性

制度及其演化分析最重要的目的是为了更好地理解我们生活的社会中制度的作用，以及怎么样可以对制度朝着良性方向发展有所影响。怎么样可以使制度朝良好方向演化，那么就是保证自由和平等！哈耶克（Hayek，1989）在他著名的诺贝尔经济学奖获奖演说（1974 年 12 月）"似乎有知识"最后说："人类文明不是由谁设计的，它是在千千万万人的自由努力中形成和发展的。"只要个人有选择的自由,制度就会为满足人们的需要而演化和变革。在经济自由遭受剥夺的地方,既有的集团会运用其权势来巩固为其利益服务的制度。事实上,权势集团为了巩固其特殊地位,都竭力否定政治的平等和自由,而且他们常常能成功。对不良制度的改革能否成功,将取决于行动自由是否能得到保障从而所有个人都能表达其偏好,还是权势集团能够获得特惠从而压缩个人的自由(柯武刚、史漫飞,2004)。近年一些仿真研究也表明,平等主义的制度可能有利于演化,以避免不平等后果的持续(Bowles,2004,chap.12)。而在国家具有强大实施力量的现代社会中,是平等的制度能在社会建立,还是掠夺制度能在社会中建立,制度的合法化过程是其关键。由于平等制度的建立有赖于自由宪政为其赋予合法性,因此自由宪政应成为现代社会制度演化的框架。

对于中国现阶段而言,社会阶层分化和矛盾冲突都比改革开放前更为突出。为了促进经济和社会制度的良性演化,青木昌彦(2006)的建议是值得考虑的。即,重要的是让各个利益集团都能有机会作公开的陈述,表达各自的诉求。执政党则充当协调者乃至仲裁者的角色,通过当事人之间的讨论、协商甚至辩论,制定对于总体最优的政策。

第7章 社会秩序之谜

　　九月的哈德逊湾（Hudson Bay），阳光和煦，微风拂过深蓝的海，吹动岸边紫色的花。一只北极熊在花海中昏昏欲睡，阳光照在它绒绒白毛的身上，仿佛镀了金色。一切显得静谧安宁。突然，那只北极熊挺起身来，牙齿嚓嚓作响，喉咙发出沉闷而富有威胁的吼声，打破了这宁静的气氛。原来，另一头北极熊游荡进了它的领地，而且没有退却的意思。大战一触即发，两头北极熊开始利用锋利的爪子袭击对方，互相推搡，都想获取优势。

　　俄罗斯野生动物摄影师阿历克谢·季先科用镜头记录了这珍贵的一幕。读者若上网搜索一下北极熊的图片，就知道这里"珍贵"一词用得并不过分。因为北极熊虽然攻击力很强，但通常并不是富有攻击性的动物，关于它们的音像大多是可爱的。即便一头北极熊误入另一头北极熊的领地，往往也是在后者的威慑下悻悻离开，不会爆发激烈的战斗。

　　其实，不单是北极熊，还有其他许许多多的动物，它们和平相处的时间都远远超过彼此战斗的时间。动物会运用撒尿、排便、织网、设障、挖洞、建穴等多种多样的方式来标记自己的地盘，并用姿态、气味、鸣叫等方式来警告周围的动物。有意思的是，动物这种对地盘权的"确认"或"宣誓"，常常会得到其他同类的尊重而不是进犯。即使发生侵犯，大多时候也是以入侵者的失败而告终，因为先占者往往愿意比入侵者投入更大的战斗代价。

　　北极熊和动物的例子，并非我们研究兴趣所在。我们只是想用这些例子向大家澄清一个被人们误解很久的、制度经济学中的一个基础性问题：从霍布斯、洛克、卢梭、马克思到当代的思想界，人们普遍倾向认为，产权乃是随现代文明而兴起的一种人类社会建构；但是,正如我们看到的,动物社会也有"地盘权"(生态学家称之为"领域行为"),这是一种自然产权。可见,产权并非人类文明所独有,也绝非完全的人类社会建构。本章的主要任务,就是提出一套理论来解释人类社会秩序何以起源和持续。并且,如果这套理论只能解释人类社会的秩序,它就并不成功;成功的理论需要不仅能解释人类社会的秩序,也能解释动物社会的秩序。

7.1 社会秩序的传统理论及其困境

社会秩序的本质,是对他人权利的尊重。

当人们谈及"权利"一词的时候,常常认为这是现代文明的产物。譬如,从霍布斯、洛克、卢梭、马克思到当代,思想界的主流看法是,产权乃是随现代文明而兴起的一种人类社会建构(Schlatter,1973)。然而,最近四十年关于动物行为的研究却表明,上述观点并不正确:在非人类的动物社会,广泛存在着各种各样的地盘权(Wilson,2000;尚玉昌,2001)。动物会通过撒尿、排便、织网、设障、挖洞、建穴等多种多样的方式来标记自己的地盘,并且这种对地盘权的"确认"或"宣誓"常常会得到其他同类的尊重而不是进犯。地盘权是一种自然产权,它表明社会秩序并不仅仅存在于人类社会,同样存在于人类之外的并不具有理性思维的动物所组成的社会之中。

如果我们要建立一套解释社会秩序何以形成并能稳定持续的理论,那么这套理论就必须不仅可以解释人类社会秩序,而且同样可以解释动物社会秩序。但现有的与社会秩序或制度有关的经济理论显然都不曾做到这一点。尽管以 2007 年诺贝尔经济学奖得主赫维兹(Hurwicz,1993,1996)等人为代表的机制设计学派认为,可以根据社会目标来设计出博弈规则(即制度设计),而且人类社会的确有许多制度是精心设计的,但不可否认的是,大多数制度和社会规范并非刻意设计出来,而是在长期的历史中自发演进而来的。另外,为了达到某种社会目标而设计出的博弈规则,有可能是无法自我实施的,此时就需要附加一套额外的实施机制,比如法庭、警察、政府等第三方实施力量。而这恰恰导致了机制设计的困境:为了确保第三方有动力按照社会目标实施博弈规则,就需要对它们进行激励,而且它们还必须能够获取并识别违规行为的信息。要做到这两点中任何一点都并非易事。更重要的是,在动物社会,并没有法庭、警察、政府等人类社会特有的精心设计的机构来维持秩序。因此,机制设计观点可以解释现代社会中某些精心设计的制度,但并不能解释社会秩序的起源和对他人权利的自发尊重。

　　与机制设计观点有同样巨大影响的另外两种有关制度与秩序的观点,分别是重复博弈观点和演化博弈观点。重复博弈观点将制度视为重复博弈中形成的稳定规则,认为制度乃是人们博弈的产物。在早期,刘易斯(Lewis, 1969)、厄尔曼·玛格利特(Ullmann-Margalit, 1977)、泰勒(Taylor, 1982)、阿克塞尔罗德(Axcelrod, 1984)、诺斯(North, 1990)等都试图基于重复博弈来解释惯例和规范,肖特(Schotter, 1981)更是将重复博弈推广到了更一般的制度分析。后来的米尔格罗姆、诺斯和温格斯特(Milgrom, North & Weingast, 1990)对中世纪"法商"(law merchant)制度所做的研究,是将重复博弈理论用于制度变迁经验研究的经典例子。格雷夫(Greif, 2006)还基于重复博弈框架提出了内生制度变迁理论。重复博弈的观点,可以较好地解释制度或秩序的起源,并且制度和秩序本身作为博弈均衡,是理性个人自愿遵从的结果,的确无需考虑第三方干预。但是,它却难以解释,在无需重复博弈的情形,特别是在遵守制度或规范并不符合理性个体的利益时,人们为何也会有自觉遵守社会秩序并自觉尊重他人权利的倾向——即金迪斯(Gintis, 2009)所谓的"规范倾向"。

　　演化博弈的制度分析观点放弃了机制设计观点和重复博弈观点所坚持的行为主体完全理性假设,转而在个体有限理性状态下研究制度如何产生并演进。这一派的代表性论著来自萨格登(Sugden, 1982, 1989)、扬(Young, 1998)、青木(Aoki, 2001)以及鲍尔斯

(Bowles，2004)等人；霍奇逊(Hodgson，1993)等回顾过制度经济学的演化理论,但他并未明确使用博弈论框架。由于演化博弈观点强调从大群体的行为协调入手,关注于缺乏第三方实施力量下制度如何在分散决策的个体群之间生成和演化,因此它避免了机制设计观点所要求的第三方实施问题。但是,对称的演化博弈中是难以形成稳定的秩序的,也不可能出现对权利的尊重。譬如,在对称的鹰—鸽博弈中,将无法形成稳定的产权,因此史密斯(Smith，1982)在研究动物社会的所有权时采取了非对称的鹰—鸽博弈,即假设同一片资源对于在位者和后来者具有不同的价值,由此赋予它们非对称的对抗能力,正如他(Smith，1978)着重于讨论动物社会自然形成"掠夺—猎物"关系。金迪斯(Gintis，2007)也作出类似的断言:自然产权的演进必然要求非对称的博弈局势。既然自然产权是一种自发形成的社会秩序,不难扩展论断,认为社会秩序的形成同样要求非对称的博弈局势。

我们对有关社会秩序和制度之经济分析的不同观点所做的简要综述表明,主流的制度经济分析面临的最大困境就是:(1)社会秩序和制度何时以及何以能够自我实施? (2)如何能够在同一套理论逻辑下解释人类社会秩序和动物社会秩序的微观行为基础?

结合当代行为经济学的发现和演化理论,我们将有可能走出上述困境。这些关系到制度经济分析底层基础的重要问题,其答案可能非常简单:正是禀赋效应,奠定了社会秩序自我实施的基础,无论对于人类社会还是对于动物社会都是如此。本章对于现有文献的一个贡献在于:即使是争夺能力相等的人群,仅仅是因为偶然因素而出现"先来后到"的情况,这就足以在自然演化博弈中形成稳定的社会秩序。

7.2 禀赋效应对自发社会秩序的根本重要性

7.2.1 禀赋效应:理性 vs 社会性

理性的边界不是"非理性",而是各种形式的"社会性"。这是桑塔费学派经济学家金迪斯（Gintis，2009）在《理性的边界》一书中竭力表达的观点。社会由个人构成，同时又约束着个人，因为某些社会规范会刻入人们的心灵，影响人们的行为。个人的偏好会被基因演化和文化演化所塑造。那些有利于社会繁荣稳定的个人偏好，会在"基因—文化"协同演化过程中被拣选和保留，尽管那些偏好引致的行为看上去有可能不符合个体层面的理性，但在社会层面却是理性的。比如，具有公平倾向的个体所组成的群体，会有更多的合作机会并因而具有更高的合作期望赢利（董志强，2011），这类群体在群体生存竞争中将更容易胜出。又如，以牙还牙从经济角度而言似乎毫无意义，因为它既不能挽回沉没成本也不能引发将来收益，但正因为惮于这种无谓的复仇心理和行为，结果人们更不会轻易伤害他人，反而优化了社会秩序。这些在个体层面看上去不太理性的行为，在社会层面却意义重大。这就是"非理性行为成就人类社会"的假说（Gintis，2009）。

　　本章的研究主题与此密切相关。我们试图论证，个体行为人的"禀赋效应"这一看上去似乎不太理性的微观心理倾向，对于整体社会秩序具有最为基础重要的作用。

　　所谓禀赋效应，指的是那些通过某种方式获得某物品的人，不管是购买还是获赠，他们对该物品的评价一般都高于旁人的评价（Wilkinson，2008）。禀赋效应是一种心理倾向，它使得"人们对物品的评价不仅依赖于物品自身特性，也依赖于物品所有权的抽象观念：人们获得某物后似乎立即获得了额外的价值，这额外价值仿佛凭空而来，仅仅源于所有权这一事实"（Jones & Brosnan，2008：1942）。在一些文献中，禀赋效应现象有时也称作现状偏差（status-quo bias）、买／卖价格偏好逆转（buying/selling price preference reversals）、参照依存偏好（reference-dependent preferences）、叫价／询价缺口（offer/asking gap），或者意愿买价和意愿卖价缺口（WTP-WTA gap），等等（Jones & Brosnan，2008：1944）。

迄今已有大量的行为经济实验证实禀赋效应的存在,表明拥有某物(比如实验中用的"杯子")比不拥有该物的人对该物的估价要高得多,通常前者的估价是后者的 2 倍多(Tversky & Kahneman,1991;Kahneman et al.,1991;List,2004;Plott & Zeiler,2007);在竞争实验中,也发现了大量的与禀赋效应相联系的过度竞价现象(Price & Sheremeta,2011,2015)。禀赋效应已被认为是"行为经济学领域浮现的最稳健的现象之一"(Boven et al.,2003:351)。近年的生物学和神经经济学研究发现,动物和小孩也具有禀赋效应(Gintis,2009;Harbaugh et al.,2001),这说明禀赋效应乃是先天存在。

截至目前,人们均认为禀赋效应反映了"认知的直观推断和偏误"(cognitive heuristics and biases),习惯于将其视为人类行为"非理性"的一种表现。但我们试图说明:正是禀赋效应,使得人类(乃至非人类的动物)社会形成了秩序。

首先,正如前一节已经充分论述,现有的经济理论中,对社会秩序的分析存在两大根本的局限性:一是社会秩序何以能够自我实施,迄今并未得到很好的经济理论解释;二是主流的经济理论似乎忽视了非人类的动物社会也有社会秩序。这两大局限意味着肖特(Schotter,1981)的提议很重要:研究社会制度(秩序)的产生,需要回到自然状态中去,自然状态中没有任何制度或秩序,只有行为主体,以及他们的偏好和技术。由此,研究自然产权何以形成并稳定延续,毫无疑问是研究社会秩序形成和延续的最佳切入点。沿着肖特的提议,的确有来自博弈论的好些理论(特别是演化博弈理论)对自然产权的产生进行了卓有成效的探索,但这些理论中自然产权的稳定性难以得到解释。

其次,我们将指出,正是禀赋效应,造就了对先占权的自发尊重,这是确立自然产权的前提和基础。当一个社会中,对先占权的尊重成为普遍现象,这个社会才会形成自然产权秩序。在本章我们将建

立一个地盘争夺模型,将禀赋效应纳入其中,证明禀赋效应的存在是
个体对地盘的先占权获得自发尊重的必要条件。然后引入社会中个
体禀赋效应的异质性,证明自然产权秩序要在社会中确立,需要有重
度禀赋效应的个体达到一定比例,否则社会层面不能出现普遍的对
先占权的尊重。然后我们进一步基于演化理论,论证了自然选择力
量会拣选那些有利于尊重先占权的重度禀赋效应,因为它们能使个
体在生存竞争中获得优势。从而,我们为理解人类乃至动物社会中
自然产权秩序的形成,提供了一套完整的理论逻辑:生存竞争使得禀
赋效应成为演化而来的心理倾向,禀赋效应导致个体对捍卫地盘或
资源进行过度战斗投入,过度战斗投入迫使潜在的竞争者不战而退,
于是地盘或资源的先占权获得自发尊重,而对先占权的普遍性尊重
使得自然产权秩序得以在社会中确立。

7.2.2 禀赋效应与先占权尊重:行为经济理论模型

我们回到肖特所谓的自然状态,研究最重要的一种社会秩
序——自然产权——的形成。自然状态没有制度、国家、法庭或警
察。秩序,仅仅来源于个人对他人权利的自发性尊重。本节构建一
个行为经济模型作为研究基准,分析两个主体之间,先占权在何时会
得到自发性尊重。我们在后面还将对这个基准模型进行扩展,解释
自然产权的出现和禀赋心理的演化起源。

基准模型中,考虑两个行为主体(可以是人或者动物),分别标记
为 1 和 2,他们都觊觎一块有价值的地盘。假设 1 已经先占有该地
盘,是在位者;2 是随后到来的后来者,他要决定是否发起战斗,从 1
的手中夺取地盘。如果 2 发起战斗,就说明 1 的先占权并未得到尊
重,社会是没有秩序的——这是霍布斯式的丛林社会,充斥着巧取豪
夺以及每个人对每个人的战斗。如果 2 不发起战斗,放弃争夺而和
平离开,就说明 1 的先占权得到了自发尊重。

模型将地盘争夺考虑为一个动态博弈:在位者显示一个完全信

号表明自己愿意为捍卫地盘投入多少资源,然后再由后来者决定是否要争夺地盘。过去的文献是把地盘争夺战视为同时行动的消耗战博弈,这实际上忽略了在位者和后来者的身份差异以及可选策略差异——比如在位者是不可能主动发起战争的,在位者一旦感知后来者的侵略意图通常会发出警告信号,等等。

假设地盘对于 1 和 2 的生存价值都是 $V > 0$。但两个主体对地盘的主观效用评价是不一样的,在位者的评价是 αV,$\alpha \geqslant 1$ 可称作禀赋效应系数;后来者的主观效用评价就是生存价值 V。因此,α 定义并且衡量了禀赋效应的程度,比如 $\alpha = 1$ 表示没有禀赋效应,$\alpha > 1$ 表示存在禀赋效应,且 α 越大,禀赋效应就越严重。

假设,对于后来者,如果它不发起战斗,而是和平离开寻找新的地盘,那么它有概率 $x \in [0, 1]$ 寻找到一块新的生存价值为 V 的无主地盘;这里,x 可以解释为地盘资源的稀缺性。因此,潜在的期望价值 xV 构成后来者发起战斗的一项机会成本。

博弈顺序如下。(1)在位者选择一个战斗投入信号 $c_1 \geqslant 0$,这个信号可以被 2 观察到,c_1 可视为在位者为了捍卫地盘而愿意(并且一旦发生战斗就会真实)付出的战斗成本。(2)后来者观察到在位者的信号决定是否发起争夺地盘的战斗,一旦发起战斗则付出成本 c_2,若战斗胜利可获得地盘价值 V,若战斗失败则只能另觅无主地盘价值 xV;若不发起战斗,就等于尊重了在位者的地盘占有权,后来者只能另觅无主地盘价值 xV。对于在位者,若战斗失败则只能另觅无主地盘价值 xV,若战斗胜利或者未遭遇战斗则可以保留住地盘价值 V。

争夺地盘的结果具有不确定性,但战斗投入更多的一方获胜概率更大。我们采用冲突行为研究中常用的获胜概率函数,即主体 i 获胜的概率为 $p_i = c_i / (c_1 + c_2)$,$i = 1, 2$。

用逆向归纳法可求解上述博弈。第二阶段,2 若发起战斗,则须最大化如下期望赢利:

$$\pi_2 = \max_{c_2} p_2 \cdot V + (1 - p_2)xV - c_2 \qquad (7.1)$$

同时要考虑到,在第二阶段 2 发起战斗的条件是:发起战斗的期望赢利 π_2 超过和平离开的期望赢利。即

$$\pi_2 > xV \qquad (7.2)$$

式(7.2)的约束,我们可以回头再检验。现在假设式(7.2)得到满足,考虑 2 在第二阶段发起战斗,则其最佳战斗投入将是如下一阶条件的解:

$$\frac{\partial \pi_2}{\partial c_2} = \frac{(1-x)c_1 V}{(c_1 + c_2)^2} - 1 = 0 \qquad (7.3)$$

解上述方程,并根据经济意义弃掉一个负根①,可得到:

$$c_2^* = \sqrt{(1-x)c_1 V} - c_1 \qquad (7.4)$$

回到第一阶段,在位者选择信号(意愿的战斗投入成本)c_1,最大化如下期望赢利:

$$\pi_1 = \max_{c_1} p_1 \cdot \alpha V + (1 - p_1)xV - c_1 \qquad (7.5)$$

当然,我们也需要考虑到 1 选择以战斗捍卫地盘的条件是 $\pi_1 > xV$,否则 1 不战而弃就是最优选择了。我们把这个条件也放在后面的均衡结果中去验证(并且我们的确会发现这个条件与存在战斗的条件是一致的)。现在,将式(7.4)代入式(7.5),求在位者最优化的一阶条件,如下:

$$\frac{\partial \pi_1}{\partial c_1} = \frac{(\alpha - x)}{2}\sqrt{\frac{V}{(1-x)c_1}} - 1 = 0 \qquad (7.6)$$

从而,在位者 1 意愿的最优战斗投入为:

---

① c_2^* 非负的条件我们会在后面的均衡结果中去检验。

$$c_1^* = \frac{(\alpha - x)^2 V}{4(1-x)} \quad (7.7)$$

将式(7.7)的结果代入式(7.4),得到后来者 2 挑起战斗时的最优战斗投入为:

$$c_2^* = \frac{[(2-\alpha)\alpha - (2-x)x]V}{4(1-x)} \quad (7.8)$$

现在我们回头验证几个重要的约束条件。显然,当 $x=1$,约束条件式(7.2)将无法满足,此时 2 必然更愿另觅无主地盘,而不是发起战斗,从而 1 也不需要为捍卫地盘而承诺武力,结果是 $c_2^* = c_1^* = 0$,不会有战斗发生,先占权得到自发尊重。具体地,上述地盘争夺博弈的子博弈完美均衡有如下四种情况:

命题 7.1:如果地盘资源不是稀缺的,即 $x=1$(表示后来者总可以轻易找到完全替代的地盘),将不会发生地盘争夺战,先占权可以得到尊重。

但更有意思的情况是,地盘资源具有一定程度的稀缺性,即 $x \in [0,1)$,此时会发生什么情况? 首先,前面已假设 $\alpha \geqslant 1$,根据式(7.8)可以明确,只有当 $\alpha \in [1, 2-x)$ 时,有 $c_2^* > 0$,$c_1^* > 0$,这可视为存在战争的条件;当 $\alpha \geqslant 2-x$ 时,应有 $c_2^* = 0$,$c_1^* > 0$,这是 1 保持武力威慑而 2 不战而逃的"和平"结果。其次,我们验证 2 发起战斗的约束条件 $\pi_2 > xV$ 和 1 捍卫地盘而不是放弃地盘的条件 $\pi_1 > xV$,这两个条件推导出的结果都是要求 $\alpha < 2-x$,这与式(7.8)得到的存在战争的条件是兼容的,因此两个战斗约束条件都得到了验证。

基于上述分析,我们容易证明如下三个命题。

命题 7.2:当地盘资源具有稀缺性($x < 1$),若不存在禀赋效应(即 $\alpha = 1$),则不会有对在位者先占权的自发尊重。

证明:当 $\alpha = 1$,$x \in [0,1)$,有 $c_2^* = c_1^* = \frac{(1-x)V}{4} > 0$,战斗必

然发生,各自胜率为 0.5,1 的先占权未得到尊重。

特别地,命题 7.1 中,当 $x = 0$ 即资源极度稀缺(被争夺的资源几乎无可替代)时,后来者 2 将付出地盘生存价值的 1/4 来争夺地盘,而在位者 1 也会付出地盘生存价值的 1/4 来捍卫地盘。双方各自有 1/2 的概率抢得地盘。这也正是通常的不考虑禀赋效应的对称冲突文献中的标准结果(Hirshleifer, 2001; Anderton & Carter, 2009)。

命题 7.3:定义 $\alpha \in (1, 2-x)$ 为轻度禀赋效应。当地盘资源具有稀缺性($x < 1$),若在位者存在轻度禀赋效应,则地盘争夺战仍会发生,在位者的先占权不会受到尊重。但在位者能以更大的概率保住地盘,且其保住地盘的概率随禀赋效应程度增加而增加;后来者挑起战斗的成本投入随在位者的禀赋效应加强而下降,随地盘资源的稀缺性下降(即获得替代性地盘概率上升)而下降。

证明:当 $\alpha \in (1, 2-x)$,$x \in [0, 1)$,有(1) $c_1^* \in \left(\dfrac{(1-x)V}{4} \right.$, $\left. (1-x)V \right)$,$c_2^* \in \left(0, \dfrac{(1-x)V}{4} \right)$,$c_1^* > c_2^* > 0$,$\pi_2 > 0$;(2) $p_1 > p_2$,且 $\dfrac{\partial p_1}{\partial \alpha} = \dfrac{1}{2(1-x)} > 0$;(3) $\dfrac{\partial c_2}{\partial \alpha} = \dfrac{(1-a)V}{2(1-x)} < 0$,$\dfrac{\partial c_2}{\partial x} = \dfrac{-[2 - (2-a)a - (2-x)x]V}{4(1-x)^2} < 0$。

命题 7.4:定义 $\alpha \geqslant 2-x$ 为重度禀赋效应。当地盘资源具有稀缺性($x < 1$),若在位者存在重度禀赋效应,则在位者的先占权将获得自发性尊重。

证明:当 $\alpha = 2-x$,$c_1^* = (1-x)V$,$c_2^* = 0$,$\pi_2 = 0$;当 $\alpha \geqslant 2-x$,$c_1^* > (1-x)V$,$c_2^* = 0$,$\pi_2 = 0$。综合起来,当 $\alpha \geqslant 2-x$,后来者将不战而退、和平离开。

表 7.1 综合上述各种情形,列示了在位者先占权受到尊重和不会受到尊重的条件。

表 7.1   地盘争夺博弈全部的子博弈完美均衡

地盘稀缺性	禀赋效应	α 取值	1 的最优战斗投入 c_1^*	2 的最优战斗投入 c_2^*	结局描述
不稀缺，$x=1$	—	$\alpha \geqslant 1$	0	0	无战斗，尊重先占权
稀缺，$x \in [0, 1)$	无禀赋效应	$\alpha = 1$	$(1-x)V/4$	$(1-x)V/4$	有战斗，各自胜率 1/2
	轻度禀赋效应	$\alpha \in (1, 2-x)$	$\dfrac{(\alpha-x)^2 V}{4(1-x)}$	$\dfrac{[(2-\alpha)\alpha-(2-x)x]V}{4(1-x)}$	有战斗，在位者胜率大
	较重禀赋效应	$\alpha \geqslant 2-x$	$(1-x)V$	0	无战斗，尊重先占权

基于上述结果，我们可以得到如下重要结论：能否轻易获取到替代性的资源，以及是否存在禀赋效应，对于先占权能否受到自发尊重至关重要。如果能轻易获取替代性资源，在位者和后来者之间不会有冲突，先占权可以受到尊重。如果资源存在一定稀缺性，难以获取替代性资源，此时先占权是否受到自发尊重就取决于在位者的禀赋效应程度：只有当禀赋效应严重到一定程度，使得在位者的武力承诺高到足以遏制后来者的抢夺动机，才会有对先占权的自发尊重；否则，争夺战一定会发生。

7.2.3   社会中形成自然产权秩序的条件

前面仅考察在位者和后来者两个主体之间的互动，我们证明禀赋效应达到一定程度就可以确保在位者的先占权得到自发尊重。扩展到整个社会，如果在位者的先占权受到自发尊重是社会中的普遍现象，那么我们就可以说自然产权在整个社会中得到确立，社会将不再是一个充满战斗的社会，而是一个有秩序的和平社会。并且，这里的秩序是完全自发的，是自我实施的，因为没有任何第三方力量来实施这样的秩序。

现在我们扩展前面的基准模型,考察在一个大群体社会中,在什么条件下可以自发形成对先占权的普遍尊重。假设社会中有 $2n$ 个成员,其中 n 个已经成为在位者,每个在位者拥有一块生存价值为 $V > 0$ 的地盘;其余 n 个成员是后来者,他们可以向在位者发起挑战抢夺地盘,也可另觅无主地盘。这里,假设在位者和后来者数量均为 n 对于我们的结论并非必须,但却可以使分析简单得多,故作此假设。与基准模型一样,假设每个后来者另觅到一块相同价值的地盘的概率为 $x \in [0, 1)$,x 的大小暂且解释为地盘的稀缺程度。为了简化对我们来说不感兴趣的分析,这里的假设排除了 $x = 1$(即地盘资源根本不稀缺)的情况。

我们允许异质的禀赋效应存在。假设 n 个在位者各自有不同程度的禀赋效应系数,在位者 i 的禀赋效应系数记为 $\alpha_i \geqslant 1$,$i = 1, \cdots, n$。我们对在位者按照禀赋效应系数大小排列进行编号,即 $\alpha_1 \leqslant \alpha_2 \leqslant \cdots \leqslant \alpha_n$。后来者编号记为 $j = 1, \cdots, n$。在位者和后来者之间,随机配对进行博弈。因为已假设两类个体数目都为 n,因此刚好可以一一配对。自然环境下冲突的双方随机配对符合数理生态学模型的经典设定,比如,罗森茨维格和麦克阿瑟(Rosenzweig & MacArthur, 1969)。

在配对博弈之前,每个在位者 i 发出一个可置信的信号承诺一旦遭遇武力就会付出成本 c_{1i} 来捍卫地盘,然后 i 和 j 配对进行博弈,后来者 j 观察到在位者的信号并决定是以成本 c_{2j} 发起抢夺战还是退而寻求其他无主地盘。各方获胜概率参照基准模型的设定,即:

$$p_{1i} = \frac{c_{1i}}{c_{1i} + c_{2j}}, \quad p_{2j} = \frac{c_{2j}}{c_{1i} + c_{2j}}$$

行文至此,细心的读者应已发现,当我们从二人扩展到大群体社会时,单独看 i 和 j 配对的博弈,本质上与基准模型中 1 和 2 的博弈是完全一样的(看起来我们在做无意义的重复工作,但读者随后会发现这样做是有意义的)。采取与基准博弈同样的分析方法,我们不难得到 i 和 j 配对博弈的均衡解为:

$$c_{1i}^* = \frac{(\alpha_i - x)^2 V}{4(1-x)}; \quad c_{2j}^* = \frac{[(2-\alpha_i)\alpha_i - (2-x)x]V}{4(1-x)} \quad (7.9)$$

上述均衡结果,与基准模型的均衡结果是一致的,若说有差异,就在于上述均衡结果中加入了特定的下标。基于前面的基准模型分析结果,我们不难获知:只要地盘有一定稀缺性($x < 1$),则在特定的配对 ij 之间发生战斗的条件是,在位者 i 的禀赋效应系数 $\alpha_i \in [1, 2-x)$;而 i 的先占权得到 j 自发尊重的条件是,$\alpha_i \geqslant 2-x$,即 i 有重度的禀赋效应。

扩展到整个社会,假设某个在位者 $\iota \leqslant n$ 刚好满足 $\alpha_\iota = 2-x$,我们称 ι 为一个(重度禀赋效应)临界在位者。对于所有排在 ι 之前的在位者,即 $\{i : i < \iota\}$,他们的先占权都不会得到尊重,他们的配对后来者都会发起抢夺战;对于 ι 以及所有排在其后的在位者,即 $\{i : \iota \leqslant i \leqslant n\}$,他们的先占权都会得到自发尊重,他们的配对对手不会向他们发起抢夺战。换言之,整个社会将有 ι/n 比例的人先占权得不到尊重,$1 - \iota/n$ 比例的人先占权得到自发尊重。

通过上述分析可以得到如下命题。

命题 7.5:一个社会,如果表现出重度禀赋效应($\alpha_i \geqslant 2-x$)的在位者比例越高,这个社会中先占权就越容易得到自发尊重,自然产权秩序就越容易确立。

金迪斯(Gintis, 2007, 2009)曾建模研究了产权的演化,并提及禀赋效应可能是促成私人产权的重要因素。他(Gintis, 2009:202)写道:"若群体中的个体对某一不可分割的资源表现出禀赋效应,假如在位者和挑战在位者的其他个体具有同等感知的战斗力,则该资源的产权就可以基于先占行为得以建立,对这种资源的财产权利可以在占有的基础上建立起来。上述产权的实施,是由行为主体自己来执行的,无需第三方实施。"我们的结果表明,自然产权的出现,不仅与禀赋效应密切相关,而且整个社会中达到重度禀赋效应程度的个体需要占到较高的比例,才会呈现出社会层面的自然产权秩序。

到此为止的分析,都是在给定个体不同禀赋效应程度下来展开的。并且给定任何个体禀赋效应程度的分布,并不总是可以产生全社会层面的自然产权秩序,比如在 ι/n 很大的时候。因此,解释一个社会(无论是人类社会还是动物社会)的自然产权秩序时,可能需要讨论有利于塑造自然产权秩序的个体禀赋效应程度分布是如何涌现的。这是下一节的问题。

7.3　禀赋效应的演化根源和显著性

7.3.1　禀赋效应的演化根源

有利于塑造自然产权秩序的个体禀赋效应程度分布是如何涌现的? 回答这个问题,首先需要弄清楚究竟是什么在塑造个体的禀赋效应。我们认为,禀赋效应是动物生存进化的产物,是一种适应性结果。目前已有一些文献初步涉及这一问题,比如卡迈克尔和麦克劳德(Carmichael & MacLeod, 2003)认为损失厌恶(禀赋效应背后重要的心理因素)是一种适应性结果(因为夸大对目标的偏好可以提高此人在纳什讨价还价或其他一些条件下的赢利),卡默勒等(Camerer et al., 2005)以及威尔金森(Wilkinson, 2008)进一步指出,禀赋效应和其他一些偏离标准经济学假设的偏好可能都源于人类早期的演化进程,是演化而来的心理机制。近年的生物学和神经经济学研究发现动物和小孩也具有禀赋效应(Harbaugh et al., 2001),说明禀赋效应乃先天存在,这支持了演化观点。最近,阿皮塞拉等(Apicella et al., 2014)基于非洲狩猎—采集社会的实验一定程度上为禀赋效应的演化起源提供了初步的证据。也有研究（如 Maddux et al.，2010）表明历史累积的文化原因导致了各个地方禀赋效应各异。

但我们在这一节要解决的问题，并非禀赋效应演化的科学证据，而是提供禀赋效应演化的理论逻辑，解释自发产权秩序为何可以在社会性动物群体中涌现。

在前一节分析中我们已知，社会中的每个在位者可以有不同程度的禀赋效应，而不同禀赋效应程度决定了他们在战斗中的不同投入水平，从而，不同禀赋效应程度的个体，将会得到不同的赢利——特别是，真实的生存价值扣除战斗成本之后的剩余是不同的。按照演化逻辑，那些获得更高真实生存价值净剩余的个体，将会在生存竞争中占据优势，或者说更具适存性（fitness），长期的进化过程中，这类个体将会胜出并在社会中扩张。问题是，拥有哪一类禀赋效应程度的个体会胜出？是有利于尊重先占权的，还是不利于尊重先占权的？这是我们接下来关注的重点。

首先需要意识到，个体的生存，一定是与地盘的真实生存价值联系在一起的。主观评价的价值可以和生存价值偏离（并影响个人战斗投入决策），但个人赢得地盘对于生存的真实影响，一定由真实生存价值而不是主观评价价值来决定。道理很简单，比如说，心爱的人送给你的戒指，给你很多钱你都不愿意卖掉它（主观评价很高），但是当你真的缺钱而要出售这枚戒指时，其实它根本卖不了几个钱（真实价值较低），那么这枚戒指对于你在经济实力竞争中能够产生的贡献必然只是较低而不是很高。

因此，在前一节的任何一组 ij 配对中，任何一方夺得地盘，他获得的真实生存价值都是 V，而每一方付出的战斗成本也将是实实在在的，即式（7.9）的均衡解 c_{1i}^* 和 c_{2j}^*。于是，我们容易得到 ij 配对中发生战斗（要求 $\alpha < 2-x$）时两者各自的真实赢利期望值分别为：

$$\pi_{1i}^{*} = p_{1i}^{*}V + (1 - p_{1i}^{*})xV - c_{1i}^{*} \tag{7.10}$$

$$\pi_{2j}^{*} = p_{2j}^{*}V + (1 - p_{2j}^{*})xV - c_{2j}^{*} \tag{7.11}$$

在 ij 配对中不发生战斗(要求 $\alpha \geqslant 2 - x$)的真实赢利期望值分别为:

$$\pi_{1i}^{**} = V; \ \pi_{2j}^{**} = xV \tag{7.12}$$

假设自然(nature)让任何一个个体有 $\beta \in (0,1)$ 的概率成为在位者 i,有 $1 - \beta$ 的概率成为后来者,大群体随机配对下任何一个个体期望真实赢利为:

$$\begin{cases} \pi_{\alpha_i \geqslant 2-x} = \beta(\pi_{1i}^{**} + \pi_{2j}^{**}) + (1 - 2\beta)\pi_{2j}^{**}, & \text{若 } \alpha_i \geqslant 2 - x; \\ \pi_{\alpha_i < 2-x} = \beta(\pi_{1i}^{*} + \pi_{2j}^{*}) + (1 - 2\beta)\pi_{2j}^{**}, & \text{若 } \alpha_i < 2 - x; \end{cases} \quad \beta < 0.5 \tag{7.13}$$

$$\begin{cases} \pi_{\alpha_i \geqslant 2-x} = (1 - \beta)(\pi_{1i}^{**} + \pi_{2j}^{**}) + (2\beta - 1)\pi_{1i}^{**}, & \text{若 } \alpha_i \geqslant 2 - x; \\ \pi_{\alpha_i < 2-x} = (1 - \beta)(\pi_{1i}^{*} + \pi_{2j}^{*}) + (2\beta - 1)\pi_{1i}^{**}, & \text{若 } \alpha_i < 2 - x; \end{cases} \quad \beta \geqslant 0.5 \tag{7.14}$$

这里,当 $\beta < 0.5$,则为每个在位者随机配对一个后来者之后,还会剩余比例为 $(1 - 2\beta)$ 的后来者因无人配对而选择另觅无主地盘,这是式组(7.13)的情形。当 $\beta \geqslant 0.5$,则后来者是少数方,按照后来者一一配对后,还会剩下比例为 $(2\beta - 1)$ 的在位者他们将不会有潜在的对手而可以直接享有无战斗时的地盘价值,这是式组(7.14)的情形。

自然选择将保留更具适存性的禀赋效应 α_i 对应的个体,在这里主要是对 $\alpha_i < 2 - x$ 和 $\alpha_i \geqslant 2 - x$ 两类个体进行选择。$\pi_{\alpha_i < 2-x}$ 和 $\pi_{\alpha_i \geqslant 2-x}$ 分别度量了两类个体的适存性,因此我们可直接比较两者大小就可以确定哪一类个体会在自然选择的筛子中胜出。将式(7.10)、式(7.11)、式(7.12)的结果代入式组(7.13)和式组(7.14),可

以得到：

$$\pi_{a_i \geq 2-x} - \pi_{a_i < 2-x} = \begin{cases} \beta(\alpha_i - x)V/2, & \text{若 } \beta < 0.5 \\ (1-\beta)(\alpha_i - x)V/2, & \text{若 } \beta \geq 0.5 \end{cases} \quad (7.15)$$

式(7.15)表明，无论 $\beta \in (0, 1)$ 在定义区间内取何值，重度禀赋效应（$\alpha_i \geq 2 - x$）的个体将比轻度禀赋效应的个体更具适存性，能够获取竞争优势，在自然选择的筛子中胜出。一旦重度禀赋效应的个体胜出并扩散至全社会成为主流，尊重先占权的自然产权秩序就可以在社会中自发形成。由此可以得到如下命题。

命题 7.6：禀赋效应是适应性竞争的演化结果。有利于尊重先占权的重度禀赋效应（$\alpha_i \geq 2 - x$）比不利于尊重先占权的轻度禀赋效应（$\alpha_i < 2 - x$）更具适存性，更能穿透自然选择的筛子。结果，尊重先占权的自然产权秩序可以经由演化力量在社会中被成功塑造出来。

7.3.2　禀赋效应的显著性：理论和实验证据的吻合

琼斯和布罗斯南（Jones & Brosnan，2008：1940）曾写道："我们仍缺乏能力去预测或解释禀赋效应在何时会出现，或者在何时会相对表现得更严重。"的确如此，这方面的理论研究迄今仍相当缺乏，而实验证据也并不统一：个体禀赋效应在有些情形比较突出，在另一些情形又比较轻微。最近有研究表明，物品是自己努力获取，还是靠运气得到，会影响个体禀赋效应的出现概率和深度（Jones & Brosnan，2008；Price & Sheremeta，2015）；女性比男性禀赋效应程度会更高（Price & Sheremeta，2015）；同样的价值一次性给予比分次给予会让被试有更高的过度出价（Price & Sheremeta，2011），即禀赋效应更高；使用杯子做实验会发现禀赋效应，但在代金券试验中就没发现（Kahneman et al.，1990）；一般大众常有禀赋效应而专业交易员却没有（如 List，2003，2004a，2004b）。

琼斯和布罗斯南(Jones & Brosnan，2008)曾试图回答禀赋效应何时出现以及何时更严重这一问题。他们基于进化生态学理论提出，禀赋效应程度更高或更低取决于物品的演化显著性(evolutionary salience)的增强或减弱。演化显著性是说，物品在大脑中的突出地位是演化的产物。比如意外地遭遇毒蛇就是具有演化显著性的刺激，大脑会倾向立即调动情绪反应来进行信息处理。而在另外的时候，当刺激缺乏演化显著性，大脑则会以深思熟虑予以分析对待。从而，人们对不同的物品可能具有不同程度的禀赋效应。如果这个解释是正确的，那么是不是可以说，对大众存在禀赋效应的物品对专业交易员来说就没有演化显著性？

我们的知识并不足以进一步评论琼斯和布罗斯南的看法，但本章的模型确实也可以对禀赋效应何时出现以及何时会更严重提供解释和预测。毫无疑问，禀赋效应本身是一种评价失误，即对自己拥有的东西作出了错误的评价，但本章的分析恰恰要说明：正是这种错误评价达到一定程度，即达到重度禀赋效应($\alpha_i \geqslant 2 - x$)，个体反而可能从中受益——因为错误的评价导致他愿意投入更大代价来捍卫自己的地盘，结果他的先占权因此可以受到自发的尊重。这种"受益"，导致禀赋效应成为一种进化而来的原始的心理倾向。很显然，从 $\alpha_i \geqslant 2 - x$ 可以看到，禀赋效应的强弱程度取决于 x 的大小。这里，x 具有丰富的内涵：它可以表示资源的稀缺性，可以表示物品价值的可替代性，可以表示重置某物品的难度，等等。这意味着，根据本章的理论，对于更为稀缺的物品，或者更不具有替代品的物品，或者更不可能重置的物品，其禀赋效应就会更明显；而对于不稀缺、可替代、易于重置的物品，其禀赋效应就很小甚至没有。这也许可以解释为什么杯子会导致禀赋效应而代金券没有，一般大众有禀赋效应而专业交易员没有。因为人们容易意识到换取一张同样的代金券很容易，但可能较少意识到可以换取一个同样的杯子(或者，人们很容易注意到杯子与杯子之间的某些微小的差异)；交易员比诸大众可能更能意识到交易物品易于重置或替代(或者交易员更懂得如何对交易物品进行重置或替代)。[1]

最后我们还想做进一步的大胆设想:禀赋效应系数该在什么区间？存在稳定自然产权秩序的禀赋效应系数 $\alpha \geqslant 2-x$，随着 x 取值不同,禀赋效应系数的最小下限将是 1(即当 $x=1$ 时)——这正好是个体不存在禀赋效应的情况。它应该有上限吗？如果仅仅要求维持自然产权秩序,它的上限是无所谓的。但是,如果考虑到个体的"理性"约束,即要求其付出的成本不能超过对地盘或资源的(主观)评价,那么应该有 $c_1 \leqslant \alpha V$,该条件等价于 $\alpha_i \leqslant 2+2\sqrt{1-x}-x$,那么禀赋效应的最高上限将是 4(当 $x=0$ 时取得)。换言之,本章模型表明的禀赋效应系数应该在 $(1, 4)$ 区间。而且我们有理由相信,禀赋效应系数在 $(1, 4)$ 区间内应更加偏向于 $1-2$ 方向分布,因为 $\alpha_i = 2-x \in (1, 2)$ 可使 i 在客观生存价值不变的情况下实现主观期望价值最大。我们并不想宣称本章模型一定是对现实的良好拟合,毕竟本章关于竞争获胜函数的设定较为特定,但我们从实验证据中的确可以发现:大量实验表现出的禀赋效应系数确实在 $(1, 4)$ 区间。希曼和昂库勒(Sayman & Öncüler，2005)曾梳理了 1993—2003 年间 39 项研究中的 169 次禀赋效应实验的数据,报告了禀赋效应系数(用意愿卖出价格除以意愿买进价格的商来衡量),如图 7.1 所示。结果表

---

[1] 本部分内容在期刊发表时,审稿人之一曾提及:随着人们参与市场经验不断增加,禀赋效应越低(即 α 变小),如果禀赋效应是维系尊重产权意识的行为因素,我们可能会看到一个奇怪的现象,就是随着人们愈发熟悉市场经济,人们的产权意识反而会愈发淡漠？我们的回应是:市场经验可能使个体更清晰地意识到所持有物品易于重置或替代,或者懂得更多重置和替代物品的方法,结果导致对物品的禀赋效应降低;但这并不意味着人们越熟悉市场经济反而产权意识越淡漠,恰恰是人们越熟悉市场经济,则导致维系产权意识所需的禀赋效应程度更低,换言之,成熟的市场经济中凭借更低的个体禀赋效应就足以维持对产权的尊重。当然,还有一项事实不可忽略:现代市场经济体系中存在着第三方(比如国家暴力机器)来保护产权所有者。第三方保护是对个人自行保护的替代,因此,存在第三方实施力量时要维系对先占权的尊重,所要求的禀赋效应门槛会进一步降低。

明,禀赋效应系数的范围在 0.14 到 113 之间分布,中位值是 2.9,高达
60％的系数值位于(1,4)区间,在(1,5)区间的则比例可达 67％,小
于 1 的系数值仅 6 个(占 3.6％)。[①]

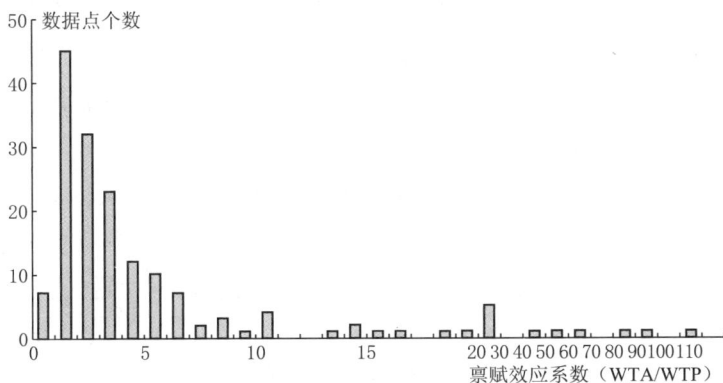

资料来源:Sayman & Öncüler(2005:302)。

图 7.1　实验中的禀赋效应系数

7.4　扩展模型:战斗力非对称与
第三方实施力量的必要性

7.4.1　模型设定

接下来,我们把前面的基准模型扩展到战斗能力非对称的情形

---

① 小于 1 的禀赋效应系数是一个有趣的现象和问题,这是一种不太符合常识的主观
评价:人们对自己拥有的东西的评价小于物品的实际价值。本章一直假设禀赋效应系数
大于 1,倘若我们允许禀赋效应系数小于 1,那么我们看到的行为将不是捍卫地盘,而是把
地盘拱手相让。在文献中,这被称作“反产权”(Gintis, 2009),史密斯(Smith, 1982)曾描
述过一种叫“Oecibus Civitas”的蜘蛛具有这种反产权模式,即入侵者总是可以无需斗争便
取代了先占者。不过总的说来,关于反产权的文献记载非常罕见。但不排除现实中可能
有这样的情况:在位者享用地盘一段时间之后,地盘对它的价值下降甚至逐渐消失,而地
盘对后来者的价值仍很高,此时就可能出现在位者将地盘拱手让给后来者而不是爆发战
斗的结果。

(Dong & Zhang，2016)，这种扩展使得我们可以考察自然产权的边界，从而指出何时需要第三方实施力量来维持社会秩序。

仍然考虑先占者(用 O 表示)和流浪者(以 R 表示)，流浪者是潜在的侵略者。假设地盘有潜在的生存价值 $V > 0$；R 对资源的主观价值为 αV，$\alpha \geqslant 1$ 是禀赋效应系数。

第一阶段，O 发送一个信号承诺投入资源 $c_o \geqslant 0$ 捍卫其占有的地盘。当 $c_o = 0$，表示他不战而逃，放弃地盘。

第二阶段，观察到 O 的信号之后，R 决定入侵或者不入侵。入侵地盘将使得他付出成本 $c_r > 0$，博弈进入下一阶段。若 R 不入侵，则付出成本 $c_r = 0$，此时可以说 O 的先占权得到了尊重，而博弈将到此结束。

第三阶段，O 和 R 展开地盘争夺战，自然决定谁能获得地盘，双方各自的胜利概率由一个塔洛克竞争函数(Tullock，1980)决定，如下：

$$p_o = \frac{c_o}{c_o + kc_r}; \quad p_r = \frac{kc_r}{c_o + kc_r} \qquad (7.16)$$

这里，p_o 和 p_r 分别是 O 和 R 的胜率。赢家获得地盘，输家将失去地盘。然后博弈结束。

在式(7.16)中，我们加入了系数 $k \in (0, \infty)$，它度量了 R 的相对战斗能力。当 $k > 1$(或 $0 < k < 1$)，表示 R 比 O 战斗能力或强或更弱。$k = 1$ 则表示具有等同的战斗能力，这是一些文献中常见的假设(如 Maynard Smith，1982；Gintis，2007)。

若他和平退出，他将有两个选择：(1)寻找新地盘，或者(2)什么也不做。寻找新地盘将付出努力成本 $s \in (0, V)$，以概率 q 寻找到无主地盘，q 取决于一个外生因素 $x \in [0, 1]$。这里，x 可以视为资源稀缺性的度量，x 越大表示资源越丰富。不失一般性，我们假设

$q = x$。①因此,寻找新地盘的期望收益是 $\Delta = xV - s$。 显然,$\Delta \in [-s, V-s]$ 且随 x 的递增。故必然存在一个单独的 $x^* \in (0,1)$ 使得 $\Delta^* = \Delta(x^*) = 0$。 当然,如果选择无所事事,他的赢利都将是 0。

显然,每个主体都当且仅当 $x \geqslant x^*$,即资源丰裕超过一定程度,他才会选择寻找新地盘而不是空虚等待。

7.4.2 解与分析

我们先考虑 $x \geqslant x^*$ 的情形,然后考虑更简单的情形 $x < x^*$。我们使用标准的逆向归纳法。

给定 $x \geqslant x^*$,$\Delta \geqslant 0$。 第三阶段,当 c_o 和 $c_r > 0$,争夺战就会爆发,赢家获得地盘而输家必须撤离。每个主体的赢利如下:

$$\pi_o = p_o \alpha V + (1 - p_o)\Delta - c_o \tag{7.17}$$

$$\pi_r = p_r V + (1 - p_r)\Delta - c_r \tag{7.18}$$

在第二阶段,R 选择 c_r 来最大化 π_r,根据一阶优化条件可得②:

$$c_r^* = \frac{\sqrt{kc_o(V - \Delta)} - c_o}{k} \tag{7.19}$$

此外,π_r 应当大于 Δ,否则他宁可放弃争夺而和平离开。同样的逻辑也适用于 O,应有 $\pi_o \geqslant \Delta$;我们后面再回头检验这个不等式约束是否成立。

---

① 我们也可以认为,寻找到无主资源的概率取决于资源的稀缺性和搜寻成本。即 $q = q(x, s)$,其中 $q_x > 0$ 且 $q_s > 0$。空闲资源越多,或搜寻成本越高,找到无主资源的概率就越大。此外,$q(0, s) = 0$,且 $q(1, s) = 1$,即,当所有地盘都被占领,则任何水平的 s 都不能找到一块无主地盘,当所有地盘都是无主地盘,则任何水平的 s 可以找到一块地盘。这样的模型设定中,一定存在某个 x^* 使得 $\Delta^* = 0$。 因此,模型的结论并不会发生改变。

② 省略掉了负根。

在第一阶段,O 在给定 c_r^* 下选择 c_o 最大化 π_o,根据一阶优化条件可得:

$$c_o^* = \frac{(\alpha V - \Delta)^2}{4k(V - \Delta)} \tag{7.20}$$

将 c_o^* 代入式(7.19),有

$$c_r^* = \frac{(\alpha V - \Delta)[2k(V - \Delta) - (\alpha V - \Delta)]}{4k^2(V - \Delta)} \tag{7.21}$$

爆发争夺战要求 $c_o^* \geqslant 0$ 和 $c_r^* \geqslant 0$。因为 $\alpha \geqslant 1$ 且 $\Delta < V$,$c_o^* \geqslant 0$ 显然成立。不过,$c_r^* \geqslant 0$ 要求 $[2k(V-\Delta)-(\alpha V-\Delta)] \geqslant 0$,即 $\alpha \leqslant \underline{\alpha}$,这里

$$\underline{\alpha} = \frac{2k(V - \Delta) + \Delta}{V} \tag{7.22}$$

容易证明,当 $c_o^* \geqslant 0$ 且 $c_r^* \geqslant 0$,有 $\pi_r \geqslant \Delta$ 且 $\pi_o \geqslant \Delta$(证明详见 Dong & Zhang,2016)。即,爆发争夺战的个人理性约束得到了满足。

现在考察 $x < x^*$,即 $\Delta < 0$ 情形。争夺战的失败者将宁可放弃争夺,因为这样可以有 $\Delta = 0$。因此,我们只需简单地根据 $\Delta = 0$ 来推导均衡。

考虑到 $\alpha \geqslant 1$ 以及式(7.22),争夺战将发生在 $\alpha < \max\{\underline{\alpha}, 1\}$ 的时候,而无争夺情形(即 $c_r^* = 0$)则发生在 $\alpha \geqslant \max\{\underline{\alpha}, 1\}$ 的时候。简单计算表明,当 $k > 1/2$ 或 $k \leqslant 1/2$ 时,$\max\{\underline{\alpha}, 1\}$ 将分别等于 $\underline{\alpha}$ 和 1。由此有如下命题。

命题 7.7:在地盘争夺博弈中,先占者的自然产权得到自发尊重而无需第三方实施力量的条件是 $\alpha \geqslant \max\{\underline{\alpha}, 1\}$,这里 $\underline{\alpha} = [2k(V - \Delta) + \Delta]/V$。

如图 7.2 所示,粗黑实线 $\max\{\underline{\alpha}, 1\}$ 上方的区域,就是自然产权

区域,在这个区域将没有争夺战发生,因为 $c_r^* = 0$。 给定资源的可得性(x),自然产权由 O 的禀赋效应和 R 的相对战斗力决定:R 的相对战斗力(k)越高,要达到 $\max\{\underline{\alpha}, 1\}$ 曲线(即确保自然产权)的区域就需要 O 具有更高的禀赋效应(α)。 反之亦反是。当 $k \leqslant 1/2$,R 总是会选择和平离开,甚至在 O 没有禀赋效应时也是如此。一旦 $k > \frac{1}{2}$,O 必须具有禀赋效应$(\alpha > 1)$才能遏制 R 入侵。更进一步,当空闲资源(x)越丰富,Δ 将增加,$\max\{\underline{\alpha}, 1\}$ 曲线变得更平缓。换言之,自然产权区域将扩张得更大。

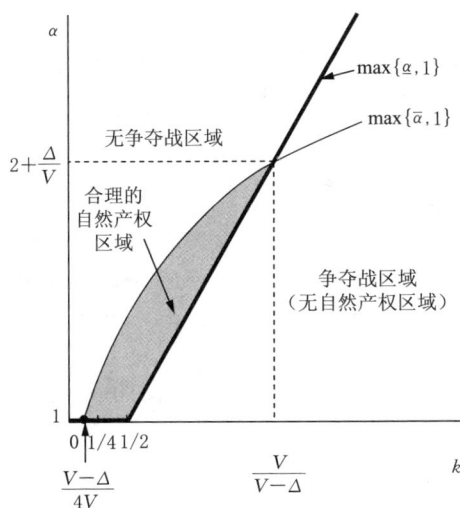

图 7.2　合理的自然产权区间

7.4.3　进一步分析:可置信的承诺

前述均衡分析,定义了确保自然产权所需要的最低水平的禀赋效应 $\max\{\underline{\alpha}, 1\}$。 根据塞勒(Thaler, 1980),禀赋效应基本上是被试感知的自我报告的承诺,我们怀疑 O 是否发送了关于 αV 和 c_o 的可置信承诺。一个理性的主体,在 $c_o > \alpha V$ 时是不会愿意牺牲 c_o 的。有文献综述(Sayman & Öncüler,2005)指出,大量的被试表现出的禀赋效应在 1 到 4 之间。因此,α 和 c_o 理应有上限。

不失一般性[①],假设 $c_i^* \leqslant V$,$i = O, R$。 即,所付出的战斗成本超过资源能够带来的生存价值,是不太合理的。我们把这一上限,视为资源约束。

容易证明,$c_r^* \leqslant c_o^*$(见 Dong & Zhang,2016)。条件 $c_o^* \leqslant V$ 为 O 理性地争夺地盘设定了禀赋效应上限 $\alpha \leqslant \max\{\bar{\alpha}, 1\}$ 相反,如果 $c_o^* \geqslant V$,他最好在 R 进攻时逃弃(证明见 Dong & Zhang,2016,Appendix C):

$$\alpha \leqslant \max\{\bar{\alpha}, 1\} = \begin{cases} \bar{\alpha}, \text{ 若 } k \geqslant \underline{k} \\ 1, \text{ 若 } k < \underline{k} \end{cases} \tag{7.23}$$

其中,$\bar{\alpha} = \dfrac{2\sqrt{kV(V-\Delta)} + \Delta}{V}$,$\underline{k} = \dfrac{V-\Delta}{4V}$。

图 7.2 同时绘出了曲线 $\max\{\underline{\alpha}, 1\}$(即遏止 R 的最低禀赋效应水平 $\underline{\alpha}$),以及曲线 $\max\{\bar{\alpha}, 1\}$(即使得 O 承诺可置信的最高禀赋效应水平 α)。 容易计算得到两条曲线的交点是 $\left(\dfrac{V-\Delta}{4V}, 0\right)$ 和 $\left(\dfrac{V}{V-\Delta}, 2+\dfrac{\Delta}{V}\right)$。

图 7.2 中两个交点之间的阴影区域,就是我们所关注的"合理的自然产权区域"。在这个区域,R 不会发动地盘争夺战,而 O 会在面临入侵时奋起捍卫地盘。同时在 $\max\{\underline{\alpha}, 1\}$ 和 $\max\{\bar{\alpha}, 1\}$ 之上区域,不会有争夺战,但是长期中也不能存在合理的自然产权;在这个区域,$c_o^* \geqslant V$,即面临入侵时 O 最好放弃地盘,但是理性的 R 并不

---

① 只要 α 有上限,我们的理论就是成立的。

会发起地盘争夺战,因为 $\alpha \geqslant \max\{\underline{\alpha}, 1\}$。有趣的是,$O$ 可能会担心 R 的颤抖手出招(a trembling-hand play),即 R 偶然的非理性攻击行为,这使得 O 应当放弃地盘。从演化稳定视角看,O 在长期中倾向于寻找另外的地盘。

金迪斯(Gintis,2007)曾论及反产权(anti-private property equilibrium),在我们的模型中,反产权存在于 $k = V/(V-\Delta)$ 右边由 $\max\{\underline{\alpha}, 1\}$ 和 $\max\{\alpha, 1\}$ 构成的三角区域。在这个区域,R 有足够高的战斗力(k)去抢夺地盘,而 O 却没有足够高的禀赋效应(α)去捍卫地盘。当 $k > V/(V-\Delta)$,R 必定战斗,而 O 的自然产权将被瓦解(证明见 Dong & Zhang,2016)。

请回忆,当 $x \leqslant x^*$,$\Delta = 0$,且 $\Delta \in (0, V)$ 在 $x > x^*$ 时随 x 单调递增。可以断定自然产权区域或将随 Δ 的 x 增加而扩大,因为此时寻找空闲地盘或替代性的资源变得更加容易了(证明见 Dong & Zhang,2016)。

如果说 7.2 节的基准模型刻画了禀赋效应对于形成社会秩序(自发的普遍性的权利尊重)的重要性,那么本节的扩展模型则刻画了自发社会秩序的边界以及第三方实施力量的重要性。个体竞争的能力通常可能不对称,无论是动物和人类,都有强者和弱者。强者并不会绝对地自发尊重弱者的产权,这种自发尊重只存在于一定的范围之中。在这个范围之外,强取豪夺不可避免。而为了让弱者的权利能得到强者的尊重,社会需要发展出第三方实施力量(法庭、警察和政府等人类社会建构)。这就是为什么法庭、警察和政府等人类社会建构至关重要的原因。这些人类社会建构的存在,也正是人类社会中对权利尊重的广度和深度远远超越动物社会的原因!

7.5　总结性评论

人类理性的边界,不是非理性,而是各种形式的社会性。一些个人层面看似非理性的行为,在社会层面恰有可能产生了非常积极的作用。诸如公平、忌妒、仁爱、忠诚、记仇、羞愧、内疚、沉溺等看上去不太理性的行为,恰恰是有益于社会形成合作秩序的亲社会情感(Gintis,2009)。本章探讨的主题与此相关,我们提出的行为经济理论模型证明,拥有某物品时对其评价高于不拥有该物品时的评价,这一"禀赋效应"心理倾向,是形成包括自然产权在内的社会秩序的前提和关键。

禀赋效应对于自发形成社会秩序之所以至关重要,原因在于禀赋效应充当了一种承诺机制,它使得这样的威胁——"别想打我的地盘的主意,我会为了它浴血奋战,和你斗争到底"——可以置信并成为共同信念,可以使得过度战斗投入在遭遇侵略时成为事实。如果禀赋效应达到一定程度,承诺的过度战斗投入就会足够高,直至迫使对手放弃侵略,从而导致先占权得到自发尊重。社会秩序的本质,是对他人权利的尊重。本章的分析表明,诸如自然产权之类社会秩序的形成,要求对他人占有权的普遍尊重,这一局面的形成有赖于社会中具有较高禀赋效应的个体达到较高的比例——有幸的是,这一点在冥冥中似乎已经注定:那些有利于尊重先占权的重度禀赋效应能够给个体生存竞争带来更大的适存性,这使得社会性动物具备了较高的有利于尊重先占权的禀赋效应心理倾向,从而对先占权的尊重能够在社会中得以普遍存在。在今天的某些场合,重度禀赋效应看上去是非理性的,那其实是人类远古时代演化理性的余音——在时刻面临侵略威胁的社会中,重度禀赋效应有益于个体生存竞争,所以它们最终得以穿透演化的筛子并为社会自发秩序的形成铺平了道路。

上述研究对于经济理论有何重要意义?它有助于为社会秩序的经济分析包括制度经济分析,奠定底层基础。迄今的制度经济分析中,制度何以自我实施是一个重要的硬核问题,传统上对制度自我实施的解释主要借助于规范、道德等概念,但规范和道德本身也是社会秩序,需要满足自我实施的条件才能得以维持。禀赋效应形成的社会秩序可以不依赖第三方而自我实施。因此,禀赋效应与社会秩序的研究或许可以破解制度何以自我实施这一核心难题。

　　本章的工作是探索性的,在此基础上还可以引发诸多后续研究的议题。在我和张永璟(Dong & Zhang, 2016)的扩展研究中,讨论了自然产权的边界。这个问题的重要性在于,一方面我们观察动物社会可以发现,动物的"地盘"并非是无限扩展的,都有其边界,对在位者发起争夺地盘的战斗偶尔也会存在,特别是在后来者比在位者强悍得多的时候;另一方面,没有人会认为人类社会的那些依靠第三方力量实施的秩序或制度是不重要的,问题是第三方实施的秩序或制度为何是重要的? 通过在禀赋效应基础上的地盘争夺模型中引入能力差异,它们明确刻画出了自然产权的边界,这个边界取决于两个重要因素:先占者和入侵者的相对战斗能力,以及资源的稀缺性。这套理论可以解释动物社会的地盘为什么总是存在于一定的范围内,也可以解释人类社会为何需要第三方实施的秩序——因为完全依靠自我实施的自发秩序作用范围是有限的,在那些自发秩序难以扩张和覆盖的地方,第三方实施的秩序对于文明社会来说是必要的。比如,一个巨人要抢夺一个矮子的物品,即便矮子愿意花更大代价保卫自己的物品,但巨人要抢夺它仍然是轻而易举的,这时的确需要依靠第三方实施力量来限制巨人的抢夺行为才能形成对矮子的占有权的尊重。

第8章 经济政策与制度设计

1998年的一天,我在几位哈佛教授关于人力资本管理的著作中读到一段论述管理层金钱观的话。这几位作者写道:"许多组织都陷入了一个怪圈,而这至少部分是由他们自己造成的。企业常常在招聘与内部沟通时强调其薪资水平及按绩效付酬的理念。在这样做的过程中,他们很可能吸引了那些渴望金钱的人,同时提高了现有员工对金钱的欲望……在一些行业里,薪资在吸引及留住员工方面起着特别重要的作用,这使管理者只能更加地依赖金钱……我们并不否认金钱的重要性,我们想要说明的是:人们从工作经验中形成的对金钱重要性的认识,是受管理者采用的薪资制度类型与指导思想影响的。"(比尔等,1998:153—154)

当时,我是芝加哥经济学派的追随者,对这段话不以为然。十多年之后,我亲历的环境让我重新回想起这段话。我所在学校的经济与管理学院和心理学院,刚好分别是人力资源管理的芝加哥学派和哈佛学派的实践者,前者强调金钱激励,后者则更注重工作的内在价值激励。结果是,前者的诸多工作要依靠金钱去激励教职员工完成,而后者却有不少教职员工乐于为学院奉献而不计较报酬。

回顾这段话和自己亲历的例子,我是想说明,制度会塑造个人偏好。主流经济学将人们偏好视为既定来设计政策和制度,可能是有问题的。偏好既定前提下的最优机制设计,在制度影响偏好的情形下可能就不再是最优的。这也正是桑塔费经济学家的观点。由于这一路径的研究正在展开,尚未形成成熟的理论,因此本章我们只对此做初步的考察。

8.1　物质利益、道德情操与制度的互补和挤出

8.1.1　个人行为的动机与制度设计

马歇尔的巨著《经济学原理》开篇第一段话写道：

> 经济学既是一门研究财富的学问，也是一门研究人的学问。宗教力量和经济力量共同塑造了世界历史……人的性格形成于日常工作及由此获得物质资源的过程之中。除了宗教，任何其他影响都不能塑造人格……宗教的动机比经济的动机更强烈，但是宗教动机的直接作用却不如经济动机对人类生活的影响广泛。（马歇尔，2005[1890]：3）

显然，马歇尔仍然意识到人类的行为不仅仅只有经济动机。在这一理念上，他应该还在沿袭斯密的传统。亚当·斯密，这位号称现代经济学鼻祖的道德哲学家，曾经写下《国富论》阐释利己的经济动机如何带来社会公益，即所谓的"看不见的手原理"；他也曾经写下另一本同样伟大的著作《道德情操论》，阐释人类社会赖以维系、和谐发展的基础，以及人的行为应遵循的一般道德准则。

遗憾的是，马歇尔之后的以新古典范式为基础的主流经济学，专注于人类行为的经济动机，对道德动机视而不见。从此主流经济学中再无"道德情操"的容身之地。日渐完善的瓦尔拉斯经济学体系，将充满情感的个人简化为一个冷冰冰的、只计算经济利益的"经济人"。

这一变化的直接后果，就是经济政策和制度设计的理念被"经济人"假设所主导。许多的政策设计都奉行：应该把受政策或制度约束的主体当作"恶人"来对待。当然，这并不是什么新的主张。哲学家休谟曾经在其《论道德、政治和文学》（Hume，1864：117—118）中写道："在设计政府的任何体制时……每个人都应视为流氓，在其所有行动中，除了个人利益，没有其他目的。惟其如此，我们才必须控制

他,并通过各种手段使他尊重公共利益,尽管他有着无尽的贪婪不懈的野心。"在主流经济学看来,这是一种考虑最坏结果的有保障的制度设计理念:制度是为了遏制恶人,对好人则不会形成约束,因此必须将所有的人当作坏人来设计制度。这听上去正确,但实际上可能错得离谱。

休谟自己显然并不认同上述视人人为流氓的制度设计理念,在上面引文之后,他接着写下了告诫:"很奇怪,这一政治学上正确的座右铭,在现实中却是错误的。"近年的实验证据支持休谟的告诫:顾他偏好、强对等性、忠诚、荣誉感以及传统上称之为公德的那些东西,它们是普遍而且强有力的行为动机(Camerer,2003;Fehr,Klein & Schmidt,2007;Gintis et al.,2005)。公共经济学中,利他动机的经验重要性在很久以前就获得了认可,最近它也在守法纳税(Andreoni,Erand & Feinstein,1998;Pommerehne & Weck-Hannemann,1996)、政治立场和有关收入保障和再分配政策选择(Fong,Bowles & Gintis,2005),以及普遍的守法循规(Kahan,1997)等研究当中得到了确认。

不过,这些证据并不足以证明"视人人为流氓"的制度设计理念会错得离谱。如果制度的确是遏制恶人,而对好人没有约束,那么"视人人为流氓"恰好是一种有保障的基于最坏结果设计制度的合理想法。我们也希望如此,但真实世界却没有这么简单:制度和偏好是共同演进的,视人人为流氓的制度设计,可能会制造出更多的流氓。那些将人人视为流氓而设计出的制度,挤出了个人确实存在的高尚动机,结果就是有着良好意图的制度反而导致糟糕的结果。

我们马上就会看到这方面的例子。

8.1.2 制度挤出与制度互补

制度挤出(institutional crowding out)是指这样一种情况:一个制度破坏了另外一个制度。

鲍尔斯(Bowles，2004)曾提供一个例子。在 20 世纪以前,印度北方的林区是各个村子的私有财产,村务委员会(panchayats)对林区进行管理:如果有外人未经许可私自带出林业产品,将被重罚或引发械斗。这种体制一直运行良好。但是,在第一次世界大战期间,英国殖民政府为了满足铁路枕木等木制产品的需要,夺去了该地的林业管理权。殖民政府的干预,扰乱了当地社区的正常管理,并激起抗议纵火,导致大量松木烧毁。作为回应,殖民政府鼓励"善良驯服的居民"侵袭经济价值较低的林区。政府这一举措破坏了各村的传统边界,使当地的管制规定成为一纸空文。印度殖民政府对社区管理权的破坏,就是制度挤出的一个例子。

兰乔和斯特恩(Lanjouw & Stern，1998:570)提供了另一个例子。印度巴比伦地区劳动力市场扩展(以及地理流动性的增加)降低了退出成本,从而降低了个人声誉的价值,由此导致借贷合约的非正式约束力被破坏。其实同样的情形发生在中国市场化的经济改革过程中。市场化的程度日益增加,许多市场化的制度挤出了中国传统的关系型社会的诸多非正式制度。我们当然不能简单地说制度挤出是好的或不好的。良好的规则挤出陋习,这应是好的挤出效应,但也有很多时候,这种挤出带来真正的问题,有可能使结果变得更糟糕。

在以色列海法日间托儿所,每天下午放学的时候,孩子的父母姗姗来迟是一个常见的问题。如何可以治理父母迟到问题呢? 标准的经济理论提供的解决方案很简单:加大为迟到付出的成本。于是,托儿所对迟到的父母开始实施罚款。如果父母是标准的经济理论所刻画的理性经济人的话,我们应预期迟到现象将会减少。

但是格尼兹和拉切奇尼(Gneezy & Rustichini，2000)的研究却得到了相反的结果。他们选择了六所日间托儿所进行实验,对迟到的父母进行罚款。令人意外的是,迟到的父母数量不降反升,增加了一倍多。这一数量直到取消罚款之后 16 周仍没有下降。期间对照组幼儿园迟到父母的数量却没什么变化。他们对此的解释是,进行处罚使父母按时到园的责任转化成为一种金钱关系,货币激励挤出了父母按时到达的责任感。

的确,人们的行为既受市场制度约束,也受非市场制度约束;既受正式制度约束,也受非正式制度(规范和社会文化等)约束。在不同的制度约束下,人们可能会考虑其行为的适宜性。在情感的领域,人们通常难以接受市场手段。比如,婚前财产公证本来有利于避免离婚财产争议,但却常常被视为对婚姻没有信心的信号而不被接受(Fehr & Falk,2002);经济激励可能会降低志愿者的努力程度,因为志愿者并不愿意被人看作是"为了钱"(Fehr & Gächter,2001)。

费尔和盖希特(Fehr & Gächter,2001)设计了一个礼物交换博弈,其中委托人(雇主角色)提供一份报酬,并对代理人(雇员角色)要求一定的努力水平。工人将考虑成本来选择一个努力水平。在"信任"情形,博弈到此结束。在"激励"情形,雇主按照雇员的绩效支付报酬,并且可在雇员选择努力水平之后对达不到水平的雇员进行惩罚。实验中,交易总剩余的计算是雇主利润加上雇员净所得(工资减掉努力的成本,有罚款时还须减掉罚款)。

标准的博弈论推测:在"信任"情形,作为"经济人"的雇员既然已获得了报酬且不担心再受惩罚,那么最低的努力水平就是其最佳选择;而雇主预期会有这种结果,那么一开始就只会提供最低的工资。但是,实验结果与此大相径庭:雇主会提供丰厚的报酬,而雇员也会按酬付劳,报酬越丰厚提供的努力水平越高。而在显性的"激励合约"情形,雇员的平均努力程度明显下降。只有在工资极低的时候,显性激励才会提高(边际)工作努力程度。在相对丰厚的报酬下,显性激励条件下的工作努力程度只会达到不存在显性激励时的1/3。

结果,激励合约导致雇主的利润提高了(是信任情形的两倍),但是总剩余反而下降了,因为雇员的净收益不到信任情形的一半。激励情形能够使雇主最大限度节约工资支出,并且能够有效地限制雇员工作效率下降。费尔和盖希特(Fehr & Gächter，2001)将这一结果总计为："与信任情形相比,激励情形中的激励机会能够增加雇主利润,但是⋯⋯这种情况通常是伴随着效率损失一起出现的。"

卡德纳斯(Cardenas et al.，2000)在哥伦比亚的现场实验得到了类似的结论。在没有惩罚机制的时候,农村居民对近郊的森林砍伐略高于社会最优水平(即存在一定程度的过度砍伐,但远低于公地悲剧纳什均衡所揭示的过度砍伐水平)。实验者引入过度惩罚,按照标准的经济理论,过度惩罚将导致砍伐水平低于社会最优水平,但真实结果与此迥然不同:受试者的砍伐水平不但没有下降,反而上升了,直逼纳什均衡所揭示的过度砍伐水平。研究者对此的解释是,激励结构的改变导致利他动机被彻底排挤,这些动机本来在激励机制缺位时能有效运行。

心理学家主张,对完成任务进行货币奖励,有可能破坏人们努力工作的内在动机(Deci et al.，1999)。由于制度挤出效应,市场制度(经济激励)常常挤压了人们的非市场(非经济或道德)动机(Frey & Jegen，2001),过于强调经济手段解决激励问题有可能并非最佳的选择,特别是在治理人们的非经济领域的行为的时候。公司的人力资源管理曾有芝加哥学派和哈佛学派之争:应该以金钱激励员工还是以工作的内在价值激励员工?似乎 JPE 和 QJE 两份顶级经济学期刊也正好可反映两所大学不同的风格,前者认为应该采取经济激励,后者却认为经济激励只会造就更多的金钱动物。

当然,与制度挤出相对,制度互补也是存在的。所谓制度互补是指一种制度支持了另一种制度。在诸多运行良好的制度之间,都存在着互补。比如欧美大学的教授终身制,与其非升即走(up-or-out)的晋升制就是互补的。两种制度结合,通常能够较为有效地甄别出真正喜欢和适合做学问的人晋升到教授职位。政府和市场也可以是互补的,比如政府提供质量监督、信用认证等制度,对市场的健康有效运行提供了很大支持。不过,我们此处分析的重点是制度挤出,对制度互补将不会着墨太多。

8.1.3 经济动机和道德动机不可分离

古典经济学家并非没有意识到作为道德行为基础的社会偏好，他们不过是假定了道德动机并不受旨在驾驭利己主义的基于激励的政策设计影响。他们相信，外在的激励和约束与公民道德相结合，情形就可以变得更美好。这种隐含的道德动机与经济动机分离的假定，导致人们忽略了制度会塑造偏好，忽略了制度与偏好的共同演化。

我们前面已经接触到一些案例和实验表明基于经济激励的制度可能挤出人们的道德动机。事实上，已经有大量的实验室实验和自然实验表明，超越经济动机的社会偏好对行为产生着重要影响，而这些偏好会随着已经实行的外在激励的不同类型而有显著的差异（参见表8.1）。换言之，经济动机和道德动机可分离的假定，应该是错误的。如果经济动机和道德动机不可分离，那么基于两者可分离的假定进行政策设计一般来说不是最优的，外在激励将要么过度使用，要么使用不足。

关于经济动机和道德动机不可分离的心理机制，有可能在于如下五个方面(Bowles & Hwang，2008)。

其一，框架效应。外在激励可能为决策设定了框架，这一框架设定视利己为最优的情形，而非道德适宜的情形(Hoffman，McCabe，Shachat et al.，1994；Irlenbusch & Sliwka，2005；Cardenas，Stranlund & Willis，2000；Gneezy & Rustichini，2001)。比如迟到的父母，对幼儿园本来是心怀歉意的，但是实施罚款反而使得迟到父母心安理得：我购买了迟到的权利！

其次，委托人采用的激励不仅提供了有关委托人偏好的信息，也提供了他对代理人的信赖或者是对代理人其他可能行为方面的一些信念(Seabright，2004；Benabou & Tirole，2006)。比如主张以金钱

表 8.1 外在激励和社会偏好：实验证据

引用来源	目标集合	游戏（博弈）	结　果	评　论
Bohnet & Baytel-man(2007)	美国的高层管理人员	信任博弈：一次性的，重复性的；在有和没有处罚和相互交流（"制度"）的情况下	"制度"增加了发送和回收（以发送为条件）信息的数量；而惩罚的选择则减少了受托人利他考虑的机会。	"惩罚的（选择）破坏了内在的信任和……对信任期望的控制，降低了……回报信任的意愿"
Bohnet, Frey & Huck(2001)	美国学生	合约的执行	履约并不是执行程度的单调变化函数	当执行强度合适的时候，"金钱"的偏好挤出了"信任"的偏好
Cardenas, Stranlund & Willis(2000)	哥伦比亚的乡下劳人	有外在强加罚款的共同经营的资源	罚款减少了更多的自利行为和共同经营的过度开发行为	罚款导致从道德模式向利己模式的转移
Carpenter, Bowles & Gintis(2007)	美国学生	隐含惩罚的公共品	隐含的惩罚会导致背叛能够最大化收益的情形更多，即使是在背叛能够最大化收益的情形	隐含的惩罚会激活内疚，由此导致的差愧感促进了合作
Falk, Fehr & Ze-hnder(2006)	瑞士学生	有最低工资的劳动力市场博弈	最低工资永久地提高了保留工资的水平（即使是在取消最低工资之后）	"最低工资影响（主体的）公平感"，它产生了道德的"权利"
Falk & Kosfeld (2006)	瑞士学生	信任博弈	对代理人强加一个最低回报率的委托人，收到回报少于信任的委托人	强加最低值被主体视为委托人不信任的一个信号

续表

引用来源	目标集合	游戏（博弈）	结果	评论
Fehr & Gaechter (2002)	瑞士学生	礼物交换	外在激励减少了对委托人再分配剩余的努力（特别是当它是负的情况下）	激励不仅消除了慷慨的正面效应，也消除了框定效应和对不公平的反感
Fehr & Rockenbach(2003)	德国学生	有选择性惩罚的信任博弈	在可获得高绩效成就的结果时，不要选择使用惩罚	选择放弃惩罚是一个良好意愿和信任的信号
Fehr, Klein & Schmidt(2007)	德国学生	在计价工资率和不完备合约下的礼物交换	不完备的（红利）合约对P和A双方产生了比一般情况下更高和更多的回报。	有公平感的行为人的存在可能解释了为什么多合约……是不完备的
Fehr & List(2004)	哥斯达黎加的CEO和学生	有选择性惩罚处的信任博弈	在可获得高绩效的结果时，不要选择使用惩罚	关键在于绩效（performance）："心理的信息……传递了所采用的激励是否……善意的还是敌意的"
Fischbacher, Fong & Fehr(2003)	瑞士学生	双边"谈判"跟最后通牒博弈版本的"市场"相比较	有回应者的竞争会降低出价，减少拒绝的发生	"不公平"惩罚产生的竞争出价更不确定
Frohlich & Oppenheimer(1995)	加拿大大学生	囚徒困境	激励相容（IC）的选择降低了序贯博弈的绩效	激励相容（IC）的选择"破坏了道德的理性和道德的激励行为"（p.44）

续表

引用来源	目标集合	游戏（博弈）	结 果	评 论
Gaechter & Falk (2002)	澳大利亚学生	一次性的、以及重复性的礼物交换的博弈	互惠性在重复博弈当中增强；重复导致自利的行为有模仿报答者	重复并没有减少互惠性的激励，也没有"挤进"模仿的互惠性
Gaechter, Kessler & Konigstein(2006)	瑞士学生	有罚款、奖金和信任的礼物交换	合作在后发的激励使用中降低了；而罚款和奖金的效应则变大了	"无法改变的是事实是：……激励对于自愿的合作行为有一个持续的负面影响"
Galbiati & Vertova (2007)	意大利学生	既有回报又有罚款的公共品博弈	外在公布的贡献标准提高了独立于利的贡献水平	对社会合作做出反应的贡献决定了"义务"
Gneezy(2003)	美国学生	提议者—回应者	W-曲线：罚款和回报的非单调效应	在零处不连续性反映了从道德到策略模式的转移。可参阅 Gneezy & Rustichini (2000b)
Gneezy & Rustichini(2000a)	海法日托所的父母	对迟到进行罚款	在罚款被取消后，增加的迟到依然持续	罚款以迟到"多槽"为信号，使一个"从共享到交易"的关系发生了转变
Gneezy & Rustichini(2000b)	以色列学生	对恳求社会目标的贡献水平的报酬	很小的报酬（而不是很大）降低了恳求的绩效	参阅 Gneezy(2003)

续表

引用来源	目标集合	游戏(博弈)	结 果	评 论
Gneezy & Rustichini (2000b)	以色列学生	对符合标准的 IQ 测试反应的报酬	很小的报酬降低了绩效；而大的报酬则提高了绩效	"外在的激励……能够……改变主体从道德到陌生化的框架" 参阅 Gneezy(2003)
Houser, Xiao, McCabe et al.(2007)	美国学生	信任博弈	信任者或受方自然的弱的认可会导致更少的信任	
Henrich, Boyd, Bowles et al.(2005)	15 个社会的采集、狩猎、游牧和种植人群	最后通牒博弈	提供的低出价和拒绝远大于在市场一体化程度更高的社会	内生性偏好：市场可能会产生人提供公平感。"doux commerce"? Hirschman(1977)
Hoffman, McCabe, Shachat et al (1994)	美国学生	最后通牒博弈	市场"标签"（"交易博弈"）减少了出价并提高了可接受的水平	市场框架减少了利己考虑的偏好
Irlenbusch & Sliwka(2005)	德国学生	有计价工资率选择的礼物交换（工资努力）	主体对计件工资率的变动有正面的反应；但与没有计件工资率的情况相比，在计件工资率下努力水平降低了，即使在计件工资率取消后，其负面的效应依然持续	"激励(表明)了一个最优的框架而不是一个合作的框架"
Rodriguez-Sickert, Guzman & Cardenas(2007)	哥伦比亚的乡下成年人	对过度开发有低的罚款和高的罚款的公共资源博弈	低的罚款跟高的罚款同样有效。存在的罚款阻止了合作的拆散	小的罚款革除了合作对背叛者报复的需要，挤进了绝对合作

续表

引用来源	目标集合	游戏（博弈）	结　果	评　论
Schotter, Weiss & Zapater(1996)	美国学生	最后通牒和独裁者博弈	对生存的竞争性威胁导致了更低的供给	"……（市场）提供了行动的正当性，而这在分离的情形下可能是不正当的"(p.38)
Tyran & Feld(2006)	瑞士学生	有宽容和严厉制裁的公共品	如果宽容法律是内生选择的，比如靠自我强化，则顺从会得到更大的改善	自我强化的惩罚并不表现出敌对动机
Upton(1973)	美国献血者	为捐献者支付报酬或者没有报酬	有很高的动机对激励作出负面的反应	参见 Titmuss（1971），Bliss（1972），Arrow(1972)

资料来源：Bowles & Hwang(2008)，Frey & Jegen(2001)。

激励员工的经理,其本人更可能看重金钱利益,或者他认为员工就是金钱动物;要求婚前财产公证,可能意味着对另一半缺乏信赖,或者对将来维持婚姻缺乏信心,又或者是在对将来分割婚姻财产进行铺垫。故外在激励的使用,可能传达了委托人对代理人的不信任或者其他的负面信念和看法,也可能显示出委托人宁愿以牺牲代理人利益为代价不公平地实现其利润最大化的目的。因此,对于委托人来说,使用外在激励是对自己与代理人之间已存在的平等互惠倾向的一种折衷(Falk & Kosfeld,2006;Fehr & List,2004;Fehr & Rockenbach,2003)。

第三,绩效关联报酬可能起源于心理学者使用的"过度辩护"这一术语。过度辩护是个人对自主决定观念折衷后的产物,它可能削弱那些表现出色的内在动机(Upton,1973;Deci,Koestner & Ryan,1999;Cameron,Banko & Pierce,2001;Kreps,1997;Frey,1994)。通俗地说,就是对于个体的某个行为给予太多外部理由时,此人就更可能出于外部动机来做出这一行动,内部动机将会减弱,直至外部动机完全剥夺内部动机。这一心理理论获得了大量实验证据支持。[①]

第四,委托人采用的激励,会影响代理人更新其偏好的过程,使得这一过程偏向了自私利己的方向(Bohnet,Frey & Huck,2001;Bowles,1998;Gächter,Kessler & Konigstein,2006;Frohlich &

---

① 这里我们不准备回顾那些实验,倒是准备引用一个故事,因为这个故事能最形象说明"过度辩护"理论。一群小孩常在一个老人的寓所旁放鞭炮玩,老人深受其苦。想了很久,老人找来放鞭炮的孩子,告诉他们:自己很喜欢鞭炮声,愿意每天给孩子们10元钱,条件是他们必须在这里放鞭炮。有得玩又有钱拿,孩子们很高兴,鞭炮放得更起劲了! 可是过了几天,老人告诉孩子们,自己钱不多,每天只能给孩子们5元了。孩子们有些失望,不过还是勉强答应在这里放鞭炮。又过了几天,老人告诉孩子们,由于家里发生变故急需用钱,不能再为他们支付放鞭炮的费用了,请求他们免费放鞭炮。孩子们很生气,不但不答应在这里放鞭炮,而且号召其他小孩也不要来这里放鞭炮。而老人,从此获得了宁静的生活。

Oppenheimer，1995；Bar-Gill & Fershtman，2005）。

第五，外在激励也可能挤进道德和其他的社会偏好。比如，社区成员对公共品捐献的乐意程度，是以其他成员对公共品的捐献为条件的，而外在激励的出现将有力地影响社区成员对于其他成员可能采取行动的信念（Shinada & Yamagishi，2007；Gächter & Falk，2002；Rodriguez-Sickert，Guzman & Cardenas，2007）。

8.2　激励影响社会偏好时的机制设计

经济激励会影响社会偏好，进而导致不考虑这一反馈过程的最优激励合约并非真正的最优。激励对道德和其他社会偏好的挤出或挤进会导致公共品提供不足或过度。鲍尔斯和黄（Bowles & Hwang，2008）提供了一个模型（下称 B-H 模型）对此进行分析，该模型提出了社会偏好依存于激励时的制度设计问题。

8.2.1　B-H 模型基本设定

鲍尔斯和黄（Bowles & Hwang，2008）认为，把经济动机和道德动机分离的假定之所以失败，是因为人们有"价值观"，这些价值观会受外在激励（或正向或负向的）影响。B-H 模型假定，社区中有同质个体 $i=1，\cdots，n$，个体 i 采取行动 $a_i \in [0，1]$ 有边际递增的成本函数 $g(a_i)$，$g'>0$，$g''>0$。社区产出 $\phi(a_1，\cdots，a_n)$ 取决于每个成员的行动。对每 1 单位行动采用比例为 $s \geqslant 0$ 补贴作为外在激励。但实施补贴需要监督，监督成本 $c(s)$ 随补贴上升而上升，因为更大的 s 会增加居民不如实陈述其行动水平的激励。假定社区用于支持补贴的税收收入并不对居民行为产生影响（根本不考虑征税以及税收扭曲等），这样，补贴的社区净成本就是其监管成本 $c(s)$。

经济激励、道德及其他社会偏好对行为的影响，视为"价值"（心理效用），用 $v_i(a_i，s)$ 表示。将成本、收益等客观价值视为"物质"，以避免表达混淆。为了分离不可分离性问题，而且使其能用单一参

数表示,把激励对不同个体的价值进行抽象归纳,用如下价值函数给予清晰表达:

$$v = a_i(\underline{v} + \delta s) \qquad (8.1)$$

于是 i 的行动的边际价值就是 $v_{a_i} = \underline{v} + \delta s$。经典的分离性假定认为外在物质激励不影响行动的边际效用价值,即 $\delta = 0$。式(8.1)并不适用所有的不可分离性假定下的复杂心理机制,但它能够表明价值和物质激励互补或替代的基本问题,提供了一种比较简单的方式来探究机制设计的含义。

利用式(8.5)。令 i 的效用函数如下

$$u_i = \phi(a_1, \cdots, a_n) + sa_i - g(a_i) + v(a_i, s) \qquad (8.2)$$

个体最优反应的条件是:

$$g'(a_i) = \phi_{a_i} + s + \underline{v} + \delta s \qquad (8.3)$$

式(8.3)左边是私人行动的边际成本,右边是私人的物质边际收益。最大化效用的 a_i^* 须满足式(8.3)。那么,补贴将怎样影响 a_i^* 呢?为此可求:

$$\frac{\partial a_i^*}{\partial s} = \frac{1 + \delta}{g'' - \phi_{a_i a_i}} \qquad (8.4)$$

由于 a_i 的引致成本是边际递增的,而带来的产出是边际递减的,因此上式右边分母为正,式子的正负符号,就取决于衡量挤进效应和挤出效应的系数 δ:(1)当 $\delta > 0$,物质激励挤进了社会偏好,价值和激励是互补的,随着物质激励水平上升,行动对个人价值的边际效应也随之增加。(2)$\delta = 0$,行动水平随经济刺激增加而增加,此时行动水平完全取决于经济激励,经济激励没有通过挤出或挤入社会动机影响行动水平。(3)当 $\delta < 0$,物质激励挤出了社会偏好,由于激励和价值是互替的,它降低了激励对于个人行为的效应;特别地,当

$\delta < -1$，可称为强挤出效应，此时经济激励反而降低了人们的行动水平。海法日托和表 8.1 中的实验例子中，出现了这样的情形。

由于是要对私人物质激励有效时会导致公共品提供不足，或强制推行众所周知的激励反而可能得到一个更高产出的两种情形进行建模，故 B-H 模型还作出如下两个假定：

假定 1：在没有补贴的情形，通过社区协商个人行动水平的社会边际收益超过了个人的私人成本，而这一边际成本又超过了私人的边际收益（包括物质的和价值的）；结果是，没有激励的情形下公共品提供将不足；此时对于所有的 i，$a_i \in [0, 1]$，有 $n\phi_{a_i} > g' > \phi_{a_i} + \underline{v}$。

假定 2：个体对行动价值的评价不能为负，除非出现极强的挤出效应的情形；如，$\underline{v} > s$，对于所有的 $\delta > -1$，确保有 $v(a, s) \geqslant 0$。

8.2.2 确保达到一定社会目标的情况

考虑由社会规划者来设计激励机制的情况。社会规划者打算确保至少占百分比 p 的人们采取的行动水平至少为 $\bar{a}$。可以将 $\bar{a}$ 设想为提供劳动的小时数。由于规划者知道，不进行补贴，不能实现这一目标，故他决定进行补贴；又由于他不能歧视任何成员，因此对所有成员均补贴 $s \geqslant 0$，同时需要付出监管成本 $c(s)$。

假定收益函数采取如下形式：

$$\phi(a_1, \cdots, a_n) = \sum_i \phi_i a_i \tag{8.5}$$

对于每个 i 来说，ϕ_i 为常数。个体的收益总是会有一些差异的。不失一般性，令 $i < j$ 时有 $\phi_i \leqslant \phi_j$。个体的效用将为：

$$u_i = \sum_i \phi_i a_i + s a_i - g(a_i) + a_i \underline{v} + a_i \delta s \tag{8.6}$$

一阶条件为：

$$g'(a_i) = \phi_i + s + \underline{v} + \delta s \qquad (8.7)$$

社会规划者要确保 p 部分的人至少提供 $\bar{a}$ 小时劳动。令 $\bar{i}$ 为达到这一目标的最少人数，而 $\bar{i}$ 必须满足 $\bar{i} > n(1-p)$。若 $\delta \leqslant -1$，社会规划者会放弃其目标，因为即使使用补贴也无法达到，他将选择 $s^*(\delta) = 0$；若 $\delta > -1$，他将选择正的补贴使得下式得到满足：

$$g'(\bar{a}_i) = \phi_{\bar{i}} + s^*(\delta) + \underline{v} + \delta s^*(\delta) \qquad (8.8)$$

提供这样的补贴是代价高昂的，如果它被广泛运用于整个社会，则规划者将选择满足式(8.8)最小化的 $s^*(\delta)$：

$$s^*(\delta) = \frac{g'(\bar{a}_i) - (\phi_{\bar{i}} + \underline{v})}{1 + \delta} \qquad (8.9)$$

在分离性假定下，社会规划者会(错误地)认为最优激励水平为 $s^s = s^*(0)$，此时他采用 $s^s = g'(\bar{a}_i) - (\phi_{\bar{i}} + \underline{v})$ 作为他偏好的补贴。因而，如果 $s^* > s^s$，则我们说激励是不足的；反之，若 $s^* < s^s$，则激励使用过度。由于在没有使用补贴的情况下(假定 1)，$g'(\bar{a}_i) > (\phi_{\bar{i}} + \underline{v})$ 将无法保证目标顺利实现。从式(8.9)可得到，当且仅当 $\delta \in [-1, 0]$ 时，$s^s < s^*(\delta)$；当 $\delta > 0$ 有 $s^s > s^*(\delta)$。由此有：

命题 8.1：当发生挤出效应时，为了实现社会目标，天真的规划者将使用的激励是不足的；当发生挤入效应时，为了实现社会目标，天真的规划者将使用的激励是过度的。

8.2.3 显示偏好社会规划者的最优激励

现在回到这样一个问题：在公共品提供中，社会规划者试图采取最优激励实现总体居民效用最大化。我们对产出函数略有改变：社区的每个居民对公共品的捐献水平会影响其他居民的边际收益；产出随居民总捐献水平变化而变化。每一成员获得的数量为：

$$\phi(a_1, \cdots, a_n) = \phi\left(\sum_i a_i\right) \qquad (8.10)$$

这里 $\phi(\cdot)$ 是增函数。

式(8.3)给出了个体最优反应函数的条件,将式(8.10)代入,此时个体最优反应函数的条件可记为:

$$g'(a_i^*) = \phi'\left(\sum_i a_i\right) + s + \underline{v} + \delta s \qquad (8.11)$$

纳什均衡解将是对称的:$a_1^* = \cdots = a_i^* = \cdots = a_n^* = a^*$,因为所有个体是同质的。故式(8.11)也可记为:

$$g'(a^*) = \phi'(na^*) + s + \underline{v} + \delta s$$

从而,有:

$$\frac{\mathrm{d}a^*}{\mathrm{d}s} = \frac{1+\delta}{g'' - n\phi''} \qquad (8.12)$$

渐进稳定的纳什均衡要求上式分母为正。式(8.12)与式(8.4)是不同的,因为它考虑了所有其他居民的行动对个体自己的捐献激励水平的对等性(reciprocity)影响,所以它完整地表述了激励在转移纳什均衡捐献水平的全部效应。若收益函数为凹,补贴的效应是递增的;如果收益函数为凸,补贴的效应是递减的。式(8.4)和式(8.12)确定了强挤出效应阻断激励的情形,这是由于只有在激励能影响到居民的行动以使其达到规划者所想要的方向时,规划者才会采用激励措施。

如果不是一个社群,所有居民合成单一个体采取行动,我们研究此时规划者的最优补贴水平,以便与众多居民分散决策情形进行比较。用 R 表示显示偏好的规划者,他将通过调整 s 来最大化其社会福利函数:

$$w^R(s) = \phi(na^*(s)) - g(a^*(s)) + v(a^*(s), s) - c(s) \qquad (8.13)$$

最优激励水平由以下条件给出:

$$s^*(\delta) = \arg \max_s w^R(s) \qquad (8.14)$$

所以规划者选择满足下式的最优补贴水平：

$$(n\phi' - g'(a^*(s)) + \underline{v} + \delta s)\frac{da^*}{ds} + a^*\delta - c'(s) = 0 \quad (8.15)$$

上式左边第一项，表示补贴变动导致捐献水平变动的间接效应，它表明显示性偏好的规划者考虑了这样一个事实：对于个体来说，价值的收益部分地抵消了捐献的物质成本。等式第二项是物质激励对于价值的直接效应（或正或负）。最后一项是监管的边际成本。

利用式(8.12)对式(8.15)进行调整，有：

$$\underbrace{((n-1)\phi' - s)}_{\frac{\partial w^R}{\partial a^*}}\underbrace{\frac{1+\delta}{g'' - n\phi''}}_{\frac{da^*}{ds}} = \underbrace{c'(s) - a^*(s)\delta}_{-\frac{\partial w^R}{\partial s}} \qquad (8.16)$$

上式可以看出，最优的补贴正好是补贴的边际收益等于其边际成本。我们已知 $\partial w^R/\partial a^*$ 为正，因为 $(n-1)\phi' > \underline{v} \geqslant s$（假定1和假定2）。结果，对应于更低的 δ 值（挤出效应），补贴对社会福利净边际影响更小（方程左边），而对价值的边际成本影响更大（方程的右边）。因此，挤出效应下补贴的边际收益下降而边际成本上升，预期的最优补贴水平在 $\delta < 0$ 时是小于 s'' 的，在 $\delta > 0$ 的时候则相反。如下命题确认了上述结果。

命题 8.2：存在挤出效应时，天真的显示偏好规划者将过度地使用激励；而当存在挤入效应时，情形正好相反。

我们可得到如下一些情形：

(1) $s^*(\delta) = 0$，当 $\delta \leqslant -1$ 时；

(2) $s^s > s^*(\delta)$，$-1 < \delta < 0$；

(3) $s^s < s^*(\delta)$，$0 < \delta < 1$。

证明过程从略，可参见鲍尔斯和黄（Bowles & Hwang，2008）。

8.2.4 传统社会规划者的最优激励

当存在挤出效应时,显示性偏好的社会规划者提供的激励有些过度了,其原因在于:补贴承受了双重损失,更高的补贴需要更多的监管成本,更高的补贴也因为挤出效应对捐献水平产生了削弱作用。

传统的社会规划者不会面临补贴的双重损失,因为他是只考虑物质利益的人。传统规划者知道居民的道德水平,并且会考虑道德水平对居民行为的影响,但他的社会福利函数全部是物质的,通过变动 s 最大化如下目标函数:

$$w^c(s) = \phi(na^*(s)) - g(a^*(s)) - c(s) \qquad (8.17)$$

一阶条件为:

$$(n\phi' - g')\frac{1+\delta}{g'' - n\phi''} = c'(s) \qquad (8.18)$$

用式(8.11)替换掉 g',我们可以得到:

$$((n-1)\phi' - \underline{v} - (1+\delta)s)\frac{1+\delta}{g'' - n\phi''} = c'(s) \qquad (8.19)$$

上式跟式(8.16)有两点不同。其一,传统规划者的边际成本是 $c'(s)$ 而不是 $c'(s) - a^*s$,他不考虑激励对于价值的直接效应。其二,传统规划者只考虑物质的边际成本 g' 而不是 $g' - v_{a_i}$ 作为个体捐献的私人成本。

我们关心的是,传统社会规划者是否会面临激励过度或不足?式(8.19)右边与 δ 无关,左边则与 δ 有关。令式(8.19)左边为函数 F,可以得到:

$$\frac{\partial F}{\partial \delta} = \frac{(n-1)\phi' - \underline{v} - 2(1+\delta)s}{g'' - n\phi''} \qquad (8.20)$$

上式可能为正,也可能为负,将会存在一个 δ^* 临界值刚好满足上式等于 0。令 s^s 为 $\delta=0$ 时式(8.19)的解。当 $\delta>\delta^*$,有 $\partial F/\partial s<0$,式(8.19)左边随着 δ 增加而下降,为了保持等式成立,s^* 需要变小,有 $s^*<s^s$(激励不足);当 $\delta<\delta^*$,有 $\partial F/\partial s>0$,式(8.19)左边随着 δ 增加而下降,为了保持等式成立,s^* 需要变大,有 $s^*>s^s$(激励过度)。由此我们有如下命题:

命题 8.3:存在挤出效应时,对于天真的传统社会规划者来说,会出现激励过度或激励不足。

8.3　政策和制度设计的行为视角

8.3.1　唤醒道德动机

B-H 模型刻画了经济激励存在着对道德等非经济动机的挤出效应时,激励就可能过度,反而带来无效率的结果。本书第 2 章、第 3 章引用的诸多实验研究证实了人们有道德情操,由于激发和利用道德情操有着比经济激励更低的成本,同时又因为改善协调失灵问题而增进收益,因此在政策设计中注重道德等非经济动机是有益的和必要的。

要限制某种行为,基于主流经济学的简单的建议是加大惩罚的力度:当一个人采取某种行为的代价更高,他就更没有动机去采取这种行为。但是,惩罚的前提是能够观察到某种行为,比如对犯罪的惩罚是以发现犯罪证据为前提条件。因此,限制某种行为还包括提升发现该行为违规的概率。发现违规的概率提高,在同等惩罚下实际上提升了个人违规的预期成本,因此有助于遏制违规。

但是,这一结论的成立是有条件的:除非发现违规的监督者是正直的。如果发现违规的监督者是腐败的,那么被发现违规证据的违规者就有动力收买监督者,而且面临处罚越严重的违规者将越有动力收买监督者。这就是监察合谋(董志强和蒲勇健,2006)。若存在潜在的合谋威胁,重罚并不一定是好的选择。

　　如果假设监督者是正直的，有道德动机，难以被收买，那么被监督的代理人为什么不可以是有道德的呢？当然可以是！传统的经济学逻辑中，对于机会主义行为的治理很少考虑道义劝告或禁令，但实际上这两者在现实中既有应用而且也有效果。道义劝告和教育的力量有时是巨大的，他们甚至可能优于前面建模的激励类型。依靠公开声明某个行为是反社会的，这一禁令就可能与个体的价值互补，保证居民在道德上不表现出反社会的行为，而不是像在传统激励的一些情形下挤出道德情感。实验的证据（Galbiati & Vertova，2007）与这一平凡而又富含睿智的法制理论相一致（Kahan，1997）。

　　虽然现在很少有经济研究成果证实道德的力量究竟有多大，但是确实有研究表明，唤醒个体的道德动机将有力地抑制机会主义行为。丹·艾瑞里（Dan Ariely）是一位对欺骗和谎言有深入研究的行为经济学家，他曾经做过的一个有趣实验证实了这一点。

　　艾瑞里等人的实验是这样的，他们找来一些受试者来到加州大学洛杉矶分校的一个实验室，让他们做一个简单数学测验。测验一共有 20 道容易的题，每道题都给出一组数字，让他们从中找出相加等于 10 的两个数。测试时间是 5 分钟，答得越多越好，然后让他们抽签。中签的可按照本人的成绩，每答对一道题就有 10 美元的奖励。

　　实验要求一部分受试将答卷直接交给实验主持人，这是控制组。另外一组则把答卷粉碎掉，只需报告实验主持人他答对了多少道题，很明显，这一组的人有作弊的机会。他们确实作弊了（但并不严重），这毫不奇怪。实验的关键一招是，在实验开始之前，实验者要求一部分受试写出他们高中时读过的 10 本书名，其余的则要求写出《圣经》十诫的内容，记得多少写多少。做完实验的这一"回忆"环节，才让受试开始做数学题。

　　实验结果表明，没有作弊机会的条件下，受试平均答对了 3.1 道题。在有作弊机会的条件下，回忆高中时代 10 本书的参与者平均

(报告)答对了 4.1 道题。最重要的是,写下《圣经》十诫的学生,虽然有机会作弊,但是他们根本就没有作弊! 他们的成绩与那些没有作弊机会的一组完全相同。

是《圣经》的教义影响了学生的诚实行为吗? 事实上,很多学生记不清楚十诫有哪些。只能写出一两条和能写出十条的学生都表现出了诚实,这意味着鼓励人们诚实的并非十诫的条文本身,而是出于某种道德准则的深思。如果真是这样,我们就可以用道德准则来提高大众的诚实水平。在第 2 章,我们曾提到宁波鄞州高级中学图书馆的例子,这个图书馆任何角落都没有摄像头,也没有报警器,但却处处在唤醒人们的道德动机。图书馆入口处悬挂着"道之以法,齐之以礼,有耻且格",墙上贴着不是其他图书馆常见的大大的"静"字,而是"图书馆无门,我把诚信门""显示读书轨迹,考量道德底线""尊重规则是对自我的尊重"……这个无人图书馆治理的成功,充分显示了道德准则确实是巨大的力量。

8.3.2　快思考和慢思考

经济学一直强调基于理性分析的个人决策。甚至部分经济学家将人类行动的目的性或意向性推到至高无上的地步,比如米塞斯就主张一切人类行为都是有意识的行为,人类行为必有其目的(Mises,1949)。

但是最近三十年的心理实验和行为经济学乃至神经经济学研究却发现,人们的诸多决策实际上并非依靠理性分析,而是依靠直觉来做出的。我们的大脑实际上有两套决策系统,一套依赖直觉,它反应快速但容易失误;另一套则基于深思熟虑,它反应较慢但不易犯错(Kahnemann,2011)。

艾瑞里(Ariely,2012)曾讲述了大量的实验研究成果,来说明这样的事实:大量的欺骗行为并非来自理性算计,而是非理性因素的结果,有时只是无心之失:我们的行为是不诚实的,我们的内心却认为自己是诚实的。

　　既然人们的行为产生于快思考和慢思考两套决策系统，而符合经济逻辑的是慢思考系统，这意味着对机会行为的治理也需区别其来源。刻意算计后的机会主义行为，运用经济手段加以治理是容易见效的；而仅仅处于无意识的机会主义行为，可能对经济治理机制反应就不会太敏感。譬如无意识说谎和欺骗，既然它产生于理性算计之外的因素，那么对其治理用经济激励之外的手段可能更见效。

　　一个有趣的例子是男厕所清洁的治理。当然，我们很少见到动用经济手段（比如罚款）来强制上厕所的男人小便时不要飞溅到便池外，因为很难罚款监督。其实，也有一些出于行为经济学的治理手段。比如荷兰阿姆斯特丹的男士洗手间，每个小便池里都印着一只苍蝇的图案，在排水口附近偏左一点地方。设计者的意图在于刺激男士只对准一个方向"射击"，从而避免尿液四处横流。仅仅这样一个不起眼的设计，便胜过用经济刺激解决问题。原因在于，人们小便时射击方向常常是无意识的，经济逻辑并不适用。

　　对于司机超速我们如何控制？经济学家的答案是超速罚款，这也是现实中的做法。但塞勒和桑斯坦（Thale & Sunstein，2008）的行为经济学读物《助推》（Nudge）提到一个基于行为经济学的有趣例子：芝加哥市区的湖畔路由直行转入弯道，需要大家减速行驶，他们用的办法是，在到达弯道之前的路面上画上很多横向的平行线，刚开始平行线的间距相等，接近弯道时，间距变得越来越小，这样给看着路面的司机造成在加速的错觉，司机会不自觉地去踩刹车，车速就降下来了。

　　快思考和慢思考对于政策和制度设计是深有意蕴和启示的。不假思索的行为（快思考），不太权衡经济成本和收益，因而对经济激励可能不太敏感，采用经济激励之外的手段反而可以更有效地解决问题。对于深思熟虑的行为，它们常常是经济成本和收益权衡之后的结果，经济激励在对付这样的行为时，常常会效果显著。

8.3.3　情景依存偏好

在本书第 2 章和第 3 章,我们指出人们的偏好是情景依存的。这对于政策设计亦具有重要启示。人们知道,在特定场合特定的行为是适宜的抑或不适宜的。因此,对机会主义行为的治理,还可以考虑从情景设计入手。

譬如对于如何预防犯罪,经济学提出的经典解决思路是增加街头的警力以及加大对违法者的惩罚。但是我们会发现,街头犯罪并不是处处常见,而是在某些区域比较集中。很明显,犯罪高发区域看上去就是犯罪多发地的样子。毫不否认犯罪行为有理性的成分,甚至许多犯罪就是经过理性计算的,但是犯罪现场的情景也常常是影响犯罪行为的重要因素。犯罪心理学曾提出一个"破窗理论"概念,表达的就是这样的思想。

菲利浦·津巴多(Philip Zimbardo)是斯坦福大学心理学教授,他在 1969 年做了一项实验:两辆相同的汽车,将其中一辆停在加州帕洛阿尔托的中产阶级社区,而另一辆停在相对杂乱的纽约布朗克斯区。他把停在布朗克斯的那辆车的车牌摘掉,顶棚打开,结果当天就被偷走了。而放在帕洛阿尔托的那一辆,一个星期也无人理睬。然后,津巴多用锤子把那辆车的玻璃敲了个大洞。结果仅仅几个小时之后,它就不见了。

从破窗理论来看,房屋的修葺一新、街道的整洁,甚至警示的标语,都对犯罪行为产生了重要影响。对于罪犯来说,在不同的情境中,他会得出适宜或不适宜从事犯罪行为的不同结论。

文学作品中经常可以见到人们的偏好如何随情景变化。美国讽刺小说家欧·亨利(O.Henry,1862—1910)广泛流传的短篇小说《警察与赞美诗》,刻画了一个名叫索比的流浪汉为了到监狱过冬而努力尝试违法让警察来逮捕自己,但都没有成功,后来路过一家教堂,宁静的夜晚,柔美的风琴,庄重而甜美的赞美诗,此情此景之下他幡然悔悟。（当然，小说的讽刺结果是，就在这时警察抓走了他。）

　　有利于唤醒道德动机的情景，将更有利于治理机会主义行为。而"情景"是可以塑造的。回到经济治理这样一个重要问题上来，人们的行为和态度会相互影响，形成反馈，最终会形成有利于或不利于遏制机会主义兴起的情景。比如，在一个组织中，如果派系林立，组织成员之间的信任就会淡薄，每个人都时刻提防着其他人的行为，这种提防行为加剧了组织成员之间的不信任，最终组织中机会主义行为大行其道。俗话说"风气不正"，这是一个糟糕的"情景"。相反，一个组织中成员之间更多是友好相处、坦诚相见，这种态度和行为会产生正反馈，组织中就更能基于集体利益采取行动，也更能避免集体行动的困境。人们一直认为，文化建设对于组织管理是重要的，其实本质上正是因为良好的组织文化作为一种"情景"影响着其成员的偏好。

　　与情景依存偏好可以有紧密联系的，还包括最近三十年兴起的"社区治理"（community governance）概念。桑塔费学派学者极其推崇社区治理。他们认为，在治理机制的频谱上，一端是市场，另一端是政府，位于中间的便是社区。社区通过局部信息和同行压力来促进人们采取恰当的行为。特别是在出现社会互动性质，或产品和劳务合约难以完备时，社区经常可以解决一些市场和政府束手无策的问题（Bowles，2004：490）。其中的原因，一方面是高效的社群可以监督其成员的行为，使其对自己行为负责；另一方面，是社区可以获取到政府、雇主、银行及其他正式组织难以获取的分散的私人信息。除此之外，还有一个重要的方面，就是社区的文化、规范，是影响人们行为的最重要的因素之一：社区文化、规范等塑造了特定的情景，让人们明白哪些行为在这个社区是适宜的和不适宜的。良好的社区文化和规范，将极大地遏制人们的机会主义行为。

　　最后，在本章的结束部分，我们简要总结本章的内容和思想。基于瓦尔拉斯模型体系的主流经济学，主张人的一切行为皆与经济利益算计有关,经济动机是理解个人行为的关键。要诱导或遏制一种行为,最佳的做法是激励或惩罚,也许还加上监督(如果行为可以被监督的话)。这构成了经济政策和制度设计的基础理念——将所有的人都视为流氓来设计制度。但是,上述理念忽略了一个重要的事实:制度与人们的偏好是相互影响的。按照桑塔费学派经济学家的观点:偏好塑造制度,但制度也塑造偏好。因此制度会影响人们的偏好(特别是社会偏好)。在制度影响社会偏好的情形下,鲍尔斯等人证明,仅仅依靠经济激励的最优激励计划实际上将不再是最优的。制度会挤出或挤入社会偏好,如果制度挤出社会偏好,则纯经济激励的最优激励计划将会导致激励过度;如果制度会挤入社会偏好,则纯经济激励的最优激励计划将导致激励不足。

毫无疑问,个人行为既有经济动机也有道德动机。纯经济激励的制度设计有可能挤出道德动机,结果反而导致无效率的结果。相反,如果制度设计能够考虑唤醒个人的道德动机,就可以得到更有(社会经济)效率的结果,这一点已得到诸多实验研究证据支持。另外,人们决策由两个系统控制,一个是不假思索、迅捷作出反应的快系统,一个是深思熟虑后才作出反应的慢系统。前者出于本能和直觉,占了我们生活中决策的大部分,它无需耗费太多思考的成本,但也容易犯错;后者则更费精力和脑力,但也有更高的正确率。经济激励通常对第二个系统即慢系统有重要影响,对第一个系统即快系统则影响不太显著,这对于政策和制度设计的启发是明显的。最后,人们的偏好具有情景依存特性,因此塑造有利于良好治理的"情景"也是经济治理的重要内容。

参考文献

Abbink, K., J.Brandts and B.Herrmann et al., 2010, "Intergroup Conflict and Intra-group Punishment in an Experimental Contest Game", *American Economic Review*, 100(1):420—447.

Acemoglu, D., 2003, "Why not a Political Coase Theorem? Social Conflict, Commitment, and Politics", *Journal of Comparative Economics*, 31 (4): 620—652.

Acemoglu, D., 2006, *Lecture Notes for Political Economy of Institutions and Development*, Harvard University, chap 1.

Acemoglu, D. and J.Robinson, 2001, "The Colonial Origins of Comparative Development: An Empirical Investigation", *American Economic Review*, (91): 1369—1401.

Acemoglu, D., J. A. Robinson and T. Verdier, 2004, "Kleptocracy and Divide-and-rule: A Model of Personal Rule", *Journal of the European Economic Association*, No.2:162—192.

Acemoglu, D., S.Johnson and J.A.Robinson, 2001, "The Colonial Origins of Comparative Development: An Empirical Investigation", *American Economic Review*, 91(5):1369—1401.

Acemolgu, D., S.Johnson and J.A.Robinson, 2005, "Institutions as the Fundamental Cause of Long-run Growth", in Stenven N.Durlauf and Philippe Aghion(eds.), *Handbook of Economic Growth*, North Holland, chap 6.

Ainslie, George and N.Haslam, 1992, *Hyperbolic Discounting*, *In Choice over Time*, New York: Russell Sage.

Ainslie, George and R. J. Herrnstein, 1981, "Preference Reversal and Delayed Reinforcement", *Animal Learning Behavior*, 9(4):476—482.

Akerlof, G.A. and R.Shiller, 2009, *Animal Spirits: How Human Psychology Drives the Economy, and Why It Matters for Global Capitalism*, Princeton University Press.

Alchain, A. and H.Demsetz, 1973, "The Property Rights Paradigm", *Journal of Economic History*, 33(1):16—27.

Alchian, A. and H.Demsetz, 1972, "Production, Information Costs, and

Economic Organization". *American Economic Review*, 62:777—795.

Alcock, John, 1993, *Animal Behavior: An Evolutionary Approach*, Sunderland, MA: Sinauer Associates.

Alesina, A. and R.Di Tella, et al., 2004, "Inequality and Happiness: Are Europeans and Americans Different?" *Journal of Public Economics*, 88(9—10): 2009—2042.

Alexander, R.D., 1987, *The Biology of Moral System*, New York: Aldine.

Alexander, R.D., 1979, *Biology and Human Affairs*, Seattle: University of Washington Press.

Al-Nowaihi, Ali and S.Dhami, 2006, "A Simple Derivation of Prelec's Probability Weighting Function", *Journal of Mathematical Psychology*, 50 (6): 521—524.

Amegashie, J.A. and E.Kutsoati, 2007, "(Non)intervention in Intra-state Conflicts", *European Journal of Political Economy*, (23):754—767.

Anderton, C.H. and J.R.Carter, 2009, *Principles of Conflict Economics: A Primer for Social Scientists*, Cambridge University Press.

Andreoni, J. and J.Miller, 2003, "Giving According to GARP: an Experimental Test of the Rationality of Altruism", *Econometrica*, 70(2):737—753.

Andreoni, J. and J.Miller, 1996, "Rational Cooperation in the Finitely Repeated Prisoner's Dilemma: Experimental Evidence", *The Economic Journal*, 103:570—585.

Andreoni, J., B.Erand and J.Feinstein, 1998, "Tax Compliance", *Journal of Economic Literature*, 36(2):818—860.

Andreoni, J., 1990, "Impure Altruism and Donations to Public Goods: a Theory of Warm-glow Giving?" *Economic Journal*, 100:464—477.

Andreoni, J., 1995, "Warm-glow versus Cold-Prickle: The Effect of Positive and Negative Framing on Cooperation in Experiments", *Quarterly Journal of Economics*, 60:1—14.

Aoki, M., 2001, *Towards a Comparative Institutional Analysis*, MIT Press.

Apicella, C.L., E.M.Azevedo, N.A.Christakis and J.H.Fowler, 2014, "Evolutionary Origins of the Endowment Effect: Evidence from Hunter-Gatherers", *American Economic Review*, 104(6):1793—1805.

Arestis, Philip and M.C.Sawyer, 2000, *A Biographical Dictionary of Dissenting Economists*(2rd edition), Edward Elgar Pub.

Arrow, K., 1982, "Risk Perception in Psychology and Economics", *Economic Inquiry*, 20(1):1—9.

Arthur, W.Brian, 1989, "Competing Technologies, Increasing Returns, and Lock-in by Historical Events", *The Economic Journal*, 394:116—131.

Arthur, W.Brian, 1988, "Self-reinforcing Mechanisms in Economics", *The Economy as an Evolving Complex System*, 5:9—31.

Aumann, R.J., 1959, "Acceptable Points in General Cooperativen-Person Games", in A. W. Tucker and R. D. Luse (eds.), *Contribution to Theory of Games*, Vol.IV(Annals of Mathematics Studies, 40), Princeton NJ: Princeton University Press: 287—324.

Aumann, Robert J., 1974, "Subjectivity and Correlation in Randomized Strategies", *Journal of Mathematical Economics*, 1(1):67—96.

Axcelrod, R., 1984, *The Evolution of Cooperation*, New York: Basic Books.

Axelrod, Robert and W.D.Hamilton, 1981, "The Evolution of Cooperation", *Science*, 211:1390—1396.

Basu, K., 1986, "One Kind of Power", *Oxford Economic Papers*, 38: 259—282.

Battalio, R.C., J.K.Kagel and K.Jiranyakul, 1990, "Testing between Alternative Models of Choice Under Uncertainty: Some Initial Results", *Journal of Risk Uncertainty*, 3:25—50.

Baumeister, Roy F., E.Bratslavsky, C.Finkenauer and K.D.Vohs, 2001, "Bad is Stronger than Good", *Review of General Psychology*, Vol 5 (4): 323—370.

Becker, G.S. and Kevin M.Murphy, 1988, "A Theory of Rational Addiction", *Journal of Political Economy*, 96(4):675—700.

Becker, G. S., 1976, *The Economic Approach to Human Behavior*, Chicago: The University of Chicago.

Bell, David, 1985, "Disappointment in Decision Making under Uncertainty", *Operation Research*, 33:1—27.

Benzion, Uri, Amnon Rapoport and Joseph Yagil, 1989, "Discount Rates Inferred from Decisions: An Experimental Study", *Management Science*, 35: 270—284.

Bergstrom, T.C., and O.Stark, 1983, "How Altruism Can Prevail in an Evolutionary Environment", *American Economic Review*, 83(2):149—155.

Bergstrom, T.C., 2002, "Evolution of Social Behavior: Individual and Group Selection", *Journal of Economic Perspectives*, 16(2):67—88.

Bergstrom, Theodore C., 1995, "On the Evolution of Altruistic Ethical Rules for Siblings", *American Economic Review*, 85(1):58—81.

Bernhard, H., U.Fischbacher, and E.Fehr, 2006, "Parochial Altruism in Humans", *Nature*, 442(7105):912—915.

Bhaskar, V. and Ichiro Obara, 2002, "Belief-Based Equilibria the Repeated Prisoner's Dilemma with Private Monitoring", *Journal of Economic Theory*, 102:40—69.

Bhaskar, V., 1998, "Informational Constraints and the Overlapping Generations Model: Folk and Anti-Folk Theorems", *Review of Economic Studies*, 65(1):135—149.

Bhaskar, V., George J.Mailath and Stephen Morris, 2004, "Purification in the Infinitely Repeated Prisoner's Dilemma", University of Essex.

Bhaskar, V., 2000, "The Robustness of Repeated Game Equilibria to Incomplete Payoff Information", University of Essex.

Binmore, K.G., 2005, *Natural Justice*. Oxford: Oxford University Press.

Blount, Sally, 1995, "When Social Outcomes Aren't Fair: The Effect of Causal Attributions on Preferences", *Organizational Behavior and Human Decision Processes*, 63(2):131—144.

Boehm, C., 1999, "The Natural Selection of Altruistic Traits", *Human Nature*, 10(3):205—252.

Boehm, C., 1982, "The Evolutionary Development of Morality as an Effect of Dominance Behavior and Conflict Interference", *Journal of Social Biology Structure*, 5:413—421.

Böhm-Bawerk, Eugen von, [1889] 1970, *Capital and Interest*, South Holland.

Bohnet, I., B.Frey and S.Huck, 2001, "More Order with Less Law: On Contractual Enforcement, Trust, and Crowding", *American Political Science Review*, 95(1):131—144.

Boles, Terry L., Rachel TA Croson, and J.Keith Murnighan, 2000, "Deception and Retribution in Repeated Ultimatum Bargaining", *Organizational Behavior and Human Decision Processes*, 83(2):235—259.

Bolton, G.E. and A.Ockenfels, 2000, "ERC: A Theory of Equity, Reciprocity and Competition", *American Economic Review*, 90:166—193.

Boven, L. V., G. Lovenstein and D. Duning, 2003, "Mispredicting the Endowment Effect: Underestimation of Owners' Selling Prices by Buyer's Agents", *Journal of Economic Behavior and Organization*, 51(3):351—365.

Bowles, S. and H. Gintis, 1992, "Power and Wealth in a Competitive Capitalist Economy", *Philosophy & Public Affairs*, 21(4):324—353.

Bowles, S. and H. Gintis, 2008, "Power", in N. Durlauf and L. E. Blume (eds.), *The New Palgrave Dictionary of Economics*, vol. 2 (2nd edition), Macmillan Publishers Ltd.

Bowles, S. and S. H. Hwang, 2008, "Social Preferences and Public Economics: Mechanism Design When Social Preferences Depend on Incentives", *Journal of Public Economics*, 92(8):1811—1820.

Bowles, S. and H. Gintis, 2000, "Walrasian Economics in Retrospect", *The Quarterly Journal of Economics*, 115(4):1411—1439.

Bowles, S. and H. Gintis, 2003, "The Origins of Human Cooperation", in Peter Hammerstein (eds.), *Genetic and Cultural Evolution of Cooperation*, Cambridge, MA: MIT Press.

Bowles, S. and Sung-Ha Hwang, 2007, "Social Preferences and Public Economics: Mechanism Design When Social Preferences Depend on Incentives", Santa Fe Institute, mimeo.

Bowles, S., 2004, *Microeconomics: Behavior, Institutions, and Evolution*, Princeton University Press.

Bowles, S. and H. Gintis, 1993, "A Political and Economic Case for the Democratic Enterprise", *Economics and Philosophy*, 9:75—100.

Bowles, S., 1985, "The Production Process in a Competitive Economy: Walrasian, Neo-Hobbesian, and Marxian Models", *American Economic Review*, 75:16—36.

Bowles, S. and H. Gintis, 2011, *A Cooperative Species: Human Reciprocity and Its Evolution*, NJ: Princeton University Press.

Bowles, S. and H. Gintis, 2008, "Cooperation", in N. Durlauf and L. E. Blume(eds.), *The New Palgrave Dictionary of Economics*, vol. 2 (2nd edition), Macmillan Publishers Ltd: 228—234.

Bowles, S. and H. Gintis, 2004a, "The Evolution of Strong Reciprocity: Cooperation in Heterogeneous Population", *Theoretical Population Biology*, 65 (1):17—28.

Bowles, S. and H. Gintis, 2004b, "The Origins of Human Cooperation", in

Peter Hammerstein(eds.), *Genetic and Cultural Oringins of Cooperation*, Cambridge, MA: MIT Press.

Bowles, S. and H.Gintis, 2004, "Persistent Parochialism: Trust and Exclusion in Ethnic Networks", *Journal of Economic Behavior & Organization*, 55 (1):1—23.

Bowles, S. and H.Gintis, [1976] 2013, *Schooling in Capitalist America: Educational Reform and the Contradictions of Economic Life*, Haymarket Books.

Bowles, S., 2000, "Economic Institutions as Ecological Niches", *Behavioral and Brain Science*, 23(1):148—149.

Bowles, S., Jung-kyoo Choi and A.Hopfensitz, 2003, "The Co-evolution of Individual Behaviors and Social Institutions", *Journal of Theoretical Biology*, 223:135—147.

Bowles, S., Edwards Richard and Frank Roosevelt, 2005, *Understanding Capitalism: Competition, Command, and Change*, (3rd edition), Oxford University Press, Inc.

Bowles, S., 2001, "Individual Interactions, Group Conflicts, and the Evolution of Preferences", in S.N.Durlauf and H.P.Young(eds.), *Social Dynamics*, Cambridge, MA: MIT Press: 155—190.

Bowles, S., 2008, "Being Human: Conflict: Altruism's Midwife", *Nature*, 456(7220):326—327.

Boyd, Robert and P.J.Richerson, 1985, *Culture and the Evolutionary Process*, Chicago: University of Chicago Press.

Boyd, Robert, H. Gintis, S.Bowles and P.J.Richerson, 2003, "Evolution of Altruistic Punishment", *Proceedings of the National Academy of Sciences*, 100 (6):3531—3535.

Boyer, R. and A.Oléan, 1992, "How Do Conventions Evolve?" *Journal of Evolutionary Economics*, 2:165—177.

Brosnan, S.F. and F.Waal, 2003, "Monkeys Reject Unequal Pay", *Nature*, 425(6955):297—299.

Brown, J.L., 1964, "The Evolution of Diversity in Avian Territorial Systems", *The Wilson Bulletin*, (76):160—169.

Buchanan, James M. and Gordon Tullock, 1962, *The Calculus of Consent: Logical Foundation of Constitutional Democracy*, Ann Arbor: University of Michigan Press.

Burnham, T. C., 2007, "High-testosterone Men Reject Low Ultimatum Game Offers", *Proceedings of the Royal Society B*, 274(1623):2327.

Calvert, R. L., 1995, "Rational Actors, Equilibrium, and Social Institutions", in J.Knight and I.Sened(eds.), *Explaining Social Institutions*, Ann Arbor, MI: University of Michigan Press.

Camerer, C., G.Loewenstein and D.Prelec, 2005, "Neuroeconomics: How Neuroscience Can Inform Economics", *Journal of Economic Literature*, 43(1): 9—64.

Camerer, C., 2003, *Behavioral Game Theory: Experimental Studies of Strategic Interaction*, Princeton: Princeton University Press.

Camerer, Colin F., G.Loewenstein and Mathhew Rabin(eds.), 2004, *Advances in Behavioral Economics*, Russell Sage Foundation.

Canterbury, E.Ray, 2001, *A Brief History of Economics: Artful Approaches to the Dismal Science*, World Scientific Publishing Co. Pte. Ltd.

Capenter, J., S.Bowles, H.Gintis and Sung Ha Hwang, 2009, "Strong Reciprocity and Team Production: Theory and Evidence", *Journal of Economic Behavior and Organization*, 71(2):221—232.

Cardenas, J.C., J. K. Stranlund, C. E. Willis, 2000, "Local Environmental Control and Institutional Crowding-out", *World Development*, 28 (10): 1719—1733.

Carmichael, L. and W.D.MacLeod, 2003, "Caring about Sunk Costs: A Behavioral Solution to Holdup Problems with Small Stakes", *Journal of Law, Economics, and Organization*, 19(1):106—118.

Carpenter, J., S. Bowles and H.Gintis, 2008, "Strong Reciprocity and Team Production", Working Paper, Santa Fe Institute.

Cavalli-Sforza, L. and M. W. Feldman, 1973, "Models for Cultural Inheritance I.Group Mean and within Group Variation", *Theoretical Population Biology*, 4(1):42—55.

Chang, Y.M., J.Potter and S.Sanders, 2007, "War and peace: Third-party Intervention in Conflict", *European Journal of Political Economy*, (23): 954—974.

Chang, Y. M. and S. Sanders, 2009, "Raising the Cost of Rebellion: The Role of Third-party Intervention in Intra-state Conflict", *Defense and Peace Economics*, (20):149—169.

Chang, Y. M., S. Sanders and B. Walia, 2015, The Costs of Conflict: A

Choice-theoretic Equilibrium Analysis，(131)：62—65.

Chapman，G.B.，2000，"Preferences for Improving and Declining Sequences of Health Outcomes"，*Journal of Behavioral Decision Making*，13：203—218.

Chapman，G.B.，1996，"Temporal Discounting and Utility for Health and Money"，*Journal of Experimental Psychology：Learning，Memory，Cognition*，22(3)：771—791.

Charness，G. and M.Rabin，2002，"Social Preference：Some Simple Tests and a New Model"，*Quarterly Journal of Economics*，117(3)：817—869.

Charness，Gary and M.Dufwenberg，2006，"Promises and Partnership"，*Econometrica*，74(6)：1579—1601.

Choi，J.K. and S.Bowles，2007，"The Coevolution of Parochial Altruism and War"，*Science*，318(5850)：636.

Chow，Gregory，1997，"Challenges of China's Economic System for Economic Theory"，*American Economic Review*，87：321—327.

Clements，Kevin C. and D.W.Stephens，1995，"Testing Models of Non-kin Cooperation：Mutualism and the Prisoner's Dilemma"，*Animal Behavior*，50：527—535.

Coase，R.，1937，"The Nature of The Firm"，*Economica*，4(16)：386—405.

Coase，R.，1960，"The Problem of Social Cost"，*Journal of Law and Economics*，3(1)：1—44.

Collard，D.A.，1978，*Altruism and Economy*，Oxford：Martin Robertson.

Collard，D.A.，1983，"Economics of Philanthropy：A Comment"，*Economic Journal*，93：637—638.

Compte，Oliver and A.Postlewaite，2004，"Confidence Enhanced Performance"，*American Economic Review*，94(5)：1636—1557.

Damasio，Antonio R.，1994，*Descartes' Error：Emotion，Reason，and the Human Brain*，New York：Avon Books.

Darwin，Charles，[1871] 1998，*The Decent of Man*，NY：D.Applenton Company.

Dasgupta，P. and E.Maskin，2005，"Uncertainty and Hyperbolic Discounting"，*American Economic Review*，95(4)：1290—1299.

Davis，D.D.，and C.A.Holt，1993，*Experimental Economics*，Princeton NJ：Princeton University Press.

Dawes，Robyn M.，Alphons JC Van De Kragt and John M.Orbell，1988，"Not Me or Thee but We：The Importance of Group Identity in Eliciting Cooperation in Dilemma Situations: Experimental Manipulations", *Acta Psychologica*, 68(1):83—97.

Dawkins, R., 1976, *The Selfish Gene*, Oxford University Press.

Dawkins, R., 1982, *The Extended Phenotype: The Gene as the Unit of Selection*, Oxford: Oxford University Press.

De Quervain, D., U. Fischbacher, V. Treyer, et al., 2004, "The Neural Basis of Altruistic Punishment", *Science*, 305(5688):1254—1258.

Debreu, Gerard, 2012, "Excess Demand Functions", *Journal of Mathematical Economics*, 1(1):15—21.

Deci, E.L., R.Koestner and R.M.Ryan, 1999, "A Meta-Analytic Review of Experiments Examining the Effects of Extrinsic Rewards on Intrinsic Motivation", *Psychological Bulletin*, 125(6):627—668.

Demsetz, H., 1967, "Toward a Theory of Property Rights", *American Economic Review*, 57(2):347—359.

Demsetz, H., 1964, "The Exchange and Enforcement of Property Rights", *Journal of Law and Economics*, 7:11—26.

Descioli, P. and R.Karpoff, 2014, "People's Judgments about Classic Property Law Cases". Brandeis University Working Paper.

Dixit, A.K., 2004, *Lawlessness and Economics: Alternative Modes of Governance*, Princeton, NJ: Princeton University Press.

Djankov, S., R. LaPorta, F. Lopez-de-Silanes and A. Shleifer, 2002, "The Regulation of Entry", *Quarterly Journal of Economics*, 117:1—37.

Djankov, S., R. LaPorta, F. Lopez-de-Silanes and A. Shleifer, 2003, "Courts", *Quarterly Journal of Economics*, 118:453—517.

Edgeworth, F.Y., 1881, *Mathematical Psychics: An Essay on the Application of Mathematics to the Moral Sciences*, London: C.Kegan Paul.

Eibl-Eibesfeldt, Irenäus, 1982, "Warfare, Man's Indoctrinability and Group Selection", *Zeitschrift für Tierpsychologie*, 60(3):177—198.

Ely, Jeffrey C. and J. Välimäki, 2002, "A Robust Folk Theorem for the Prisoner's Dilemma", *Journal of Economic Theory*, 102:84—105.

Eswaran, M. and A.Kotwal, 1986, "Access to Capital and Agrarian Production Organization", *The Economic Journal*, 96(382):482—498.

Dong, Zhiqiang and Yongjing Zhang, 2016, "A Sequential Game of Endowment Effect and Natural Property Rights", *Economics Letters*, 149:108—111.

Falk, A. and U.Fischbacher, 2006, "A Theory of Reciprocity", *Social Sci-*

ence Electronic Publishing, 54:293—315.

Falk, A. and M.Kosfeld, 2006, "The Hidden Costs of Control", *American Economic Review*, 96(5):1611—1630.

Falk, A., E. Fehr and C. Zehnder, 2005, "The Behavioral Effects of Minimum Wages", Working Paper No.247, University of Zurich.

Falk, A., E.Fehr, and U.Fischbacher, 2003, "On the Nature of Fair Behavior", *Economic Inquiry*, 41(1):20—26.

Fehr, E., and U.Fischbacher, 2003, "The Nature of Human Altruism", *Nature*, 425:785—791.

Fehr, E. and A.A.Falk, 2002, "Psychological Foundations of Incentives", *European Economic Review*, 46(4—5):687—724.

Fehr, E. and A.Leibbrandt, 2011, "A Field Study on Cooperativeness and Impatience in the Tragedy of the Commons", *Journal of Public Economics*, 95 (9—10):1144—1155.

Fehr, E. and K.M.Schmidt, 2001, "Theories of Fairness and Reciprocity-Evidence and Economic Applications", CEPR Discussion Paper No. 2703. Available at SSRN: http://ssrn.com/abstract=264344.

Fehr, E. and B.Rockenbach, 2004, "Human Altruism: Economic, Neural, and Evolutionary Perspectives", *Current Opinion in Neurobiology*, 14 (6): 784—790.

Fehr, E. and K.M.Schmidt, 1999, "A Theory of Fairness, Competition and Cooperation", *Quarterly Journal of Economics*, 114(3):817—868.

Fehr, E. and S.Gächter, 2000, "Cooperation and Punishment", *American Economic Review*, 90(4):980—994.

Fehr, E. and U.Fischbacher, 2004, "Third Party Punishment and Social Norms", *Evolution & Human Behavior*, 25:63—87.

Fehr, E., A. Klein and K. M. Schmidt, 2007, "Fairness and Contract Design", *Econometrica*, 75(1):121—154.

Fehr, E. and J.List, 2004, "The Hidden Costs and Returns of Incentives: Trust and Trustworthiness among Ceos", *Journal of the European Economic Association*, 2(5):743—771.

Fehr, E. and B.Rockenbach, 2003, "Detrimental Effects of Sanctions on Human Altruism", *Nature*, 422(13):137—140.

Fehr, E., S.Gächter and G.Kirchsteiger, 1997, "Reciprocity as a Contract Enforce Device: Experimental Evidence", *Econometrica*, 65(4):833—860.

Fehr, E. and S. Gächter, 2002, "Altruistic Punishment in Humans", *Nature*, 415(6868):137—140.

Fehr, Ernst and S. Gähter, 2001, "Do Incentive Contracts Crowd Out Voluntary Cooperation?" CEPR Discussion Paper No.3017. Available at SSRN: http://ssrn.com/abstract=289680.

Fischbacher, U., C. Fong and E. Fehr, 2003, "Fairness, Errors, and the Power of Competition", Zurich, IERE Working Paper No 133. 2003, http://www.iew.uzh.ch/wp/iewwp133.pdf.

Flinn, M.V., 1997, "Culture and the Evolution of Social Learning", *Evolution and Human Behavior*, 18(1):23—67.

Fong, C., S. Bowles and H. Gintis, 2005, "Strong Reciprocity and the Welfare State", in Serge-Christophe Kolm and Jean Mercier Ythier (eds.), *Handbook of Giving, Reciprocity, and Altruism*, Amsterdam: Elsevier: 1439—1464.

Foster, D. and A.P. Young, 1990, "Stochastic Evolutionary Game Dynamics", *Theoretical Population Biology*, 38(1):19—32.

Frank, R.H., 1987, "If Homo Economicus Could Choose His Own Utility Function, Would He Want One with a Conscience?" *American Economic Review*, 77:593—604.

Frederick, Shane and G. Loewinstein, 2002, "The Psychology of Sequence Preferences", Working Paper, Sloan School, MIT.

Frey, B.S. and R. Jegen, 2001, "Motivation Crowding Theory", *Journal of Economic Surveys*, 15(5):589—611.

Fudenberg, D. and E. Maskin, 1986, "The Folk Theorem in Repeated Games with Discounting or Incomplete Information", *Econometrica*, 54(3): 533—554.

Fudenberg, Drew, David K. Levine and Eric Maskin, "The Folk Theorem with Imperfect Public Information", *Econometrica*, 62:997—1039.

Gächter, S. and E. Fehr, 1999, "Collective Action as a Social Exchange", *Journal of Economic Behavior and Organization*, 39(4):341—369.

Gächter, S. and A. Falk, 2002, "Reputation or Reciprocity? Consequences for the Labor Relation Scandinavian", *Journal of Economics*, 104(1):1—26.

Gächter, S., E. Kessler and M. Konigstein, 2007, "Performance Incentives and the Dynamics of Voluntary Cooperation", University of Nottingham, School of Economics, Available at http://www.eea-esem.com/EEA-ESEM/2006/Prog/

viewpaper.asp?pid＝2640.

Galbraith, J.K., 1967, *The New Industrial State*, Boston: Houghton Mifflin.

Gershenson, D., 2002, "Sanctions and Civil Conflict", *Economica*, 69: 185—206.

Gilboa, I. and D.Schmeidler, 1995, "Case-based Decision Theory", *Quarterly Journal of Economics*, 110:605—639.

Gintis, H., E.A.Smith and S.Bowles, 2001, "Costly Signaling and Cooperation", *Journal of Theoretical Biology*, 213(1):103—119.

Gintis H., 2004, "Towards a Unity of the Human Behavioral Sciences", in D.Gabbay, S.Rahman, J.Symons and J.P.Van Bendegem(eds.), *Logic ,. Epistemology, and the Unity of Science*, New York: Kluwer: 25—39.

Gintis, H., 2007, "The Evolution of Private Property", *Journal of Economic Behavior and Organization*, 64(1):1—16.

Gintis, H., 2003, "Solving the Puzzle of Prosociality", *Rationality and Society*, 15(2):155—187.

Gintis, H., 2009, *The Bounds of Reason: Game Theory and the Unification of the Behavioral Sciences*, Princeton University Press.

Gintis, H., 2006, "Behavioral Ethics Meets Natural Justice", *Politics, Philosophy & Economics*, 5(1):5—32.

Gintis, H., 2007, "The Evolution of Private Property Rights", *Journal of Economic Behavioral & Organization*, 64:1—16.

Gintis, H., 1976, "The Nature of the Labor Exchange and the Theory of Capitalist Production", *Review of Radical Political Economics*, 8(2):36—54.

Gintis, H., 1989, "The Power to Switch: On the Political Economy of Consumer Sovereignty", in S.Bowles, R.Edwards and W.G.Shepherd(eds.), *Unconventional Wisdom: Essays in Honor of John Kenneth Galbraith*, New York: Houghton-Mifflin.

Gintis, H., S.Bowles, R.Boyd and E.Fehr, 2006, *Moral Sentiments and Material Interests: The Foundations of Cooperation in Economic Life*, MA: MIT Press.

Gintis, H., 2000, "Strong Reciprocity and Human Sociality", *Journal of Theoretical Biology*, 206:169—179.

Gintis, H., 2003, "The Hitchhiker's Guide to Altruism: Genes, Culture, and the Internalization of Norms", *Journal of Theoretical Biology*, 220(4): 407—418.

Gintis, H., 1972, "A Radical Analysis of Welfare Economics and Individual Development", *Quarterly Journal of Economics*, 86(4):572—599.

Gintis, H., 1972a, "Alienation and Power", *Review of Radical Political Economics*, 4, 5:1—34.

Gintis, H., 1972b, "Activism and Counter-Culture: The Dialectics of Consciousness in the Corporate State", *Telos*, 12:42—62.

Gintis, H., 1970, "New Working Class and Revolutionary Youth: A Theoretical Synthesis and a Program for the Future", *Review of Radical Political Economics*, 2, 2:43—73.

Gintis, H., S.Bowles, R.Boyd and E.Fehr, 2003, "Explaining Altruistic Behavior in Humans", *Evolution and Human Behavior*, 24:153—172.

Glaeser, E.L. and A.Shleifer, 2002, "Legal Origins", *Quarterly Journal of Economics*, 117:1193—1230.

Gneezy, U. and A.Rustichini, 2000, "A Fine is a Price", *Journal of Legal Studies*, 29(1):1—17.

Gneezy, U. and A.Rustichini, 2000, "Pay Enough or Don't Pay at all", *Quarterly Journal of Economics*, 115(2):791—810.

Gneezy, U., 2005, "Deception: The Role of Consequences", *The American Economic Review*, 95(1), 2005:384—394.

Green, Leonard, Nathanael Fristoe and Joel Myerson, 1994, "Temporal Discounting and Preference Reversals in Choice between Delayed Outcomes", *Psychonomic Buletin and Review*, 1(3):383—389.

Greif, A., 2006, *Institutions and the Path to the Modern Economy: Lessons from Medieval Trade*, Cambridge University Press.

Greif, A., 1998, "Historical and Comparative Institutional Analysis", *American Economic Review*, 88:80—84.

Greif, A., 2000, "The Fundamental Problem of Exchange: A Research Agenda in Historical Institutional Analysis", *European Review of Economic History*, 4:251—284.

Greif, A., P.Milgrom and B.Weingast, 1994, "Coordination, Commitment and Enforcement: The Case of the Merchant Guild", *Journal of Political Economy*, 102:745—776.

Gruber, J. and B.Köszgi, 2001, "Is Addiction Rational? Theory and Evidence", *Quarterly Journal of Economics*, 116(4):1261—1305.

Hamilton, W.D., 1963, "The Evolution of Altruistic Behavior", *American*

Naturalist, 97(896):354—356.

Hamilton, W. D., 1964, "The Genetical Evolution of Social Behavior, I, II", *Journal of Theoretical Biology*, 7:1—52.

Hammerstein, Peter, 1996, "Darwinian Adaptation, Population Genetics and the Street-car Theory of Evolution", *Journal of Mathematical Biology*, 34: 511—532.

Hammond, P., 1987, "Altruism", *The New Palgrave Dictionary of Economics*, vol.1, MacMillan.

Harbaugh, W.T., K.Krause and L.Vesterlund, 2001, "Are Adults Better Behaved than Children? Age, Experience, and the Endowment Effect", *Economics Letters*, 70(2):175—181.

Hart, O., 1989, "An Economist'S Perspective on the Theory of the Firm", *Columbia Law Review*, 89:1757—1774.

Hart, O., 1995, *Firms, Contracts, and Financial Structure*, Oxford: Clarendon Press.

Hausman, Daniel, 1992, *The Inexact and Separate Sience of Economics*, Cambridge: Cambridge University Press.

Henrich, J., R.Mcelreath and A.Barr et al., 2006, "Costly Punishment Across Human Societies", *Science*, 312(5781):1767—1770.

Henrich, J., S.Bowles, R.Boyd, C.F.Camerer, E.Fehr, H.Ginti, and R. McElreath, 2001, "In Search of Homo Economicus: Behavioral Experiments in 15 Small-Scale Societies", *American Economic Review*, 91(2):73—78.

Henrich, J., 2000, "Does Culture Matter in Economic Behavior? Ultimatum Game Bargaining among the Machiguenga of the Peruvian Amazon", *American Economic Review*, 90(4):973—980.

Hershleifer, J., A.Glazer and D.Hirshleifer, 2005, *Price Theory and Applications: Decisions, Markets, and Information*, Cambridge University Press.

Hirshleifer, J., 2001, *The Dark Side of the Force: Economic Foundations of Conflict Theory*, Cambridge University Press.

Hirshleifer, J., 1991, "The Paradox of Power", *Economics and Politics*, 3: 177—200.

Hirshleifer, J., 1987, "Economics from a Biological Viewpoint", in J.B.Barney and W.G.Ouchi(eds.), *Organizational Economics*, San Francisco: Jossey-Bass: 319—371.

Hobbes, T., 1909, *Levithan, or The Matter, Forme & Power of a Com-*

monwealth, *Ecclesiasticall and Civil*(1651). Oxford: Clarendon Press.

Hodgson, G.M., 1993, *Economics and Evolution*, University of Michigan Press.

Hodgson, G.M., 1998, *Economics and Institutions: A Manifesto for a Modern Institutional Economics*, Cambridge, U.K. and Philadelphia: Polity Press and University of Pennsylvania Press.

Hodgson, G.M., 1999, *Evolution and Institutions: On Evolutionary Economics and the Evolution of Economics*, Elsevier Inc.

Hofbauer, J. and P.Schuster et al., 1979, "A Note on Evolutionary Stable Strategies and Game Dynamics", *Journal of Theoretical Biology*, 81 (3): 609—612.

Hoffman, E., K.McCabe, K.Shachat and V.L.Smith, 1994, "Preferences, Property Rights, and Anonymity in Bargaining Games", *Games and Economic Behavior*, 7(3):346—380.

Hume, D., 1964, *David Hume, The Philosophical Works*, Darmstadt: Scientia Verlag Aalen.

Hurwicz, L., 1996, "Institutions as Families of Game Forms", *Japanese Economic Review*, 47(1):13—132.

Hurwicz, L., 1993, "Toward a Framework for Analyzing Institutions and Institutional Change", in S.Bowles, H.Gintis and B.Gustafsson(eds.), *Markrts and Democracy: Participation, Accountability, and Efficiency*, Cambridge: Cambridge University Press.

Ingram, JohnKells, 1967, *A History of Political Economy*, New York: Augustus M.Kelley.

Jones, O.D. and S.F.Brosnan, 2008, "Law, Biology, and Property: A New Theory of the Endowment Effect", *William & Mary Law Review*, 49 (6): 1935—1990.

Kachelmaier, S.J. and M.Shehata, "Culture and Competition: A Laboratory Market Comparison between China and the West", *Journal of Economic Behavior and Organization*, 19:145—168.

Kagel, John H. and Alvin E.Roth, 1995, *Handbook of Experimental Economics*, Princeton, NJ: Princeton University Press.

Kahan, D.M., 1997, "Social Influence, Social Meaning, and Deterrence", *Virginia Law Review*, 83(2):349—395.

Kahneman, D., 2011, *Thinking, Fast and Slow*, Farrar, Straus and Giroux.

Kahneman, D., J.L.Knetsch and R.H.Thaler, 1991, "Anomalies: The Endowment Effect, Loss Aversion, and Status Quo Bias", *The Journal of Economic Perspectives*, 5(1):193—206.

Kahneman, D., J.L.Knetsch and R.H.Thaler, 1990, "Experimental Tests of the Endowment Effect and the Coase Theorem", *Journal of Political Economy*, 98(6):1325—1348.

Kahneman, Daniel and Amos Tversky, 1979, "Prospect Theory: An Analysis of Decision under Risk", *Econometrica*, 47(2):263—291.

Keith, Shachat and V.L.Smith, 1994, "Preferences, Property Rights, and Anonymity in Bargaining Games", *Games and Economic Behavior*, 7 (3): 346—380.

Kirby, Kris N. and Richard J.Herrnstein, 1995, "Preference Reversals due to Myopic Discounting of Delayed Reward", *Psychological Science*, 6 (2): 83—89.

Kirchsteiger, G., 1994, "The Role of Envy in Ultimatum Game", *Journal of Economic Behavior and Organization*, 25:373—389.

Kirman, Alan P. and Karl-Josef Koch, 1986, "Market Excess Demand in Exchange Economies with Identical Preferences and Collinear Endowments", *The Review of Economic Studies*, 53(3):457—463.

Klein, B. and K.Leffler, 1981, "The Role of Market Forces in Assuring Contractual Performance", *Journal of Political Economy*, 89:615—641.

Kohler, S., 2003, "Difference Aversion and Surplus Concern. An Integrated Approach", mimeo, European University Institute, Florence.

Konow, J., 2001, "Fair and Square: the Four Sides of Distributive Justice", *Journal of Economic Behavior and Organization*, 46(2):137—164.

Konow, J., 2000, "Fair Schares: Accountability and Cognitive Dissonance in Allocation Decisions", *American Economic Review*, 90(4):1072—1091.

Konow, J., 2003, "Which Is the Fairest One of All? A Positive Analysis of Justice Theory", *Journal of Economic Literature*, 41(4):1188—1239.

Koopmans, T.C., 1960, "Stationary Ordinal Utility and Impatience", *Econometrica*, 28:287—309.

Kornai, J., 1980, *Economics of Shortage*, Amsterdam: North-Holland.

Kranz, D.H., 1991, "From Indices to Mappings: The Representational Approach to Measurement", in D.Brown and J.Smith(eds.), *Frontiers of Mathe-*

matical Psychology, Cambridge: Cambridge University Press: 1—52.

Krebs, John R. and Nicholas B. Davies, 1997, *Behavioral Ecology*, Blackwell Science.

Krier, J. E., 2005, "Evolutionary Theory and the Origin of Property Rights", *Cornell Law Review*, 95:139—160.

Krueger, A.B. and A.Mas, 2004, "Strikes, Scabs, and Tread Separations: Labor Strife and the Production of Defective Bridgestone/Firestone Tires", *Journal of Political Economy*, 112(2):253—289.

La Porta, R., F.Lopez-de-Silanes, A.Shleifer and R.Vishny, 1998, "Law and Finance", *Journal of Political Economy*, 106:1113—1155.

La Porta, R., F.Lopez-de-Silanes, A.Shleifer and R.Vishny, 1999, "The Quality of Government", *Journal of Law, Economics and Organization*, 15: 222—279.

Lasswell, H. and A.Kaplan, 1950, *Power and Society: A Framework for Political Enquiry*, New Haven, CT: Yale University Press.

Ledyard, J.O., 1995, "Public Goods: A Survey of Experimental Research", in John H.Kagel and Alvin E.Roth(eds.), *The Handbook of Experimental Economics*, Princeton NJ: Princeton University Press: 111—194.

Lehmann, L., F.Rousset and D.Roze et al., 2007, "Strong Reciprocity or Strong Ferocity? A Population Genetic View of the Evolution of Altruistic Punishment", *The American Naturalist*, 170(1):21—36.

Lerner, A., 1972, "The Economics and Politics of Consumer Sovereignty", *American Economic Review*, 62:258—266.

Lesourne, J., A.Orléan and B.Walliser, 2006, *Evolutionary Microeconomics*, Heidelberg: Springer Berlin.

Levine, D., 1998, "Modelling Altruism and Spitefulness", *Review of Economic Dynamics*, 1:593—622.

Levine, R., 2005, "Law, Endowments, and Property Rights", NBER Working Paper.

Lewis, D.K., 1969, *Convention: A Philosophical Study*, U.S.: Harvard University Press.

Lin, J.Y. and Jeffrey B.Nugent, 1994, "Institutions and Economic Development", *Handbook of Development Economics*, Volume 3A:2301—2370.

Lindbeck, A. and J.W.Weibull, 1977, "Strategic Interaction with Altruism: the Economics of Fait Accompli", *Journal of Political Economy*, 96(6):

1165—1182.

Lindblom, Charles E., 1977, *Politics and Markets: The World's Political-Economic Systems*, New York: Basic Books.

List, J.A., 2003, "Does Market Experience Eliminate Market Anomalies?" *Quarterly Journal of Economics*, 118(1):41—72.

List, J.A., 2004a, "Neoclassical Theory versus Prospect Theory: Evidence from the Marketplace", *Econometrica*, 72(2):615—625.

List, J.A., 2004b, "Substitutability, Experience, and the Value Disparity: Evidence from the Marketplace", *Journal of Environmental Economics and Management*, 47(3):486—509.

Loewinstein, George E. and D.Prelec, 1991, "Negative Time Preference", *American Economic Review*, 81:347—352.

Loewinstein, George E. and D.Prelec, 1993, "Preferences for Sequences of Outcomes", *Psychological Review*, 100(1):91—108.

Loewinstein, George E. and Nachum Sicherman, 1991, "Do Workers Prefer Increasing Wage Profiles?" *Journal of Labor Economics*, 9(1):67—84.

Loewinstein, George E., 1987, "Anticipation and the Valuation of Delayed Consumption", *Economy Journal*, 97:666—684.

Loewinstein, George E., 1988, "Frames of Mind in Intertemporal Choice", *Management Science*, 34:200—214.

Loewinstein, George E., L.Thompson and M.H.Bazerman, 1989, "Social Utility and Decision Making in Interpersonal Contexts", *Journal of Personality and Social Psychology*, 57(3):426—441.

Loomes, G. and R.Sugden, 1987, "Some Implications of a More General Form of Regret Theory", *Journal of Economic Theory*, 41(2):270—287.

Loomes, G., and R.Sugden, 1986, "Disappointment and Dynamic Consistency in Choice under Uncertainty", *Review of Economic Studies*, 53(2):271—282.

Lukes, S., 1974, *Power: A Radical View*, London: Macmillan.

Lundberg, S. and Pollak, R.Noncooperative bargaining models of marriage. American Economic Review 84, 1994:132—137.

Maddux, W.W., H.Yang, C.Falk et al., 2010, "For Whom is Parting with Possessions More Painful? Cultural Differences in the Endowment Effect", *Psychological Science*, 21(12):1910—1917.

Mandeville, B., 1924, *The Fable of the Bees, or Private Vices, Public*

Benefits, Oxford: Clarendon Press.

Mantel, Rolf R., 1974, "On the Characterization of Aggregate Excess Demand", *Journal of Economic Theory*, 7(3):348—353.

Markey, S., 2003, "Monkeys Show Sense of Fairness, Study Says", *National Geographic News*, September 17.

Marx, K., [1867] 1967, *Capital: A Critique of Political Economy*, I, *The Process of Capitalist Production*, New York: International Publishers.

Marx, K., 1993, *Grundrisse: Foundations of the Critique of Political Economy*, Penguin Classics.

Mas-Colell, A., M.D.Whinston and J.R.Green, 1995, *Microeconomic Theory*, New York: Oxford University Press.

Mathew, S. and R.Boyd, 2011, "Punishment Sustains Large-scale Cooperation in Prestate Warfare", *Proceedings of the National Academy of Sciences*, 108(28):11375—11380.

Maynard-Smith, J., 1982, *Evolution and the Theory of Games*, Cambridge: Cambridge University Press.

Maynard-Smith, J. and G.R.Price, 1973, "The Logic of Animal Conflict", *Nature*, 246:15—18.

McClue, S. M., D. I. Laibson, G. Loewinstein and J. D. Cohen, 2004, "Separate Neural System Value Immediate and Delayed Monetary Rewards", *Science*, 306:503—507.

Milgrom, P.R., D.C.North and B.Weingast, 1990, "The Role of Institutions in the Revival of Trade: The Law Merchant, Private Judges, and the Champagne Fairs", *Economics and Politics*, 2(1):1—23.

Miller, Gary J., 1992, *Managerial Dilemmas: The Political Economy of Hierarchy*, New York: Cambridge University Press.

Mises, Ludwig von, [1949] 1998, *Human Action: A Treatise on Economics*, Scholar's Edition.

Monro, D. H., 1987, "Self-interested", in John Eatwell, Murray Milgate and Peter Newman(eds.), *The New Palgrave: A Dictionary of Economics*, Macmillan Press: 297—300

Nakayama, M., 1980, "Equilibria and Pareto Optimal Income Redistribution", *Econometrica*, 48(5):1257—1283.

North, D. C., 1981, *Structure and Change in Economic History*, New York: W.W.Norton.

North, D.C., 1990, *Institutions, Institutional Change and Economic Performance*, Cambridge University Press.

North, D.C., 2005, *Understanding the Process of Economic Change*, Princeton University Press.

Nowak, Martin A. and K.Sigmund, 1998, "Evolution of Indirect Reciprocity by Image Scoring", *Nature*, 393:573—577.

Nozick, R., Coercion. In Philosophy, Science and Method, ed. S.Morgenbesser, P.Suppes and M.White. New York: St. Martins Press.

Osborne, M. and A.Rubinstein, 1994, *A Course in Game Theory*, MIT Press.

Ostrom, E., J.Walker and R.Gardner, 1992, "Covenants with and without a Sword: Self-Governance is Possible?" *American Political Science Review*, 86 (2):404—417.

Packer, C. and A.E.Pusey, 1982, "Cooperation and Competition within Coalitions of Male Lions: Kin Selection or Game Theory?" *Nature*, 294:740—742.

Packer, C., 1977, "Reciprical Altruism in Papio Anubis", *Nature*, 265: 441—443.

Panchanathan, K. and R.Boyd, 2003, "A Tale of Two Defectors: the Importance of Standing for Evolution of Indirect Reciprocity", *Journal of Theoretical Biology*, 224(1):115—126.

Panchanathan, K. and R.Boyd, 2004, "Indirect Reciprocity can Stabilize Cooperation without the Second-order Free Rider Problem", *Nature*, 432: 499—502.

Pareto, V., 1971, *Manual of Political Economy*, New York: Augustus M. Kelley.

Pender, J.L., Discount Rate and Credit Markets: Theory and Evidence from Rural India, Journal of Developmental Economy, 50(2), 1996:257—296.

Persky, J., 1995, "Retrospectives: The Ethology of Homo Economicus", *Journal of Economic Perspectives*, 9(2):221—231

Piccione, M. and A. Rubinstein, 2007, "Equilibrium in the Jungle", *Economic Journal*, 117(522):883—896.

Piccione, M., 2002, "The Repeated Prisoner's Dilemma with Imperfect Private Monitoring", *Journal of Economic Theory*, 102:70—83.

Plott, C.R. and K.Zeiler, 2007, "Exchange Asymmetries Incorrectly Interpreted as Evidence of Endowment Effect Theory and Prospect Theory?"

American Economic Review, 97(4):1449—1466.

Pommerehne, W.W. and H.Weck-Hannemann, 1996, "Tax Rates, Tax Administration and Income Tax Evasion in Switzerland", *Public Choice*, 88(1—13):161—170.

Prelec, D., 1998, "The Probility Weighting Function", *Econometrica*, 66:497—527.

Price, C.R. and R.M.Sheremeta, 2011, "Endowment Effects in Contests", *Economics Letters*, 111(3):217—219.

Price, C.R, and R.M.Sheremeta, 2015, "Endowment Origin, Demographic Effects and Individual Preferences in Contests", *Journal of Economics & Management Strategy*, 24:597—619.

Price, M.E., 2008, "The Resurrection of Group Selection as a Theory of Human Cooperation", *Social Justice Research*, 21(2):228—240.

Quiggin, J., 1982, "A Theory of Anticipated Utility", *Journal of Economic Behavior Organization*, 3(4):323—343.

Rabbie, J.M., J.C.Schot and L.Visser, 1989, "Social Identity Theory: A conceptual and Empirical Critique from the Perspective of a Behavioral Interaction Model", *European Journal of Social Psychology*, 19(3):171—202.

Rabin, M., 1993, "Incorporating Fairness into Game Theory and Economics", *American Economic Review*, 83(5):1282—1302.

Rae, J., 1834, *The Sociological Theory of Capital*, London: Macmillan.

Rauch, J. E., 2005, "Getting the Properties Right to Secure Property Rights: Dixit's Lawlessness and Economics", *Journal of Economic Literature*, 43:480—487.

Real, L.A., 1991, "Animal Choice Behavior and the Evolution of Cognitive Architecture", *Science*, 253(30):980—986.

Redelmeier, D.A., and D.N.Heller, 1993, "Time Preference in Medical Dcision Making and Cost-effectiveness Analysis", *Medical Decision Making*, 13(3):212—217.

Robson, A.J., 1995, "A Biological Basis for Expected and Non-Expected Utility", Department of Economics, University of Western Ontario.

Robson, A.J., 2008, "Group Selection", in S. N. Durlauf and L. E. Blume (eds.), *The New Palgrave Dictionary of Economics*, (2nd Edition), Palgrave Macmillan.

Rodriguez-Sickert, C., R.A.Guzman and J.C.Cardenas, 2007, "Institutions

Influence Preferences: Evidence from a Common Pool Resource Experiment", *Journal of Economic Behavior and Organization*, doi: 10. 1016/j. jebo. 2007. 06.004.

Rosenzweig, M. L. and R. H. MacArthur, 1963, "Graphical Representation and Stability Conditions of Predator-prey Interactions", *The American Naturalist*, 97:209—223.

Rusmusom, E., 2007, *Games and Information: An Introduction to Game Theory*, (4ʳᵈ edition), John Wiley &. Sons.

Rustagi, D., S. Engel and M. Kosfeld, 2010, "Conditional Cooperation and Costly Monitoring Explain Success in Forest Commons Management", *Science*, 330(6006):961—965.

Salomonsson, M. and J. Weibull, 2006, "Natural Selection and Social Preferences", *Journal of Theoretical Biology*, 239:79—92.

Samuelson, P., 1937, "A Note on Measurement of Utility", *Review of Economic Studies*, 4:155—161.

Samuelson, P., 1947, *The Foundation of Economic Analysis*, Cambridge: Harvard University Press.

Samuelson, P., 1957, "Wages and Interest: A Modern Dissection of Marxian Economics", *American Economic Review*, 47:884—921.

Samules, W. J., 1991, "Institutional Economics", in S. N. Durlauf and L. E. Blume (eds.), *The New Palgrave: A Dictionary of Economics*, U. S.: Macmillan Press: 864—866.

Sanchez, A. and J. A. Cuesta, 2005, "Altruism May Arise from Individual Selection", *Journal of Theoretical Biology*, 235(2):233—240.

Sanders, S. and B. Walia, 2014, Endogenous Destruction in a Model of Armed Conflict: "Implications for Conflict Intensity, Welfare, and Third-party Intervention", *Journal of Public Economic Theory*, 16:606—619.

Sayman, S., and A. Öncüler, 2005, "Effects of Study Design Characteristics on the WTA—WTP Disparity: A Meta Analytical Framework", *Journal of Economic Psychology*, 26(2):289—312.

Schlatter, R., 1973, *Private Property: The History of an Idea*, Cambridge, MA: MIT Press.

Schotter, A., 1981, *An Economic Theory of Social Institutions*, Cambridge University Press.

Seabright, P., 2006, "The Evolution of Fairness Norms: An Essay on Ken

Binmore's Natural Justice, Politics", *Philosophy & Economics*, 5(1):33—50.

Seabright, P., 2010, *The Company of Strangers: A Natural History of Economic Life*, (Revised Edition), Princeton University Press.

Sen, A., 2008, "Rational Behavior", in S.N.Durlauf and L.E.Blume(eds.), *The New Palgrave Dictionary of Economics*,(2rd Edition), Palgrave Macmillan.

Sethi, R. and E. Somanathan, 2001, " Preference Evolution and Reciprocity", *Journal of Economic Theory*, 97:273—297.

Shapiro, C. and J.Stiglitz, 1984, "Unemployment as a Worker Discipline Device", *American Economic Review*, 74:433—444.

Shelley, M. K., 1993, "Outcome Signs, Question Frames and Discount Rates", *Management Science*, 39:806—815.

Simon, H., 1951, "A Formal Theory of the Employment Relation", *Econometrica*, 19:293—305.

Simon, H., 1982, *Selections of Simon*, The MIT Press.

Skyrms, B., 2003, *The Stag Hunt and the Evolution of Social Structure*, Cambridge University Press.

Smith, A., 1976, *An Inquiry into the Nature and Causes of the Wealth of Nations*, Oxford: Clarendon Press.

Smith, J.M. and A.G.R.Price, 1973, "The Logic of Animal Conflict", *Nature*, 246:15—18.

Smith, J.M., 1978, *Models in Ecology*, Cambridge University Press.

Smith, J.M., 1982, *Evolution and the Theory of Games*, Cambridge University Press.

Solnick, J., C.Kannenberg, D.Eckerman and M.Waller, 1980, "An Experimental Analysis of Impulse Control in Humans", *Learning and Motivation*, 11: 61—77.

Sonnenschein, H., 1973, "Do Walras' Identity and Continuity Characterize the Class of Community Excess Demand Functions?" *Journal of Economic Theory*, 6:345—354.

Sonnenschein, H., 1973, "The Utility Hypothesis and Market Demand Theory", *Economic Inquiry*, 11(4):404—410.

Starmer, C. and R.Sugden, 1989, "Violation of Independence Axiom in Common Ratio Problems: An Experimental Test of Some Competing Hypotheses", *Annals of Operation Research*, 19:79—102.

Starmer, C., 2000, "Developments in Non-expected Utility Theory: The

Hunt for a Descriptive Theory of Choice under Risk", *Journal of Economic Literature*, 38:332—382.

Stephens, W., C.M.McLinn and J.R.Stevens, 2002, "Discounting and Reciprocity in an Iterated Prisoner's Dilemma", *Science*, 298:2216—2218.

Strehlow, T.G.H., 1970, "Geography and the Totemic Landscape in Central Australia: A Functional Study", in R.M.Berndt(eds.), *Australian Aboriginal Anthology: Modern Studies in the Social Anthropology of the Australian Aborigines*, University of Western Australia Press: 92—140.

Sugden, R., 1982, "On the Economics of Philanthropy", *Economic Journal*, 92(2):341—350.

Sugden, R., 1986, *The Economics of Rights, Cooperation and Welfare*, Oxford: Basil Blackwell.

Sugden, R., 1989, "Spontaneous Order", *Journal of Economic Perspectives*, 3(4):85—97.

Tajfel H., 1970, "Experiments in Intergroup Discrimination", *Scientific American*, 223(5):96—102.

Tajfel, H. et al., "Social Categorization and Intergroup Behavior", *European Journal of Social Psychology*, 1(2):149—178.

Tammi, T., 1997, "Essays on the Rationality of Experimentation Economics: the Case of Preferences Reversal", PhD disertation, University of Joensuu, Finland.

Taylor, M., 1982, *Community, Anarchy and Liberty*, New York: Cambridge University Press.

Thaler R.H. and C.R.Sunstein, 2008, *Nudge: Improving Decisions about Health, Wealth, and Happiness*, Yale University Press.

Thaler, R.H., 1980, "Toward a Positive Theory of Consumer Choice", *Journal of Economic Behavior & Organization*, 1:39—60.

Thaler, R.H., 1981, "Some Empirical Evidence on Dynamic Inconsistency", *Economic Letters*, 8:201—207.

Trivers, R.L., 1971, "The Evolution of Reciprocal Altruism", *Quarterly Review of Biology*, 46(1):5—37.

Trivers, R.L., 1983, *The Evolution of a Sense of Fairness: Absolute Values and the Creation of the New World*, New York, International Cultural Foundation Press.

Tullock, G., 1980, "Efficient Rent-seeking", in J.M.Buchanan, R.D.

Tollison and G.Tullock(eds.), *Toward a Theory of Rent-seeking Society*, Texas A&M University Press, College Station, TX:97—112.

Turner, J.C., 1984, "Social Identification and Psychological Group Formation, The Social Dimension: European Developments", *Social Psychology*, 2: 518—538.

Tversky, A. and D.Kahneman, 1981, "The Framing of Decisions and the Psychology of Choice", *Science*, 211:453—458.

Tversky, A. and D.Kahneman, 1991, "Loss Aversion in Riskless Choice: A Reference-dependent Model", *Quarterly Journal of Economics*, 106 (4): 1039—1061.

Tversky, A. and R.Thaler, 1990, "Preferences Reversals", *Journal of Economic Perspectives*, 4:201—211.

Tversky, A. and D.Kahneman, 1992, "Advances in Prospect Theory: Cumulative Representation of Uncertainty", *Journal of Risk Uncertainty*, 5(4): 297—323.

Ullmann-Margalit, E., 1977, *The Emergence of Norms*, Oxford: Clarendon Press.

Varey, C.A. and D.Kahneman, 1992, "Experinces Extended Across Time: Evaluation of Moments and Episodes", *Journal of Behavioral Decision Making*, 5(3):169—185.

Vega-Redondo, F., 2003, *Economics and the Theory of Games*, Cambridge University Press.

von Hayek, F., 1973, *Law, Legislation and Liberty (Ⅰ): Rules and Order*, University of Chicago Press.

von Hayek, F., 1989, "The Pretense of Knowledge", *American Economic Review*, 79(6):3—7.

Waldman, M., 1994, "Systematic Errors and the Theory of Natural Selection", *American Economic Review*, 84(3):482—497.

Waldrop, M.M., 1992, *Complexity: The Emerging Science and the Edge of Order and Chaos*, Simon & Schuster.

Walras, L., 1954[1874], *Elements of Pure Economics*, London: George Allen and Unwin.

Weimer, D.L.(eds.), 1995, *Institutional Design*, Springer.

Weingast, B.R., 1997, "The Political Foundation of Democracy and the Rule of Law", *American Political Science of Review*, 91:243—263.

Westneat，D. F. and C. Fox，2010，*Evolutionary Behavioral Ecology*，Oxford University Press.

Wilkinson，G.S.，1984，"Reciprocal Food Sharing in the Vampire Bat"，*Nature*，308:181—184.

Wilkinson，N.，2008，*An Introduction to Behavioral Economics*，New York: Palgrave Macmillan.

Williams，G.C.，1996，*Adaption and Natural Selection: A Critique of Some Current Evolutionary Thought*，Princeton: Princeton University Press.

Williamson，O.E.，1985，*The Economic Institutions of Capitalism*，New York: Free Press.

Williamson，O.E.，1975，*Markets and Hierarchies*，U.S.: Free Press.

Williamson，O.E.，2003，"The New Institutional Economics: Taking Stock, Looking Ahead"，*Journal of Economics Literature*，38:595—613.

Wilson，E.O.，1975，*Sociobiology: the New Synthesis*，Havard: Belknap Press.

Woodbum，J.，1982，"Egalitarian Societies"，*Man*，17(3):431—451.

Yamagishi，T.，N. Jin and T.Kiyonari，"Bounded Generalized Reciprocity: Ingroup Boasting and Ingroup Favoritism"，*Advances in Group Processes*，16(1):161—197.

Yamagishi，T.，1986，"The Provision of a Sanctioning System as a Public Good"，*Journal of Personality and Social Psychology*，51:110—116.

Young，H.P.，1993，"The Evolution of Conventions"，*Econometrica*，61(1):57—84.

Young，H. P.，1996，"The Economics of Convention"，*Journal of Economic Perspectives*，10(2):105—122.

Young，H.P.，1998，*Individual Strategy and Social Structure*，U.S.: Princeton University Press.

Zambrano，Eduardo，2005，"Testable Implications of Subjective Expected Utility Theory"，*Games and Economics Behavior*，53(2):262—268.

埃格特森:《经济行为与制度》,商务印书馆 2004 年版。

埃里克·马斯金:《最后一刻的道理》,《比较》2007 年第 33 期。

埃里克森:《无需法律的秩序》,苏力译,中国政法大学出版社 2003 年版。

巴斯:《进化心理学:心理的新科学》,华东师范大学出版社 2007 年版。

鲍尔斯:《微观经济学:行为、制度与演化》,周业安等译,中国人民大学出版社 2006 年版。

贝克尔:《人类行为的经济分析》,上海三联书店、上海人民出版社 1995 年版。

比尔等:《管理人力资本》,华夏出版社 1998 年版。

布坎南:《自由、市场与国家》,上海三联书店 1989 年版。

道格拉斯·诺斯:《经济史中的结构与变迁》,陈郁译,上海人民出版社 1991 年版。

道格拉斯·诺斯:《理解经济变迁的过程》,钟正生等译,中国人民大学出版社 2007 年版。

道格拉斯·诺斯:《制度、制度变迁与经济绩效》,刘守英译,上海人民出版社 1994 年版。

道金斯:《自私的基因》,吉林人民出版社 1998 年版。

迪克西特:《法律缺失与经济学:可供选择的经济治理方式》,郑江淮等译,中国人民大学出版社 2007 年版。

董志强:《"非理性"行为成就人类社会》,《21 世纪经济报道》2011 年 5 月 6 日。

董志强:《关系、法律与经济效率》,《经济评论》2001 年第 5 期。

董志强:《理性的边界》译者序,《理性的边界》,上海人民出版社 2011 年版。

董志强:《我们为何偏好公平:一个演化视角的解释》,《经济研究》2011 年第 8 期。

董志强:《制度及其演化的一般理论》,《管理世界》2008 年第 5 期。

董志强、张永璟:《禀赋效应与自发社会秩序:一个行为经济模型》,《世界经济》2016 年第 10 期。

董志强、魏下海、李伟成:《再论公平偏好的演化起源:改进的仿真模型》,《经济评论》2015 年第 2 期。

董志强:《经济理论该如何回应行为"异象"挑战——来自桑塔费学派的看法》,《南方经济》2018 年第 2 期。

董志强:《行为视角的政策和制度设计》,《社会科学战线》2018 年第 6 期。

董志强:《纯粹利己主义反思与经济学方法论的二重性》,《学术月刊》2006 第 8 期。

董志强:《关系、法律与经济效率》,《经济评论》2001 年第 5 期。

董志强、洪夏璇:《行为劳动经济学:行为经济学对劳动经济学的贡献》,《经济评论》2010 年第 5 期。

董志强、蒲勇健:《公共管理领域监察合谋防范机制》,《中国管理科学》2006 年第 3 期。

董志强、汤灿晴:《大规模诚信缺失为何出现在转轨时期——一个基于微观行为的解释框架》,《财经研究》2010 年第 9 期。

　　董志勇:《行为经济学原理》,北京大学出版社 2006 年版。

　　凡勃伦:《有闲阶级论》,商务印书馆 1964 年版。

　　弗里德曼:《货币的祸害》,安佳译,商务印书馆 2006 年版。

　　管毅平:《理性动机与利他行为》,《中国社会科学评论》2002 年第 2 期。

　　哈耶克:《法律、立法与自由》(第一卷),中国大百科出版社 2000 年版。

　　黄锦鹏、董志强:《偏好为什么应该是一致的:演化视角的解释》,《中国社会科学报》2014 年 5 月 19 日。

　　黄凯南:《群体选择与个人主义方法论》,《南方经济》2008 年第 9 期。

　　黄少安、韦倩:《利他经济学研究评述》,《经济学动态》2008 年第 4 期。

　　黄少安:《制度经济学中六个基本理论问题的新解》,《学术月刊》2007 年第 1 期。

　　黄有光:《从综观经济学到生物学》,复旦大学出版社 2010 年版。

　　霍布豪斯:《自由主义》,商务印书馆 1998 年版。

　　霍布斯:《利维坦》,商务印书馆 1985 年版。

　　霍奇逊:《演化与制度》,中国人民大学出版社 2007 年版。

　　康芒斯:《制度经济学》(上),商务印书馆 1962 年版。

　　柯武刚、史漫飞:《制度经济学:社会秩序与公共政策》,韩朝华译,商务印书馆 2004 年版。

　　科林·凯莫勒:《行为博弈——对策略互动的实验研究》,贺京同等译,中国人民大学出版社 2006 年版。

　　科斯:《论生产的制度结构》,上海三联书店 1994 年版。

　　连洪泉、董志强、张沛康:《禀赋效应的行为和实验经济学研究进展》,《南方经济》2016 年第 11 期。

　　林毅夫:《再论制度、技术与中国农业发展》,北京大学出版社 2000 年版。

　　卢瑟福:《经济学中的制度:老制度主义与新制度主义》,中国社会科学出版社 1999 年版。

　　鲁宾斯坦:《微观经济学讲义》,上海人民出版社 2007 年版。

　　马歇尔:《经济学原理》,廉运杰译,华夏出版社 2005 年版。

　　曼德维尔:《蜜蜂的寓言》,中国社会科学出版社 2002 年版。

　　米勒:《管理困境:科层的政治经济学》,王勇译,上海人民出版社 2002 年版。

　　穆勒:《政治经济学原理》(上、下),华夏出版社 2009 年版。

　　诺斯:《新制度经济学及其发展》,载孙宽平主编《转轨、规制与制度选择》,社会科学文献出版社 2004 年版。

　　潘天群:《博弈生存》,中央编译出版社 2004 年版。

培顿·扬:《个人策略与社会结构——制度的演化理论》,王勇译,上海人民出版社 2004 年版。

平新乔:《微观经济学十八讲》,北京大学出版社 2001 年版。

蒲勇健:《建立在行为经济学理论基础上的委托—代理模型:物质效用与动机公平的替代》,《经济学(季刊)》2007 年第 7 期。

乔伊斯·马库斯:《社会进化的考古学证据》(陈淳译),《南方文物》2008 年第 2 期。

青木昌彦:《比较获得理性》,《商界:中国商业评论》2006 年第 11 期。

青木昌彦:《比较制度分析》,周黎安译,上海远东出版社 2001 年版。

萨缪尔逊:《经济分析基础》,北京经济学院出版社 1990 年版。

尚玉昌:《行为生态学》,北京大学出版社 2001 年版。

斯密:《道德情操论》,商务印书馆 2006 年版。

斯密:《国富论》,商务印书馆 2004 年版。

斯密德:《制度与行为经济学》,中国人民大学出版社 2004 年版。

汪丁丁、韦森、姚洋:《制度经济学三人谈》,北京大学出版社 2004 年版。

汪丁丁、罗卫东、叶航:《人类合作秩序的起源与演化(导读一)》,上海世纪出版集团 2006 年版。

汪丁丁:《制度创新的一般理论》,《经济研究》1992 年第 5 期。

韦默:《制度设计》,上海人民出版社 2004 年版。

韦倩:《纳入公平偏好的经济学研究:理论与实证》,《经济研究》2010 年第 9 期。

韦森:《哈耶克式自发制度生成论的博弈论诠释》,《中国社会科学》2003 年第 6 期。

韦森:《社会制序的经济分析导论》,上海三联书店 2001 年版。

肖特:《社会制度的经济理论》,陆铭等译,上海财经大学出版社 2004 年版。

杨春学:《经济人与社会秩序分析》,上海人民出版社 1998 年版。

杨春学:《利他主义经济学的追求》,《经济研究》2001 年第 4 期。

杨瑞龙:《我国制度变迁方式转换的三阶段论》,《经济研究》1998 年第 1 期。

叶航、汪丁丁、罗卫东:《作为内生偏好的利他行为及其经济学意义》,《经济研究》2005 年第 8 期。

叶航:《作为内生偏好的利他行为及其经济学意义》,《经济研究》2005 年第 8 期。

张旭昆:《制度演化分析导论》,浙江大学出版社 2007 年版。

张旭昆:《制度演化分析回顾》,《经济学动态》2001 年第 9 期。

周业安、赖步连:《认知、学习和制度研究》,《中国人民大学学报》2005 年第

1 期。

  周业安、杨祐忻、毕新华:《嵌入性与制度演化——一个关于制度演化理论的读书笔记》,《中国人民大学学报》2001 年第 6 期。

  周业安:《制度演化理论的新发展》,《教学与研究》2004 年第 4 期。

  周业安:《中国制度变迁的演进论解释》,《经济研究》2000 年第 5 期。

后　记

我的阅读兴趣比较广泛,平时喜欢读一些杂七杂八的专业的和非专业的书籍。恰恰由于这个爱好,让我接触到桑塔费研究院(Santa Fe Institute,SFI)经济学家的研究工作。在SFI,崇尚的是"无墙之科学"(no wall science)跨学科研究体制。创立至今仅三十余载,但在二十年前SFI就已崛起成为全世界最知名的复杂系统研究机构。它的经济学研究项目,也有着强烈的跨学科色彩。具体而言,就是其经济学项目主任鲍尔斯自己所说的"行为和演化范式"的经济学。最近半个世纪,行为和实验经济学日益大行其道,而演化理论则为行为经济学提供了更深层的基础。SFI为代表的行为和演化范式经济学也日益受到经济学界的关注。本书的主要任务,就是致力于对SFI的经济学(或者说正在浮现的行为和演化范式经济学)进行研究和介绍。

我从2004年开始关注桑塔费学派的经济研究,那时国内还很少有人注意到这一学派的工作。本书的写作则是从2009年开始动笔,一直到2013年完成主要工作;之后又增增补补,一直拖到2016年底完成全部书稿。本书断断续续耗费八年时间,最主要的原因恐怕还是研究工作量的繁重。特别是过去十几年,国内对桑塔费学派经济学相对陌生,文献很少,我不得不花大量的时间阅读英文原始文献。[①]为了更深入地了解桑塔费学派重要代表人物金迪斯的思想,我甚至一度中断写作本书的进程,转而翻译了金迪斯的重要著作《理性的边界:博弈论与各门行为科学的统一》(格致出版社2011年版)。

[①]　最近几年情形有了较大改变,在国内一些学者(如汪丁丁、叶航、周业安等)的努力下,桑塔费学派经济学,或者说行为和演化范式经济学,对国内经济学界已经不再是一个完全陌生的术语,一些相关的译著也陆续在国内出版。

　　本书的部分内容,作为阶段性成果已发表在《经济研究》《管理世界》《世界经济》《经济学动态》《学术研究》等国内学术刊物,以及 *Economics Letters* 等 SSCI 期刊,并获得广东省政府颁发哲学社会科学 2008—2009 年度优秀成果二等奖、2010—2011 年度优秀成果一等奖,以及教育部第六届高等学校科学研究优秀成果(人文社会科学)三等奖(2013 年)、教育部第七届高等学校科学研究优秀成果(人文社会科学)三等奖(2015 年)。

　　本书写作期间,得到诸多师友帮助,在此对他们表示诚挚的感谢。感谢金迪斯教授,他曾多次在邮件中解释我的疑惑。感谢 D.菲尔丁(D.Fielding)教授和 S.诺尔斯(S.Knowles)教授,他们在我留学新西兰奥塔哥大学经济系期间给了我许多照顾和指导,本书有一部分工作是在那里完成的。感谢复旦大学韦森教授、浙江大学叶航教授、北京大学汪丁丁教授、中国人民大学周业安教授、山东大学黄凯南教授、中国社会科学院王国成研究员、台湾政治大学陈树衡教授,他们曾在我写作本书的过程中给予无私的帮助和支持。感谢渥太华大学张永璟教授、山姆休斯顿大学罗子俊教授,在这些年我们互相鼓励、愉快合作,本书第 7 章实际上是我和张永璟的合作研究成果。本书完稿是在美国田纳西大学,特别感谢经济系主任 W.尼尔森(W.Neilson)教授,他不仅在学术上给予我指导,还给我提供了一个访问教授位置,让我们一家四口在美丽的诺城度过了近两年的快乐时光;也感谢田纳西大学经济系 S.鲁迪(S.Rudy)、S.吉尔帕特里克(S.Gilpatric)、唐·布鲁斯(Don Bruce)三位教授给我的指导和帮助。

　　还有很多的学界同仁在我学术的道路上给予我许多关怀和鼓励,致谢的名单可以列得很长,在此谨向他们一并表示衷心感谢。

　　感谢我的学生黄旭、黄建烨、佘哲、黄宝婷、陈奕庭等帮我校读了书稿。感谢格致出版社的编辑为本书出版付出的辛勤劳动。

　　最后也是最重要的,感谢我的爱人小汤,女儿书好和书幼。她们是上帝赐给我的最好的礼物。本书完稿的时候,正好书幼出生,现在她已经在家东奔西跑到处翻箱倒柜了,随时会来找我的"麻烦"。假若她出生得更早,那这本书面世的日子再推后一两年是完全可能的。

　　所以,虽然明知这本书远未完善,但我还是要尽早出版它。一旦动了追求完美的念头,就不知要等到何时。既然如此,那些需要继续完善的工作,就留在将来慢慢完成吧。

董志强
2018 年 5 月于小谷围岛

图书在版编目(CIP)数据

行为和演化范式经济学：来自桑塔费学派的经济思
想/董志强著. —上海：格致出版社：上海人民出版
社,2019.3
ISBN 978 - 7 - 5432 - 2959 - 4

Ⅰ.①行… Ⅱ.①董… Ⅲ.①行为经济学-研究
Ⅳ.①F069.9

中国版本图书馆 CIP 数据核字(2019)第 030322 号

责任编辑　贺俊逸
装帧设计　路　静

行为和演化范式经济学
——来自桑塔费学派的经济思想
董志强　著

出　　版　格致出版社
　　　　　上海人民出版社
　　　　　(200001　上海福建中路 193 号)
发　　行　上海人民出版社发行中心
印　　刷　上海商务联西印刷有限公司
开　　本　890×1240　1/32
印　　张　11
插　　页　2
字　　数　281,000
版　　次　2019 年 3 月第 1 版
印　　次　2019 年 3 月第 1 次印刷
ISBN 978 - 7 - 5432 - 2959 - 4/F・1193
定　　价　55.00 元